湖北省学术著作出版专项资金资助项目

现代航运与物流：安全·绿色·智能技术研究丛书

水润滑复合橡胶尾轴承摩擦学问题研究

周新聪　刘正林　著

武汉理工大学出版社

·武 汉·

内 容 提 要

本书主要对水润滑复合材料尾轴承的摩擦学性能进行了相关的研究。

全书一共分为11章。其中第3章和第6章是水润滑橡胶尾轴承的理论计算,其他章节是针对水润滑复合橡胶尾轴承进行的配方设计、材料改性和摩擦学性能研究。

本书可为从事水润滑复合材料研究人员提供参考。

图书在版编目(CIP)数据

水润滑复合橡胶尾轴承摩擦学问题研究/周新聪,刘正林著.—武汉:武汉理工大学出版社,2017.12

ISBN 978-7-5629-4602-1

Ⅰ.①水… Ⅱ.①周… ②刘… Ⅲ.①合成橡胶-船舶轴系水润滑轴承-推力轴承-动摩擦-研究 Ⅳ.①U664.21

中国版本图书馆 CIP 数据核字(2017)第 322901 号

项目负责:陈军东　陈　硕　　　责任编辑:陈　硕
责任校对:张　晨　　　　　　　排版设计:冯　睿
出版发行:武汉理工大学出版社
　　　　　武汉市洪山区珞狮路 122 号　邮编:430070
　　　　　http://www.wutp.com.cn　理工图书网
　　　　　E-mail:chenjd@whut.edu.cn
经 销 者:各地新华书店
印 刷 者:武汉市宏达盛印务有限公司
开　　本:787×1092　1/16
印　　张:14.75
字　　数:273 千字
版　　次:2017 年 12 月第 1 版
印　　次:2017 年 12 月第 1 次印刷
定　　价:80.00 元(精装本)

现代航运与物流:安全·绿色·智能技术研究丛书

编审委员会

出　版　说　明

　　航运与物流作为国家交通运输事业的重要组成部分,在国民经济尤其是沿海及内陆沿河沿江省份的区域经济发展中起着举足轻重的作用。我国是一个航运大国,航运事业在经济社会发展中扮演着重要的角色。然而,我国航运事业的管理水平和技术水平还不高,离建设航运强国的发展目标还有一定的差距。为了研究我国航运交通事业发展中的安全生产、交通运输规划、设备绿色节能设计等技术与管理方面的问题,立足于安全生产这一基础前提,从航运物流与社会经济、航运物流与生态环境、航运物流与信息技术等角度用环境生态学、信息学的知识来解决我国水运交通事业绿色化和智能化发展的问题,促进我国航运事业管理水平与技术水平的提升,加快航运强国的建设。因此,武汉理工大学出版社组织了国内外一批从事现代水运交通与物流研究的专家学者编纂了《现代航运与物流:安全·绿色·智能技术研究丛书》。

　　本丛书第一期拟出版二十多种图书,分为船港设备绿色制造技术、交通智能化与安全技术、航运物流与交通规划技术、内河航运技术等四个系列。本丛书中很多著作的研究对象集中于内河航运物流,尤其是长江水系的内河航运物流。作为我国第一大内河航运水系的长江水系的航运物流,对长江经济带经济发展的促进作用十分明显。2011 年年初,国务院发布《关于加快长江等内河水运发展的意见》,提出了内河水运发展目标,即利用 10 年左右的时间,建成畅通、高效、平安、绿色的现代化内河水运体系,2020 年全国内河水路货运量将达到 30 亿吨以上,拟建成 1.9 万千米的国家高等级航道。2014 年,国家确定加强长江黄金水道建设和发展,正式提出开发长江经济带的战略构想,这是继"西部大开发"、"中部崛起"之后的又一个面向中西部地区发展的重要战略。围绕航运与物流开展深层次、全方位的科学研究,加强科研成果的传播与转化,是实现国家中西部发展战略的必然要求。我们也冀望丛书的出版能够提升我国现代航运与物流的技术和管理水平,促进社会经济的发展。

　　组织一套大型的学术著作丛书的出版是一项艰巨复杂的任务,不可能一蹴而就。我们自 2012 年开始组织策划这套丛书的编写与出版工作,期间多次组织专门的研讨会对选题进行优化,首期确定的四个系列二十余种图书,将于 2017 年年底之前出版发行。本丛书的出版工作得到了湖北省学术著作出版专项资金项目的资助。本丛书涉猎的研究领域广泛,在这方面的研究成果众多,首期出版的项目不能完全包含所有的研究成果，难免挂一漏万。有鉴于此，我们将丛书设计成一个开放的体系，择机推出后续的出版项目，与读者分享更多的我国现代航运与物流业的优秀学术研究成果，以促进我国交通运输行业的专家学者在这个学术平台上的交流。

现代航运与物流：安全·绿色·智能技术研究丛书编委会
2016 年 10 月

前　言

　　水润滑橡胶轴承因其优良的抑振降噪、抗冲击等性能,至今仍被广泛用作船舶尾轴承,特别是有更高性能要求的军用舰船尾轴承。船舶水润滑尾轴承由于材料的特殊性以及工作特点,其摩擦学问题涉及材料科学、流体力学、结构力学、工程热力学等多学科,因此一直以来都是研究的热点。水润滑橡胶尾轴承具有以下较为突出的优点:弹性体结构带来的优异的抗冲击性能和吸振性能、特殊的"弹-塑"性流体动压润滑以及绿色环保。与此同时,水润滑橡胶尾轴承的缺点也很明显:正常工作范围内,由于润滑介质——水与润滑油相比其黏度较小,在保证其他工况相同的条件下,轴承内能够形成的水膜厚度仅为油膜厚度的1/8,这使得水润滑尾轴承承受载荷的能力非常有限,同等条件下的设计比压只达到油润滑尾轴承的1/3;同时一般的水润滑轴承结构形式都设有能够起到排沙、润滑等作用的不同形状的沟槽,使得水润滑尾轴承的承载能力更加受到局限,在轴系转速很低、载荷较大时难以达到完全的流体动压润滑状态;在某些恶劣工况条件如启动、停机过程或者低速运行时,橡胶材料由于其特殊性容易产生"黏-滑"现象,使得摩擦副上的摩擦系数变大,产生振动鸣音,极大程度上影响到了舰船的安全性、隐蔽性,以及生存能力。

　　考虑到水润滑橡胶尾轴承材料的力学性能,摩擦振动、润滑性能以及工作条件等的特殊性,通常在橡胶基体中加入各种辅料(氧化锌、炭黑、硫黄等非金属材料),在一定条件下,经过混炼、压延、压出、硫化等工艺流程进行改性处理,得到一般用工程橡胶。而在此基础上再加入其他材料,如超高分子量聚乙烯、聚氯乙烯等可制备出满足船用要求的水润滑尾轴承复合材料。本书主要对水润滑复合材料尾轴承的摩擦学性能进行了相关的研究。

　　全书一共分为11章。其中第3章和第6章是水润滑橡胶尾轴承的理论计算,其他章节是针对水润滑复合橡胶尾轴承进行的配方设计、材料改性和摩擦学性能研究。第1章主要介绍了船舶水润滑尾轴承的发展历史、工作特点和原理;第2章主要介绍了水润滑复合橡胶尾轴承材料的设计原则以及相关的制造工艺;第3章对水润滑尾轴承的润滑性能进行了仿真计算,分析了不同结构参数对水润滑尾轴承的受力润滑性能的影响;第4、5章着重介绍了水润滑复合橡胶尾轴承试块的摩擦性能的试验方法和试验结果,并对不同结构及不同工况条件下的试验结果进行了分析;第6、7章着重介绍了水润滑复合橡胶尾轴承振动情况,分别从数学模型和试块试验两个方面阐述了其振动机理;第8章以水润滑复合橡胶尾轴承为对象进行试验,对其摩擦和振动情况进行了系统的分析;第9、10、11章介绍了几种常用的固体润滑剂对水润滑复合橡胶尾轴承的改性情况,分析了各种润滑剂对水润滑复合橡胶尾轴承摩擦学性能的影响。

武汉理工大学自20世纪80年代开始船舶水润滑尾轴承的研究,积累了相当丰富的经验。本书汇集了一些武汉理工大学水润滑尾轴承团队近些年来在船舶水润滑尾轴承的材料制备、制造工艺、结构设计以及摩擦磨损机理等方面的研究成果。与本书相关的研究课题先后得到了国家自然科学基金重点项目、教育部预研项目等的资助,作者衷心感谢上述科研项目给予的支持和帮助。

本书的第1章及第3章由刘正林教授撰写,第2章以及第4～11章由周新聪教授组织撰写,最后由周新聪教授进行誊写和审定。在整个研究的过程中,严新平教授、唐育民教授、袁成清教授及白秀琴教授提出了诸多宝贵的意见和建议,在此表示衷心的感谢。同时要感谢秦红玲、闫志敏在博士阶段以及王如意、程俊峰、牛万莹、甄鹏厚同学在硕士阶段所做出的相关成果,也要感谢黄健、王军、周潇然、况福明等同学在本书撰写过程中的辛勤付出,最后要感谢武汉理工大学出版社为本书的出版提供的大力帮助与支持。

希望本书的出版能够为从事有关方面研究的学者专家提供参考。限于作者的水平,书中存在的不足还请各位读者谅解,恳请各位提出宝贵意见和建议。

编者
2017 年 5 月

目　　录

第1章　水润滑尾轴承的工作特点及研究现状

1.1　船舶水润滑尾轴承发展概况

1.1.1　水润滑轴承的发展现状

尾轴承是舰船推进系统的重要组成部分,其作用是支承螺旋桨轴。由于螺旋桨轴悬伸布置且螺旋桨质量大,随着船舶吨位的增大,螺旋桨轴在螺旋桨自重的作用下发生挠曲,给尾轴承造成很大的边缘负荷。另外,舰船尾轴承在工作时,除了承受螺旋桨轴和螺旋桨的自身重力以外,还要承受螺旋桨质量不平衡所引起的惯性力和船体变形所产生的附加力,以及当螺旋桨在不均匀流场中运转时所产生的多种不同性质的力和力矩。这使尾轴承处于恶劣的润滑状态,从而产生严重的磨损,致使密封失效。在低速、重载、启动、停机等一些特殊工况下,恶劣的润滑状态会导致轴颈与轴承摩擦副产生振动噪声,影响乘员的身心健康以及水下航行器的安全性、隐蔽性及生存能力。尾轴承的摩擦、磨损、噪声已成为威胁舰船安全航行的关键因素。

1956 年,John Penn 在 the Institution of Mechanical Engineers 刊物上发表了他在水箱中对不同轴承材料进行试验得到的结果。在这次试验中,他成功发明了以铁梨木(lignumvitae)为轴承材料的水润滑轴承。随后,各种其他的木质材料也被开发出来,例如浸油枫木常用于某些润滑条件比较恶劣的农业机械,玻璃作为陶瓷轴承材料也进行了水润滑轴承材料的尝试,其中的部分成果一直沿用至今。目前,许多类型的塑料都被应用到水润滑轴承上,其中酚醛树脂(PF)更是沿用至今,酚醛树脂是一种可以用各种天然或人造纤维补强的热固性塑料。铁梨木轴承自 19 世纪 60 年代以来一直被广泛应用在商船和军船上。最被人所熟知的应用是二战时期美国所建造的自由号和胜利号舰船的主轴轴承。二战以后,仅极少数的水润滑轴承材料能够满足美国海军严苛的摩擦和磨损的要求,但以黄铜为背衬、橡胶为板条的水润滑轴承在过去的很多年里都满足了这些要求。直至 19 世纪 70 年代,一种采用 UHMWPE 作背衬、更软橡胶为板条的设计取代了黄铜背衬橡胶板条。

1944 年,由于用于美国军舰上的一些天然橡胶板条出现了硫化返原的现象,即热固性的化合物发生了熔化,因此轴承弹性体材料从天然橡胶更换为合成橡胶 —— 丁腈橡胶(nitrile),丁腈橡胶不会发生这种现象。在1942年的中途岛战役中,由于战斗中轴系弯曲和螺旋桨叶片受损对轴承产生的重复动态冲击,水润滑轴承过热从而导致了硫化返原。由于军用的铜背衬橡胶轴承对商船来说成本太高,而且这种轴承需要配备复杂的燕尾槽和多种金属材料外壳,因此这种类型的轴承并未普及。大型商船花了差不多30年的时间才将油润滑密封系统应用在尾轴管轴承上。但随着时间的推移,由于油润滑系统高昂的造价以及油密封带来的油污染问题日益凸显,采用水基润滑系统的微观轴承又重新回到人们的视野当中。

铁梨木轴承是水润滑微观轴承的一种,由于其材料在有磨粒存在的情况下会加剧对轴系的磨损,并且铁梨木的植物属性使得其来源已经越来越稀少,因此铁梨木轴承已经慢慢淡出了人们的视野。纤维增强酚醛树脂轴承(fiber reinforced phenolic bearings)和聚氨酯(polyurethane)轴承在有磨粒存在的情况下对自身以及轴颈的磨损都会加剧,而且聚氨酯同天然橡胶一样在受到动态冲击的情况下都会发生熔化现象,并在某些特定条件下会发生水解,因此这两种材料在使用过程中非常不稳定。

部分舰船尾轴承使用金属材料,并以矿物油作为润滑剂,不仅耗费了大量油料和贵重金属等战略资源,而且存在油泄漏的问题。船舶推进系统润滑油泄漏严重污染水环境的问题,近年来已引起各国政府、企业界和学术界的密切关注,少数工业发达的国家投入巨额资金先后进行对其治理技术及装备的研究。随着低碳经济时代的到来,"绿色船舶"的理念被推到了聚光灯下。为了更快地推进绿色船舶的发展,国际海事组织(IMO)、欧盟以及各国船级社纷纷出台各种规范、标准,从制度上确保全球海洋环境或区域海洋环境尽可能免受污染。因此,在舰船尾轴管中,具有资源节约与环境友好特点的水润滑轴承取代油润滑轴承成为了必然趋势。

橡胶是目前应用较广泛的水润滑尾轴承材料,其突出优点是吸振、抗冲击性能优异,不污染水域,有利于舰船的隐蔽。在二战期间的多次海战中,水润滑橡胶尾轴承在舰船,尤其是在潜水艇上的应用,使其性能得到了公认。但其缺点也很突出:承载能力低,设计比压仅为油润滑轴承的1/3;在启动、停机、低速运转等工况下,会产生振动噪声(bearing noise),这对水下航行器是致命的缺点。随着电子探测技术的进步,橡胶轴承的这个缺点越来越突出,因此迫切需要开展包括材料研制或改性、振鸣音机理及影响因素的系统研究,寻求减振降噪的措施。

随着船舶向大型化、高速化、轻型化方向发展，人们对船舶尾轴承的运行的可靠性、摩擦性能、承载能力提出了更高的要求。尾轴承作为船舶推进系统的重要组成部分，其性能的优劣直接影响舰船航行的快速性、安全性、隐蔽性及乘坐舒适性。因此研究开发具有高比压、低摩擦、低磨损性能的水润滑尾轴承具有重要的意义。

1.1.2　水润滑轴承材料的分类

水润滑轴承与传统的油润滑轴承相比在材料选择上存在较大的差异，这主要是由于用水作润滑剂，工作介质发生了变化。水对金属材料腐蚀较大，且黏度低，水膜薄难以形成，因此水润滑轴承在材料的选择上须更加注重材料的自润滑性能以及减振抗噪的能力。对船舶水润滑尾轴承材料的主要性能要求如下：

（1）低摩擦。尤其要求舰船水润滑轴承材料在中低速段具有低动摩擦系数和最大静摩擦（breakaway friction）系数。因舰船水润滑轴承在中低速段主要处于混合润滑或边界润滑状态，所以要求船舶水润滑尾轴承材料具有良好的自润滑性能。

（2）良好的减振降噪性能。减少舰船水润滑尾轴承摩擦振动及噪声，降低舰船向外辐射的噪声，增强乘坐舒适性、隐蔽性和生存能力。对水下航行器来说，这是最重要的性能指标。

（3）高比压。提高工作比压，增强尾轴承的承载能力，减小零部件质量和体积，增强舰船的便捷性。

（4）优良的物理力学性能，如高的扯断强度，低的吸水膨胀率，高温不蠕变、不水解等。

（5）低的系统磨损，以延长使用寿命，节省运行维护的成本。系统的磨损是指轴和轴承的总磨损。现在的研究多集中在轴承材料的抗磨损方面，但对比轴承来说，轴的造价更高，轴的磨损问题更应得到重视。降低系统的磨损，可以保证系统的安装间隙适当，减少因间隙扩大而带来的振动和冲击及润滑状况恶化等情况。

水润滑尾轴承材料的使用主要经历了三个阶段。第一阶段：以铁梨木为代表的木质材料阶段。铁梨木性能优异，但资源日渐稀少，随后出现的桦木层压板和布质层压板都是其替代品。第二阶段：天然、丁腈、氯丁等单体橡胶材料应用阶段。但是它们都存在一些无法克服的缺点，这促进了飞龙、尼龙等热塑性材料的研发和使用。第三阶段：SPA、赛龙（Thordon）、BTG 等以橡胶为基体的复合材料的使用阶段。

表 1-1 对几种典型的水润滑尾轴承材料的性能进行了对比,其中铁梨木应用时间最长,最普遍,但仅产于南非等地,资源日渐枯竭,且不宜用于有泥沙的环境中。布质、桦木等层压板,虽然有些性能优于铁梨木,但综合性能未能超越铁梨木,且对轴磨损较大。水润滑天然橡胶轴承出现在 20 世纪 20 年代,但二战期间发现天然橡胶在高速冲击力作用下会发生不可逆的硫化返原,甚至还原到糊糊状液态,因此迅速地被丁腈、氯丁等单体橡胶取代。丁腈、氯丁等单体橡胶轴承虽具有较好的减振性、对异物的埋没性,但自润滑性能较差,在转速较低、频繁起停工况下,润滑状况容易恶化并引发振鸣音及发生烧瓦和抱轴等现象。因此对橡胶材料的改性一直是研究热点之一。SPA、赛龙及 BTG 等工程塑料合金是材料合成技术高度发展的产物,各具特色。

表 1-1　几种典型水润滑尾轴承材料性能对比表

材料	价格	加工	导热性	对泥沙敏感性	安装要求	承载能力	减振降噪能力
铁梨木	高	难	一般	敏感	准确	低	差
层压板	中	较难	差	敏感	准确	中	差
橡胶	低	易	差	不敏感	不严格	较高	一般
赛龙	高	易	差	不敏感	不严格	高	一般
SPA	低	易	差	不敏感	较准确	高	一般
BTG	低	易	一般	不敏感	不严格	中	一般

水润滑橡胶尾轴承改性的方法主要有以下几种:

(1)添加碳纤维、纳米 ZnO_w 等提高橡胶的承载能力和物理力学性能。彭晋民、肖科等通过正交试验优化 BTG 的补强剂、软化剂、硫化剂的配方,在最佳配方的基础上加入 ZnO_w 晶须改性。改性后的 BTG 轴承材料的力学性能和摩擦学性能大为改善。王海宝利用丙烯酸酯(ACR)对丁腈橡胶(NBR)进行改性,以增强其力学性能。宋国君、郑颂先研究了碳纤维对丁腈橡胶力学性能的影响。

(2)添加石墨、二硫化钼等提高橡胶的自润滑性能。Bharat Bhushan 系统地研究了在腈类橡胶中添加液体或固体润滑剂,以获得更优的抗摩擦、磨损性能的橡胶材料的方法。

(3)通过表面氢化或高能量离子处理提高橡胶材料表面的亲水性,以使其边界润滑效果更好,更易形成流体动压润滑。M. I. Guseva 等利用高能离子对水润滑橡胶尾轴承摩擦表面进行改性,使之耐磨性大幅度提高。

（4）共混改性，通过两种或两种以上的物质的混炼取长补短，以提高材料的综合性能。SPA 和赛龙皆是共混改性的成功范例。SPA 是 Duramax Marine 公司研制的轴承合金，通过 UHMWPE、硫化橡胶、石墨三种粉末混合模压而成。主要优点是承载能力高，可以大大减小长径比；硬度较高，可进行机械加工，成本更低；抗磨损，且对轴的磨损也小，主要应用在大型水面舰船上。赛龙是加拿大 Thordon Bearing 公司生产的系列水润滑轴承材料，是合成树脂和合成橡胶的混合物，是由三次元交叉结晶热凝性树脂制造而成的聚合物，在国外有合成橡胶之称。

舰船水润滑尾轴承材料的研制，一直是个常青的话题，但限于军事保密，可以查到的文献不多。武汉理工大学尾轴承试验室从 20 世纪 80 年代起开展舰船水润滑尾轴承材料试验研究，发现国内的橡胶尾轴承材料与国外的相比，物理力学性能相差不大，摩擦系数却相对偏高。

1.1.3　几种典型的水润滑轴承材料

1988 年，Schncider 指出美国海军军方已经将整体式"橡胶 - 超高相对分子量聚乙烯"水润滑轴承装备在军舰之中。该水润滑轴承就是美国著名尾轴承生产设计公司 Duramax 生产的以丁腈橡胶和 UHMWPE 为主要成分的橡 - 塑复合材料轴承 ROMOR Ⅰ。ROMOR 系列轴承是第一个完全满足 MIL-DTL-1790C(SH)Class Ⅲ 的力学性能及摩擦磨损性能要求的水润滑轴承，该系列轴承板条有两种结构，一种板条的形状类似梯形，主要用于军用舰艇，板条一般安装在轴承衬套内表面的燕尾槽中（图 1-1）；另一种板条的外表面为圆弧形，通过轴承衬套中的止动条将板条在轴承衬套内安装锁紧（图 1-2）。

图 1-1　燕尾槽安装形式　　　　图 1-2　止动条安装形式

ROMOR Ⅰ 丁腈橡胶板条具有超低的摩擦系数。由于弹性磨损形式以及特殊的丁腈橡胶配方，ROMOR Ⅰ 在任意转速下都能够获得很低的摩擦系数。其

橡胶表面的邵氏硬度A达到80,能够降低轴系转速较低时的初始摩擦,其摩擦系数最低可达0.001。在轴系正常运转时,流体压力会在橡胶表面形成一个不可恢复的润滑水囊,在该处会形成一层很薄的水膜将轴颈与轴承表面隔开,从而有效降低和控制了磨损。丁腈橡胶和超高分子量聚乙烯的厚度是经过计算和试验检验的,因此能够达到最好的减振和抗冲击效果。ROMOR I 板条的典型结构如图1-3所示。ROMOR I 轴承材料与常用水润滑轴承材料磨损性能比较如图1-4和图1-5所示。

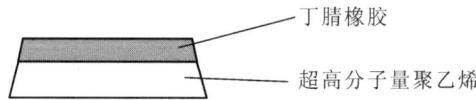

图1-3　ROMOR I 轴承板条的结构

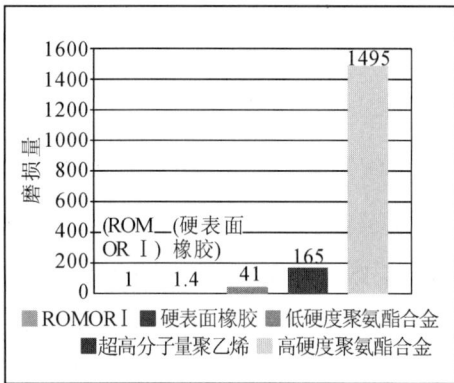

图1-4　板条在清水中的磨损试验

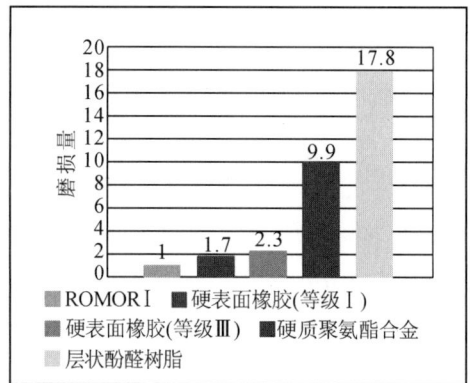

图1-5　板条在泥沙水中的磨损试验

由于上述诸多优点,ROMOR I 橡胶水润滑尾轴承已经被应用在美国水面舰艇和水下潜器之中,其中潜艇71艘,大型水面舰艇285艘,表1-2为典型型号的装船表。

表1-2　ROMOR I 橡胶水润滑尾轴承美国海军装船表

美国海军潜艇	美国海军水面舰艇	
SSN-688"洛杉矶"级攻击潜艇	DDG 阿利伯克级驱逐舰	LSD 哈普斯渡口级登陆舰
"俄亥俄"级战略导弹潜艇	奥斯汀级两栖运输舰	LCS 独立级濒海战斗舰
核潜艇"海狼"级攻击潜艇	MCM 复仇者级探测船	尼米兹级核动力航空母舰

美国海军潜艇	美国海军水面舰艇	
SSN-774"弗吉尼亚"级攻击潜艇	AGER 班纳级调查船	哈珀斯佩里级护卫舰
	LCC 蓝岭级指挥舰	圣安东尼奥级两栖运输舰
	PC 旋风级巡逻艇	LHA 塔拉瓦级两栖攻击舰
	AS 埃默里潜艇支援舰	CG 提康德罗加级巡洋舰
	CVN 企业级航空母舰	AFSB 特伦顿级运输船
	LCS 自由级濒海战斗舰	黄蜂级两栖攻击舰
		LSD 惠德贝岛级登陆舰

1.2　船用水润滑橡胶轴承的结构选型

橡胶轴承一般用江、河水润滑和冷却,尾轴管结构比较简单、造价较低,使用中营运费低且管理方便、故障较少、无污染问题。同时,橡胶具有弹性,对不均匀负荷的适应性较好。由于有上述优点,一些地区和部门广泛采用橡胶轴承。其缺点是摩擦损失较大,橡胶的传热性差,当温度超过 65 ~ 70℃ 时就易老化失效。因此,采用橡胶尾轴承时供水一定要充足。根据较早时期上海市化学工业局企业标准的规定,材料 512 的性能要求如下:

扯断力 ≥ 16MPa;

伸长率 ≥ 350%;

永久变形 ≤ 40%;

邵氏硬度 A65 ~ 80;

老化系数 ≥ 0.7(在 70℃,72h 后测定);

脆性温度 -40℃(弯曲 180° 无裂纹时测定)。

水润滑轴承厂家可根据上述性能决定橡胶配方。

1. 整体式橡胶轴承结构

整体式橡胶轴承尺寸的确定,除了依据各个轴承厂家提供的设计参考值外,比较系统的可参考苏联 1971 年颁布的标准 ΓOCT7199—71,如图 1-6 和表 1-3 所示。

将橡胶可靠硫化并整体紧附在轴承衬套内圆上。橡胶轴承工作表面呈凸起形状。这种轴承具有下述优点：

（1）橡胶与轴颈表面的接触面积较小，故摩擦力矩较小。

（2）轴颈与水的接触面积大，橡胶的两个圆弧面和轴颈的圆柱面间形成楔形液体，故冷却及润滑条件良好。

（3）水槽是纵向布置的，泥沙较易冲出。

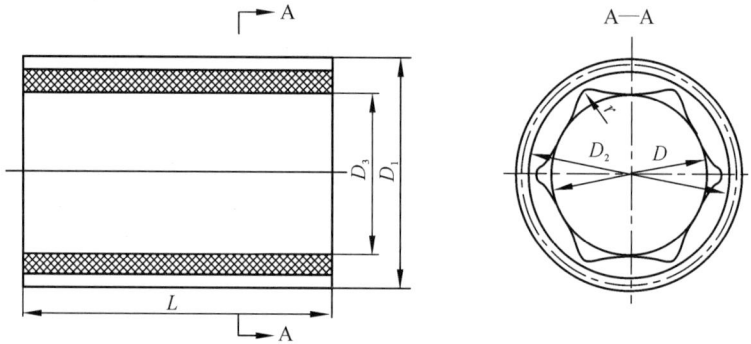

图 1-6　整体式橡胶轴承

表 1-3　整体式橡胶轴承尺寸

直径 D		长度 L			轴承外径 D_1	衬套内径 D_2	轴承内径 D_3	水槽半径 r	槽道数	加长型轴承重 （kg）
名义尺寸	极限偏差	加长型	正常型	缩短型						
					单位：mm					
30		110	90		44	M40×1.5	34	1		0.40
35	+0.4 +0.1	125	105		51	M45×1	39			0.74
40		140	120		57	M52×1	46			0.80
45		155	135		63	M58×1.5	51			1.00
50		170	150		69	M64×1	57			1.24
55		190	150		75	M70×1.5	63	2		1.54
60	+0.6 +0.1	210	165		83	M76×1	68			2.33
65		230	180		89	M82×2	73			2.77
70		250	190		93	M85×1.5	78			3.39
75		270	210		99	M90×1.5	82			4.24

续表 1-3

轴承内径 D		长度 L			轴承外径 D_1	衬套内径 D_2	轴承内径 D_3	水槽半径 r	槽道数	加长型轴承重 (kg)
名义尺寸	极限偏差	加长型	正常型	缩短型						
					单位:mm					
80		290	220		105	M95×1.5	89			5.20
85		300	240		110	M100×1.5	9	4	8	6.08
90		320	250		119	M110×1.5	100			6.40
95		340	260		124	M115×1.5	104			7.13
100		350	280		129	M120×1.5	112			7.66
105	+0.8 +0.2	370	290		134	M125×1.5	120			8.50
110		385	300		144	M130×1.5	121			12.70
115		400	320		149	M135×1.5	127			13.85
120		420	330		157	M145×1.5	133			14.08
125		440	340		163	M150×1.5	140			16.52
130		450	360		169	M155×2	142			18.45
135		460	370		174	M160×2	151			19.35
140		480	380	240	179	M165×2	152			20.08
145		500	390	250	184	M170×2	158			22.45
150		520	410	260	189	M175×2	160			25.00
155		540	420	270	193	M180×2	165	5		25.60
160		550	440	275	199	M180×2	170			31.90
165	+1.0 +1.3	570	450	285	204	M185×2	175		10	34.60
170		580	460	290	209	M190×2	179			35.90
175		600	470	300	214	M195×2	186			37.80
180		620	500	310	219	M200×2	188			40.00
185		640	510	320	224	M205×3	195			42.60
190		650	520	325	229	M210×3	197			44.50
195		670	530	330	234	M215×3	203			46.50

续表 1-3

轴承内径 D		长度 L			轴承外径 D_1	衬套内径 D_2	轴承内径 D_3	水槽半径 r	槽道数	加长型轴承重 (kg)
名义尺寸	极限偏差	加长型	正常型	缩短型						
					单位:mm					
200		680	550	340	249	M225×3	212			62.50
205		700	560	350	254	M230×3	218			65.50
210		720	580	360	259	M235×3	220		12	68.95
215		740	590	370	264	M240×3	225			72.35
220		750	600	375	269	M245×3	232			74.85
225		770	610	385	274	M250×3	236			77.69
230		800	620	400	279	M255×3	239		12	82.35
235		820	630	410	284	M260×3	244			86.40
240		840	650	420	289	M265×3	250			90.00

2. 整体式橡胶轴承技术要求

（1）轴承衬套内圆两端应车削正、反牙螺纹，使橡胶牢固黏合。

（2）橡胶轴承表面应光洁，无分层、裂纹、气泡和脱壳现象。

（3）内圆橡胶表面应与外圆同心，偏差不得大于 0.05mm。

（4）冷却水槽应平直，根部应具有小圆角，对各槽道的锐边须倒圆角。

（5）允许光磨橡胶的内表面，使之达到要求的装配间隙，参阅表 1-4。

（6）轴承衬套外圆与尾管轴承壳或尾轴架毂的配合值可参照表 1-5 的数据。

（7）橡胶轴承老化或脱壳严重者，应予更换。

表 1-4　轴承安装间隙参考值（单位:mm）《内河船舶设计手册（动力分册）》

轴颈 $D_a(D_b)$	＜100	100～200	120～150	150～180
安装间隙	0.35～0.4	0.4～0.45	0.45～0.5	0.5～0.6

表 1-5　轴承衬套与轴承座的配合值（单位:mm）《内河船舶设计手册（动力分册）》

轴承衬套外径	＜65	65～100	100～140	140～180	180～260
配合值	＋0.005～＋0.02	0～＋0.015	－0.01～＋0.005	－0.02～0	－0.03～－0.01

3. 板条橡胶轴承结构

大功率船舶,为便于制造和降低造价,不采用整体式橡胶轴承而采用板条橡胶轴承。例如大庆 406 油船,后轴承由 3 组短板条橡胶组成,前轴承由 2 组短板条橡胶组成,短板条橡胶长度为 350mm。这种由二、三组短板条橡胶组合的轴承,每块板条橡胶由 2 个 M10 螺钉拉紧于衬套上,安装比较麻烦。因此,目前倾向于采用长板条橡胶组合的轴承。组合后的轴承长度要满足有关规范和轴承负荷计算要求。为了防止板条橡胶沿着衬套内表面滑动,每块板条橡胶由多于 2 个的 M10 固定螺钉拉紧于衬套上,螺钉从衬套的外面旋入板条橡胶内的金属片中,再用止动块挤紧。

金属片材料和衬套固定螺钉的材料不应有显著的电位差,金属片可用铜或钢板(镀铜)。金属片四周的橡胶厚度应为 7 ～ 10mm。板条橡胶的工作表面形状会影响橡胶轴承的工作及其摩擦质量。如果每块板条橡胶具有光滑的圆弧表面,那么青铜和橡胶在水中工作时的摩擦系数为 $f = 0.02$;如果板条橡胶的工作表面是平的,同时又具有光滑的圆角边缘,那么摩擦系数可减少到 $f = 0.007$,而且能可靠地工作。

板条橡胶尾轴承技术要求:

(1) 板条橡胶表面应光洁,无分层、裂纹、气泡和脱壳现象。板条橡胶厚度应相等,偏差不得大于 0.5mm。对于个别小孔眼允许修补后使用。

(2) 板条橡胶应与衬套内壁均匀接触。允许锉磨板条橡胶侧壁使之达到必要的紧密性。允许用水或肥皂液润滑板条橡胶进行装配。

(3) 不允许偏心磨削板条橡胶轴承,但允许锉磨板条橡胶背面,以达到调整配合间隙的要求。

(4) 板条橡胶轴承的安装间隙参阅表 1-6。

(5) 板条橡胶轴承外圆与尾管轴承壳或尾轴架毂孔的配合值可参照表 1-5 的数据,亦可用环氧树脂胶合。

表 1-6 板条橡胶轴承的安装间隙(单位:mm)

轴颈 D_a(D_b)	< 100	100 ～ 200	120 ～ 150	150 ～ 180	180 ～ 200	220 ～ 260
安装间隙	0.6 ～ 0.7	0.65 ～ 0.75	0.7 ～ 0.8	0.75 ～ 0.85	0.8 ～ 0.95	0.9 ～ 1.05

1.3 船舶水润滑橡胶轴承质量标准

船舶尾轴管水润滑轴承,多用非金属材料,其中橡胶占有重要地位,各国的军用舰艇大部分也是使用橡胶轴承。表 1-7 给出中国、美国和日本对于船舶尾轴管水润滑轴承的相应标准。

表 1-7　船舶尾轴管水润滑橡胶轴承的物理 - 机械性能（国家标准）

项目名称	中国 CB/T 769—2008	日本 JIS-K 6301	美国 MIL-B-17901C
拉伸强度（MPa）	＞ 15.69	14.7 ～ 19.6	＞ 10.3
扯断伸长率（%）	＞ 400	180 ～ 400	＞ 150
扯断永久变形（%）	＜ 40		
硬度（邵氏 A）	66 ～ 76	60 ～ 85	85 ± 5
压缩永久变形（%）		50 ～ 70	
磨耗量	＜ 0.4（cm³/1.61km）		
老化系数	＞ 0.75（24h,90℃）		
老化			不小于最初伸长 25%（96h,70℃）
体积变化		－ 5% ～＋5%（清水）	＜ 5% 水（168h,21 ～ 25℃）
分层			不分开,全浸入苯中(20.8 ～ 24.8℃,22h)
附着力			老化前:176.5N；老化后:133.4N(65.6℃,96h)；老化后:88N(ASTM 3♯ 油 25 ～ 30.6℃,46h)

对表 1-7 进行分析可以得出以下几个方面的结论。

（1）这三个国家颁布的标准,其性能指标,用天然橡胶、丁腈橡胶和氯丁橡胶均能达到。实际上,多数国家使用的是丁腈橡胶,因为丁腈橡胶耐油性能较好,对丁腈橡胶的研究也比较深入。

（2）关于橡胶的硬度,所有标准都采用邵氏硬度 A。苏联学者 л. B. Никанэрова 提出:螺旋桨直径在 30 ～ 240mm 范围内,橡胶邵氏硬度为 60 ～ 75,大型船舶橡胶尾轴承邵氏硬度为 75 ～ 85,并且建议研究邵氏硬度 A 为 85 ～ 95 的橡胶轴承。相比之下,我国标准中对于水润滑轴承的硬度值的要求是偏低的,并且硬度与扯断伸长率存在着一定的矛盾。

（3）拉伸强度、扯断伸长率、硬度三者之间有制约关系。一般来说,硬度提高,拉伸强度会略有升高,但是扯断伸长率会明显下降,而在这三种性能中,硬度是最重要的参数。

（4）阿克隆磨耗量的测定方法是在阿克隆磨耗试验机上使试样和砂轮在一定的负载下以一定的倾斜角度摩擦,测定试样在一定里程内的磨损体积,显然这与水润滑滑动橡胶轴承的实际工况相差甚远,阿克隆磨耗量只能说明在这种工况下材料的抗磨性能。

（5）美国海军军用标准对硬度的要求值较高,而对拉伸强度和扯断伸长率的要求值较低。作为薄层橡胶的水润滑轴承,强度达到一定值就能满足使用要求,它为复合橡胶轴承材料的开发提供了条件。

（6）这三个国家的标准中,提到的摩擦磨损性能指标都非常有限。据可查阅的美国水润滑轴承生产厂家资料,其产品除满足美国 MIL-B-17901 Ⅰ 级军标外,还应满足厂标,以保证质量,日本的生产厂家也有厂标,但不如美国厂标全面;另外,各厂家厂标涉及使用寿命和可靠性等性能,属于多数生产厂家的保密范围,很少公开发表。

综上所述,各国橡胶轴承的标准,主要是提出了橡胶材料的机械-物理性能要求,这是制造橡胶轴承所须满足的首要条件。但需要注意的是,并不是满足了以上要求的橡胶轴承,其质量和使用寿命就得到了保证。同时,在选取标准中的有关数值时,也有一个具体数值的选取问题。

1.4 船舶尾轴管水润滑橡胶轴承的技术性能要求及其他

船舶尾轴管橡胶轴承的使用寿命与橡胶轴承标准中参数的选择、结构设计、制造工艺和轴颈的配磨材料等因素密切相关,只有满足了有关因素的要求,才能达到正常的使用寿命。现对主要的因素进行分析和讨论,希望能够为船舶尾轴管水润滑橡胶轴承的使用者和设计者提供参考。

1. 低速运转性能

任何一种滑动轴承的摩擦、磨损性能,实际是一项综合性能指标,直接决定着轴承的使用寿命,水润滑橡胶轴承也不例外。影响使用寿命的因素很多,其中某些因素是制造厂商的保密范围,即使是公开发表的一些数据,由于测试条件不同,也难以比较和判定其优劣。橡胶轴承的干摩擦系数值很大,当有水作为润滑剂时,其摩擦系数值会特别小。螺旋桨轴的悬伸和桨的质量较大,导致螺旋桨轴呈倾斜和弯曲状态,在以 0.5m/s 以下线速度运转时,由于橡胶表面与轴接触处的橡胶会产生"黏着 - 滑动"而产生振动鸣音,其强烈程度是橡胶表面摩擦系数的函数,当摩擦系数较低时,就不易产生鸣音。这种振动产生的鸣音对军用舰艇尤其是水下舰艇影响极大。研制低速、重载、低鸣音的尾管水润滑橡胶轴承是目前研究的难点。

2. 弹性模量

橡胶属高弹性体,在负荷作用下,有较大的变形。适当的弹性模量是水润滑橡胶轴承建立弹性流体动压润滑的条件和抗泥沙磨损的重要因素,因此橡胶轴承的静态压缩弹性模量不能太高,也不能太低。对大型轴承,在高负荷端的橡胶弹性模量要比低负荷端的小。

3. 结构设计

橡胶轴承工作面的结构形状,直接影响摩擦系数和使用寿命,必须予以重视。在目前采用的凸面型、凹面型和平面型三种结构中,以平面型结构为最佳。由于工作面的结构形状与轴承的接触压力有关,因此在设计尾管橡胶轴承时,要特别注意橡胶面的形状。一种好的结构形状能降低轴承磨耗率并提高抗泥沙磨损性能。

4. 参数的选择

此处提到的参数选择是指在各国的水润滑尾轴承标准所规定的范围内取值,其中最重要的是硬度值的选取,硬度值与轴承负荷、航区泥沙含量及颗粒尺寸大小有关。小型轴承的硬度取值一般比大型轴承的硬度取值要低。低硬度值的轴承抗泥沙磨损性能较好。

5. 制造工艺

制造橡胶轴承的工艺是决定水润滑橡胶轴承质量优劣的重要因素,也是制造厂家能否占有市场的关键,属保密范围。这里指的工艺包括:基体胶料品种、辅料、补强剂、硫化温度和时间、成型方法等。

6. 螺旋桨轴套的材料

任何摩擦副的使用寿命与其材料配对是否合理有很大关系。这里主要是指轴套材质的硬度等。长江轮船总公司引进的美国 4400kW 推船,采用的是喷镀镍合金的轴套材料,硬度比铜合金材料要高,这种材料配对值得借鉴。

7. 安装质量

安装质量主要是指轴系校中质量和轴承安装间隙。对轴系校中质量的考量不足,往往是造成水润滑轴承异常工作的主要原因,一般认为尾轴管水润滑橡胶轴承的安装间隙较大,因此校中质量标准也应该从严要求,尤其是高速快艇的轴系。按照美国厂家推荐的标准,橡胶轴承的安装间隙与油润滑轴承的安装间隙基本上是一样的。

　　总之,品质优良的尾轴管水润滑橡胶轴承,必须符合国家标准中的各项性能指标。在实际设计制造的过程中,应该根据轴承负荷、航区等,选择标准中的参数,其次是优化结构设计及制造工艺。评定水润滑尾管轴承优劣的依据是实船使用统计资料,主要的几个性能评价指标包括启动和低速运转性能有无鸣音以及其使用寿命的长短。

1.5　船舶尾轴承试验项目

　　(1) 水胀试验(水润滑轴承)

　　水胀试验用于测量水润滑尾轴承内衬材料在水中的膨胀状况及其对轴承内径尺寸的影响。由于水润滑轴承内衬材料为高分子材料,如赛龙、飞龙、丁腈橡胶、SF-1 等,在水中易吸水膨胀、变形,因此轴承内径尺寸不稳定,影响轴承安装间隙的确定以及磨损量的测量精度。

　　(2) 尾轴承静负荷测试试验

　　首先在尾轴承外的轴颈上施加载荷 W 使轴承比压 p 达规定值,然后在尾轴承座底部对角线安装压力传感器,测定尾轴承的实际负荷。

　　(3) 轴承磨合试验

　　轴承试样进行性能试验时,为了使其与轴的摩擦接触表面处于较好的配合状态和良好的润滑状态且摩擦系数较低,在开始试验之前应进行轴承与轴承的磨合试验。磨合试验主要控制加载负荷 p、轴转动线速度 v、润滑水流量 Q,不停机连续运转时间 t。试验过程中由高速向低速逐渐改变线速度以及改变负荷的大小,进行多个循环的运转,并达到磨合时间的要求,从而完成试验。

　　(4) 摩擦系数 - 速度特性试验

　　主要控制加载负荷 p、轴转动线速度 v、润滑水流量 Q。在垂直负荷 p 和润滑水流量 Q 恒定的条件下,从低速到高速逐渐改变线速度的大小。每一个工况稳定后,记录一次摩擦系数与线速度值,研究两者间的关系,评价线速度对摩擦系数的影响程度。

　　(5) 摩擦系数 - 负荷特性试验

　　主要控制加载负荷 p、轴转动线速度 v、润滑水流量 Q。在轴转动线速度 v 和

润滑水流量 Q 恒定的条件下,逐渐改变垂直负荷 p 的大小。每一个工况稳定后,记录一次摩擦系数值与负荷值,研究两者间的关系,评价负荷对摩擦系数的影响程度。

(6)冷却水极限温度试验

在负荷 p、轴转动线速度 v 和润滑水流量 Q 恒定的条件下,将冷却水温度提高到较高温度(如 39℃)进行短时间试验,以观察水温对轴承摩擦学性能(摩擦、磨损、润滑)的影响程度。

(7)摩擦系数 - 温度特性试验

在负荷 p、轴转动线速度 v 和润滑水流量 Q 恒定的条件下,逐渐改变润滑水水温的高低,每一个工况稳定后,记录一次摩擦系数值与温度值,研究两者间的关系,评价润滑水水温对摩擦系数的影响程度。

(8)轴心轨迹及轴承振动试验

在磨合试验、摩擦系数-速度特性试验、摩擦系数-负荷特性试验、摩擦系数-温度特性试验中,均进行轴心轨迹及轴承的振动测试,评价轴承在不同结构、尺寸和不同试验条件下的轴心轨迹变化状况与轴承振动情况(振动频率与振幅)。

(9)磨损试验

磨损试验主要包括清水磨损试验与泥沙水磨损试验。试验条件与上述试验基本相同,但须控制泥沙的粒径以及磨损试验时间。通过清水与泥沙水磨损试验,评价轴承的耐磨性,预测其使用寿命与可靠性。

(10)尾轴承试验模态

对水润滑橡胶尾轴承进行试验模态分析,得到不同结构形式下轴承的固有频率、振型、阻尼比等动态特性参数;对比及分析不同结构形式对轴承动态特性的影响规律及影响程度,验证有限元模态理论模型的正确性。

1.6　水润滑尾轴承研究方向

舰船尾轴承虽具有一般水润滑轴承的共性,但也有不同于高速水力机械,如水泵与水轮机等的水润滑轴承的工况特点。由于螺旋桨的悬臂作用以及轴系安装对中不良,尾轴承的实际承载面积远小于名义承载面积,产生严重的边缘效应,导致局部比压过高,摩擦力变化大,最终使得润滑状态恶化。尤其在低速、重载、主机频繁启停,正反转交替的特殊工况下,轴承很难在短时间内建立润滑水膜,轴承润滑性能变差,磨损严重,振鸣音加大。摩擦、磨损、噪声、低的承载能力已经成为制约尾轴承研制技术发展的主要问题。

笔者在舰船水润滑尾轴承的摩擦性能及摩擦振动机理方面做了一些理论研究和试验验证工作,得到了一些结论,但由于舰船水润滑尾轴承工况的复杂性,仍然有一些深层次的科学问题和技术难题需要深入研究,主要体现在以下几个方面:

(1)在材料的研制方面,在原料的选择上,采用粒度更细的 UHMWPE 和石墨,借助热力学理论,并采用科学的评价体系和测试手段从物理、化学两个层面提高共混料的相容性和相溶性。同时考虑 UHMWPE 的分子量对该性能的影响;在共混工艺上,考虑溶液共混法等可以提高材料相容性的方法;在组分设计上,在设备和工艺都改进的情况下,采用正交试验法等更精确地进行组分的优化设计,以全面提升共混料的性能。在此基础上,探索其工业化大生产的工艺路线。

由于纳米粒子分散相的小尺寸效应、表面效应、量子尺寸效应以及宏观量子隧道效应,橡胶基纳米复合材料在结构、性能及应用方面优于传统的橡胶复合材料,为制备高性能、多功能的复合材料提供了新途径。因此有必要对丁腈橡胶基纳米复合材料的水润滑尾轴承摩擦学行为与机理进行系统的研究。笔者在后续的研究中发现,将 SPB-N 水润滑橡塑尾轴承材料中的促进剂 ZnO 的粒径缩小至纳米级时,相同工况条件下的摩擦系数会降低 $\frac{1}{2}$ 甚至更多。

(2)在建立水润滑尾轴承摩擦振动分析模型,考虑轴和轴承的相互作用时,只涉及了一个方向,即把问题简化为一个一维问题来考虑。但水润滑轴承的长径比较大,螺旋桨悬伸布置,轴和轴承在轴的长度方向的接触状况是不均匀的。在建立分析模型时考虑这些因素将会使分析模型更切合实际。另外,在轴和轴承刚度和阻尼的求解方面也还需要做大量的工作。

(3)在结构设计方面,仿生叠层复合材料,是一种具有良好韧性、耐磨性、耐冲击性的高分子材料,例如可将丁腈橡胶与 UHMWPE 有机地结合起来,发挥它们的优良性能。研究表明,叠层材料和基体材料的工艺与配方可在极大程度上改善和优化其机械物理性能,但是材料的制备工艺和表面处理亟待优化。此外还可以开展水润滑尾轴承表面织构润滑机理的研究,研究轴承摩擦面上的表面织构对轴承摩擦学等特性的影响。

参考文献

［1］ 唐育民,杨和庭.船舶水润滑尾管橡胶轴承的设计[J].武汉造船,2000(2):19-22.

［2］ 张乐天,李文浩.对新型水润滑尾轴管装置的研制[J].武汉造船,1979(4):43-55.

［3］ 张乐天,蒋淦清.对船用橡胶轴承若干问题的探讨[J].武汉水运工程学院学报,1979(2):55-79.

［4］ PENG Engao,LIU Zhenglin,TIAN Yuzhong,et al. Experimental study on friction-induced vibration of water-lubricated rubber stern bearing at low speed[C]. 2010 International Conference on Frontiers of Manufacturing and Design Science,2010, 44-47:409-413.

［5］ PENG Engao,LIU Zhenglin,LAN Fang,et al. Research on noise generation mechanism of rubber material for water-lubricated bearings[C]. International Conference on Green Power,Materials and Manufacturing Technology and Applications,2011,84-85:539-543.

［6］ JIN Yong,LIU Zhenglin. The experimental modal analysis of water-lubricated rubber stern bearing[C]. 2011 International Conference on Mechanical Materials and Manufacturing Engineering,2011,66-68:1663-1667.

［7］ 董从林,袁成清,刘正林,等.水润滑尾轴承磨损可靠性寿命评估模型研究[J].润滑与密封,2010(12):40-43.

［8］ QU Liang,WANG Juan,XIN Shuai,et al. A system for detecting sea oil leak based on video surveillance[C]. 2011 3rd Pacific-Asia Conference on Circuits,Communications and System,2011,1-3.

［9］ ANDRITSOS F,COZIJN H. An innovative oil pollution containment method for ship wrecks proposed for offshore well blow-outs[C]. ASME 2011 30th International Conference on Ocean,Offshore and Arctic Engineering,2011,2:73-81.

［10］ ZHOU Desheng,WOJTANOWICZ A K. Analysis of leak-off tests in shallow marine sediments[J]. Journal of Energy Resources Technology,Transactions of the ASME,2002,124(4):231-238.

［11］ 俞士将.绿色船舶发展现状及方向分析[J].船舶,2010(4):1-5.

［12］ 严新平,袁成清,白秀琴,等.绿色船舶的摩擦学研究现状与进展[J].摩擦学学报,2012(4):410-420.

［13］ HIRANI H,VERMA M. Tribological study of elastomeric bearings for marine propeller shaft system[J]. Tribology International,2009,42(2):378-390.

［14］ ORNDORFF R L. Water-lubricated rubber bearings,history and new developments[J]. Naval Engineers Journal,1985,10:39-52.

［15］ ORNDORFF R L,FINCK D G. New design,cost-effective,high performance water-lubricated bearings[J]. WARSHIP,1996:367-373.

[16]　彭晋民,王家序.提高水润滑轴承承载能力关键技术研究[J].农业机械学报,2005(6):149-151.

[17]　金志鸿,唐育民,海鹏洲.Mcs-2-1船舶层压胶木与铁梨木尾轴承性能试验[J].武汉水运工程学院学报,1981(4):14-25.

[18]　樊发孝,陈业生,金志鸿,等.船舶水润滑尾管轴承新材料——3133石墨层压板的试验与研究[J].船舶工程,1987(4):3,19-24.

[19]　ORNDORFF R L,KENT O. Thermoplastic — rubber polymer alloy and method for producing the same[P]. USA:The B. F. Goodrich Company(Akron,OH),1988:9.

[20]　王优强,李鸿琦. 水润滑赛龙轴承及其润滑性能综述[J]. 润滑与密封,2003(1):101-104.

[21]　郑伟,彭晋民,杨明波.水润滑塑料合金轴承成型工艺对力学性能的影响[J].机床与液压,2005(3):66-67,73.

[22]　王家序,彭晋民,杨明波.水润滑塑料合金轴承材料力学性能改性[J].润滑与密封,2004(6):80-82.

[23]　肖科,王家序,张榆,等.纳米级氧化锌晶须对水润滑轴承材料的改性研究[J].润滑与密封,2004(02):38-39.

[24]　王海宝,王家序,彭晋民,等.丙烯酸酯对丁腈橡胶力学性能的影响[J].润滑与密封,2003(02):64-65.

[25]　宋国君,王俊霞,孙晋立.碳纤维/橡胶复合材料的研究与应用[J].青岛大学学报(工程技术版),1997(4):20-23.

[26]　郑颂先,张芳,王保秀.碳纤维对丁腈橡胶力学性能的影响[J].安徽大学学报(自然科学版),1991(3):58-60.

[27]　BHUSHAN B,DASHNAW F. Material study for advanced stern-tube bearings and face seals[J]. ASLE transactions,1981,24:398-409.

[28]　BHUSHAN B,GRAY S,RICHARD W,et al. Development of low-friction elastomers for bearings and seals[J]. LUBR ENG,1982,38:626-634.

[29]　GUSEVA M I,LYSENKOV P M,SOKOV E V,et al. Surface modification of rubber inserts in stern bearings by ion implantation technique[J]. Trenie i Iznos,1993,14(4):742-747.

[30]　ORNDORFF R L. New UHMWPE/rubber bearing alloy[J]. Journal of Tribology,2000,122(1):367-373.

[31]　孙文丽,王优强,时高伟.海水润滑赛龙陶瓷轴承的摩擦学性能研究[J].润滑与密封,2010(4):65-67.

[32]　孙文丽,王优强,时高伟. 海水润滑赛龙材料磨损机制分析[J]. 润滑与密封,2011(7):48-51.

[33]　孙文丽,王优强,时高伟.赛龙轴承材料摩擦学性能的试验研究[J].润滑与密封,2011(5):36-39.

第 2 章　水润滑尾轴承材料的制备

对水润滑橡胶轴承材料进行改性研究有利于充分运用其优点,克服其缺点,如增强自润滑性能,提高其承载能力,降低振鸣音产生的临界转速等,从而扩大其应用领域。共混改性是聚合物改性最为简便且卓有成效的方法,将不同性能的聚合物共混,可以大幅度提高聚合物的性能。橡胶的增强、塑料的增韧就是塑料和橡胶共混改性的成功范例。聚合物共混还可以使共混组分在性能上实现互补,从而开发出综合性能优越的材料,许多具有卓越性能的材料都是通过共混改性的方式制造出来的,如 SPA,赛龙等。欲对材料进行改性,必须分析其成分组成及作用,为改性研究提供理论依据。同时新材料应该具有良好的成型制备工艺性,从而合理地继承基体材料的优点。本章重点讨论复合橡胶的组分设计、各组分的作用、成型制备工艺以及物理力学性能,为研制一种适合水下航行器使用的低摩擦、高比压的复合橡胶尾轴承材料提供理论依据。

2.1　水润滑复合橡胶尾轴承材料的制备及微观结构分析设备

2.1.1　制备设备

1. 开炼机

本研究中采用开炼机对水润滑橡胶尾轴承材料进行混炼,如图 2-1 所示。

开炼机主要由两个异向旋转的辊筒、支撑架、驱动装置和加热、冷却装置等部分构成。开炼机的辊筒水平平行放置,辊筒两端用滚动轴承支撑,放置在支撑架上。在支撑架上设有调距装置,用于调节轴承之间的中心距,以达到调整两个辊筒之间的间隙、控制混炼剧烈程度的目的。

试验材料的主要成分——丁腈橡胶(尤其是硬丁腈橡胶),混炼比较困难,材料包辊性能差,粉料难以分散,胶料

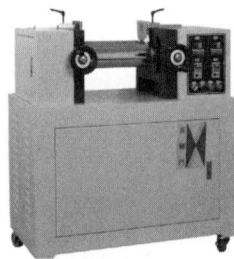

图 2-1　开炼机

产生热量较大,因此需要在低温条件下进行混炼,并注意混炼过程中的放料顺序和相应的容量。

2. 平板硫化机

考虑到水润滑尾轴承材料对机械物理性能的要求较高，且一次模压成型有利于增强胶体的整体性，因此本研究中采用模压硫化。所采用的平板硫化机为单柱式结构。柱塞的运动是借助液压油缸内的压力油推力由下向上运动，切断液压油路打开控制阀后，柱塞借助可动部分的自重而由上向下运动。机座液压缸内有耐油、耐磨材料制成的密封圈，当柱塞在液压缸内运动时，密封圈可防止工作油液渗漏。

本研究所用到的硫化机见图 2-2，其工作参数见表 2-1。

图 2-2　平板硫化机

表 2-1　平板硫化机的参数

公称合模力 （MN）	平板规格 （mm×mm）	工作层数 （层）	热板间距 （mm）	柱塞行程 （mm）
0.5	400×400	1～2	125～250	250
柱塞直径 （mm）	加热方式	电加热功率 （kW/块）	电机功率 （kW）	质量（kg）
220	电／蒸汽	3	2.2	1200

2.1.2　微观结构分析设备

为了进一步探究水润滑橡胶尾轴承材料的结构特征与性能之间的关系，揭示其润滑特性对摩擦振动的影响机理，本研究采用了扫描电镜 SEM、激光干涉位移表面轮廓仪以及激光共聚焦扫描显微镜，对材料的表面结构进行微观分析，用傅里叶红外光谱对各成分的分子结构进行分析鉴定。

1.扫描电子显微镜 SEM

为了分析 UHMWPE 改性前后、丁腈橡胶共混以及硫化前后有无发生相变，以及观察所制得的试验样品表面形貌，对橡塑共混胶料和橡胶材料进行表面形貌和断面形貌的 SEM 电镜分析。本研究采用的扫描电子显微镜型号为JSM-5610LV，如图 2-3 所示。该扫描电子显微镜配有低真空系统，对非导电样品可以直接进行观察和分析；高真空模式分辨率为 3.0nm，低真空模式分辨率为4.0nm；放大倍数为 18×～ 300000×；加速电压为 0.5～30kV；低真空度为 1～270Pa；图像种类有二次电子像、背散射电子像、成分像、拓扑像。

图 2-3　JSM-5610LV 扫描电子显微镜

2.激光干涉式表面轮廓测量仪

为评价摩擦副表面的磨损状况，采用激光干涉式表面轮廓测量仪对试件试验前后的形貌进行表面测量（测量仪器见图 2-4）。

图 2-4　L1 型激光干涉式表面轮廓测量仪

激光干涉式表面轮廓测量仪主要是利用光的干涉原理来实现对表面形貌变化的测量,测量原理如图 2-5 所示。

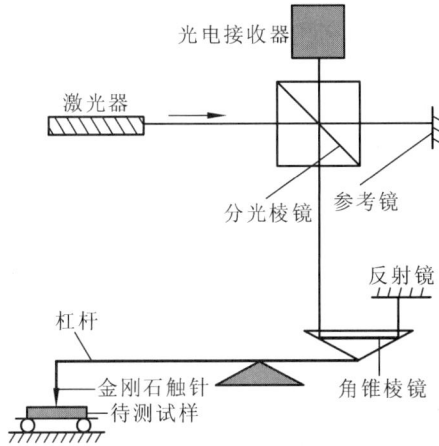

图 2-5　激光干涉式表面轮廓测量仪测量原理

测量杠杆前段安装有金刚石触针,触针挤压在被测试件表面上,杠杆的另一端装有角锥棱镜。由激光器射出的光束经由分光棱镜分别射向参考镜和角锥棱镜。到达角锥棱镜的光通过反射镜返回与射向参考镜的光发生干涉,产生干涉条纹。金刚石触针由于试件表面的粗糙不平在经过试件表面时会上下窜动,此时杠杆另一端的角锥棱镜由于杠杆原理会将触针的上下窜动量放大,使得干涉条纹不断发生变化,通过计数电路计算出采集干涉条纹的变化量,从而得到试件表面形貌变化的参数,通过对参数的相关处理可以得到表面形貌图和相关的表面形貌评定参数。其测针半径为 $2\mu m$,垂直测量量程为 $0 \sim 5mm$,垂直测量分辨率为 $5nm$,垂直测量范围为 $300mm$,水平测量分辨率为 $0.2\mu m$。

3. 激光共聚焦扫描显微镜

激光共聚焦扫描显微镜可获得整体对焦的光量全焦点图像和高低图像信息。图 2-6 为激光显微系统的控制器,图 2-7 为激光显微系统的测试部分,激光共聚焦扫描显微镜具有 AAG(自动增益)、自动对焦、自动设置上下限,双扫描亮度设置的自动控制功能。

图 2-6　控制器　　　　　　图 2-7　测试部分

4.傅里叶红外光谱

本研究中采用美国热电尼高力公司(Thermo Nicolet)生产的 Nexus 傅里叶红外光谱仪(图 2-8),对水润滑复合材料的主要成分进行分析鉴定。傅里叶红外光谱通过测量分子的振动和转动光谱来研究分子的结构和性能,红外显微镜可测量微量及微区样品的光谱信息,傅里叶变换拉曼光学系统可测量各种物质的拉曼谱图。傅里叶红外光谱仪的波长范围为近红外 $10000 \sim 4000 cm^{-1}$($1 \sim 2.5 \mu m$)、中红外 $4000 \sim 400 cm^{-1}$($2.5 \sim 25 \mu m$)、远红外 $400 \sim 100 cm^{-1}$($25 \sim 200 \mu m$);最高分辨率为 $0.019 cm^{-1}$;信噪比为 33000/1;快速扫描频率为 1 次 /s;显微红外可检测样品尺寸为 $10 \mu m$,可进行点、线、面扫描;配备的 6 FT-Raman 光学系统的激发激光光源为 Nd:YVO4,波长为 1064nm,波数为 $9393.6 cm^{-1}$;拉曼显微可检测样品尺寸为 $100 \mu m$。

图 2-8　傅里叶红外光谱仪

2.2　橡塑共混理论

共混实质上是将两种或两种以上的高分子材料进行混合,并辅以一定的工艺进行物理化学改性的过程,其目的在于性能的互补,改善加工使用性能。

橡胶和热塑性塑料均是分子分散的固体混合物,即固溶体,故可以用热力学中的"两液混合"规律来解释共混理论。假设 ΔF 为混胶料的自由能,ΔH 为系统的焓值,$T\Delta S$ 为熵值;当 $\Delta F = \Delta H - T\Delta S < 0$ 时,即满足 $\Delta H < 0$,$T\Delta S > 0$ 时,固体共混物才能达到热力学相容。图 2-9 为橡胶与塑料共混时的反应的结构形式。

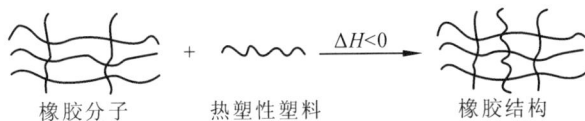

图 2-9　"橡 - 塑"网络结构

共混是一个吸热过程,即需要通过外部的机械力做功和加热熔融来实现。机械力能使橡胶或者热塑性材料的高分子发生断裂,产生高活性游离基 $-x$。这种游离基有利于形成枝节和嵌段共聚物形成高分散度的粒子,其粒径可达 $1\mu m$ 以下,能有效提高共混物的性能。加热则可以促进共混物的粒径缩小,在温度较高的条件下共混物趋于均匀细化。

橡胶为高弹性体,其表面能与热塑性材料的相差较大,两者的相容性较差,在共混过程中即使有足够的机械力也难以得到形成性能良好的共混胶料所必需的硫化胶粒子。因此,共混最重要的是要掌握各种材料的相容性。相容性是共混理论的基础,考虑到高聚物材料的分子结构的差异性,其主要包括以下几个影响因素。

(1)分子极性　一般橡胶的极性主要取决于连接在主链上的侧基团,而热塑性材料,比如 UHMWPE,其基本结构为聚乙烯,大分子主要由亚甲基组成,无极性基团。因此在进行橡塑材料共混配组时,应该选用偶联剂。

(2)黏度和温度　黏度表征着高分子材料的分子量,而温度的高低直接影响黏度的大小,黏度的大小又直接决定混合熵 $T\Delta S$ 值的大小,即黏度越小,熵值越小,则微区尺寸越小,分散度越高。因此,合理的温度可以极大促进共混高聚物分子的自由运动,使分子达到有效的分散。

(3)溶解度参数(SP)　SP 是衡量相容性的一项重要参数。

$$SP = \sqrt{\frac{E}{V}}$$

式中　E——共混物的内聚能;

　　　V——共混物的体积;

E/V——内聚能密度。

　　共混物之间的溶解度参数(SP)越接近于0,则相容性越好。比如丁腈橡胶为极性橡胶,而 UHMWPE 为非极性热塑性材料,如果单纯依靠温度和机械力将很难使其共混均匀,因此还要在体系中加入促使共混物相容的促进剂。如图 2-10 所示,促进剂的加入能很好地减小 SP 值。

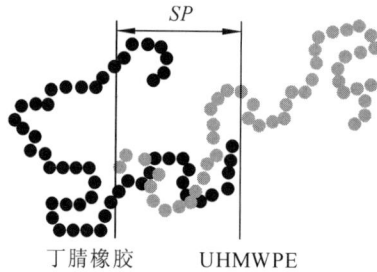

图 2-10　共混界面处丁腈橡胶分子与 UHMWPE 分子的交联

　　(4)表面张力　　其大小直接影响共混物之间的浸润和接触程度,同时也受温度和界面两相物质性质的影响。共混物之间的表面张力大小越是接近,交联度越好,图 2-11 为不同共聚物的表面张力分布。

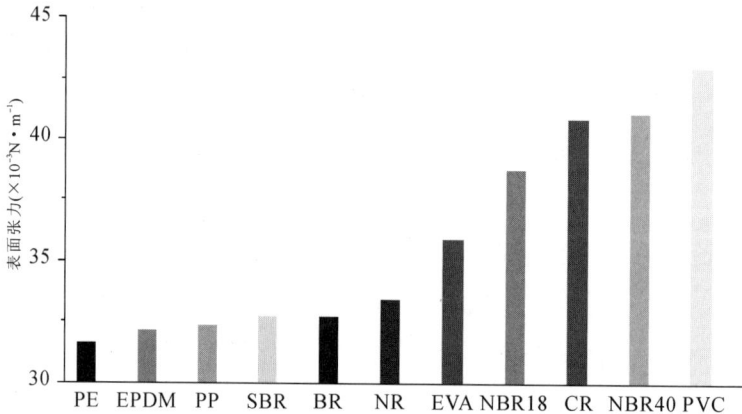

图 2-11　不同共聚物的表面张力分布

2.3　水润滑复合橡胶尾轴承材料组分设计

　　水润滑橡塑尾轴承材料是生胶(主要是指原料橡胶,即处于未交联状态的橡胶,它没有经过加工和配合,分子呈线型结构)与多种辅料构成的多相体系,且各组分之间在混炼硫化过程中发生复杂混合和交联。目前尚不能用数学计算方法确定基体与各种辅料的配比,也不能定量地推导出配比与机械物理性能、摩擦磨损以及振动性能之间的明确关系,所以在一定程度上仍依赖于橡胶技师实际操作中的工程经验。

2.3.1　组分设计原则

复合橡胶组分设计的目的在于使产品达到优质高产,因此组分设计的主要任务是寻求各种性能上可以相互补强的配合剂及其最佳配比,使复合橡胶的性能、成本和工艺可行性三方面取得最佳平衡。

1942年中途岛海战,美国舰船战斗损伤严重,由螺旋桨轴的弯曲和桨叶片的损坏所引起的高速冲击力,使天然橡胶产生不可逆转的硫化还原,甚至还原到糨糊状液态,因此天然橡胶迅速被丁腈橡胶取代。但潜艇尾部异常噪声仍然存在,且严重威胁潜艇的安全。随后,美国海军对潜艇水润滑轴承的结构及材料开展了系统的研究,并取得了重大进展。在大量试验研究和实船试验的基础上,于2005年形成 MIL-DTL-17901C(SH),现在仍在使用。该标准规定了各类橡胶轴承材料的机械-物理性能指标,同时规定了检验方法。因为摩擦性能直接影响振鸣声的发生趋势和条件,所以,该标准对摩擦系数测试的试验台架、试验大纲、试件准备、验收指标等都做了详细规定。除此之外,美国海军还要求橡胶轴承制造商必须将轴承报送美国马里兰州首府安纳波利斯的戴维·泰勒海军舰船研究和发展中心进行摩擦试验,合格者才允许装在军用舰船上使用。

中国也于1986年颁布了《船用整体式橡胶轴承》(CB 769—1986)船舶行业标准,并于2008年进行了修订,得到了《船用整体式橡胶轴承》(CB/T 769—2008)。该标准同样规定了整体式橡胶轴承材料的物理力学性能指标,同时规定了检验方法,但对摩擦系数没有严格的要求。

分析以上标准发现,两国标准都对橡胶轴承的物理力学性能有详细规定,且美国标准要求相对较低,但美国标准对摩擦系数却做了非常详尽的规定。从20世纪80年代开始,武汉理工大学的尾轴承实验室,先后对扬州、重庆、长江、安庆等六家橡胶厂制造的橡胶轴承产品进行过试验测试,产品物理力学性能与美国的相比,差距并不明显,但摩擦系数与美国的相比差距相当明显。在第1章中详述了舰船水润滑尾轴承材料的主要性能要求,除了低摩擦、高物理力学性能外,还要求低噪声、高比压、低磨损。为此,在进行组分设计时,应有针对性,在保证橡胶轴承材料的物理力学性能指标达标的情况下,更多地注重摩擦系数值、减振降噪性能及承载能力。在性能都达标的前提下,考虑材料的加工工艺性和成本,不能一味追求高指标,过多地选用贵重原材料,造成不必要的浪费。应力争用最少的物质消耗、最短的时间、最少的工作量,通过科学的组分设计方法,取得原材料配合的内在规律和实用成分,这就是复合橡胶组分设计的基本原则。

2.3.2　配方设计程序

橡塑材料配方的设计,既要保证橡胶制品的物理性能,又要兼顾材料各组分之间的界面结构、网络结构与宏观物理性能之间的配合,同时还要考虑加工历程的可行性及高的生产效率、容易达到的生产条件等。橡塑材料配方的设计程序,如图 2-12 所示。

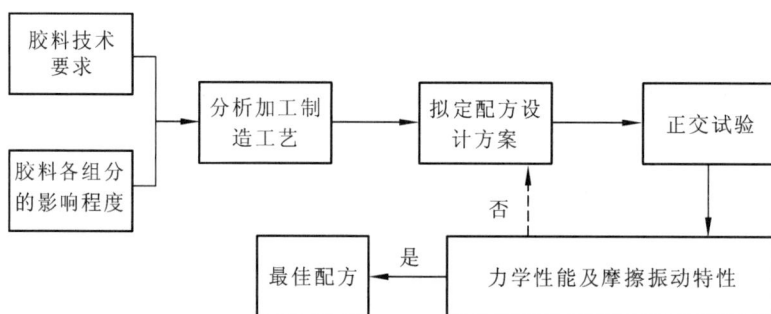

图 2-12　橡塑材料配方的设计流程图

在确定配方的组分、配比、胶料的质量指标、工艺条件及检验方法等的基础之上,必要时还应对工艺条件、检测手段进行研究,做出改进,甚至是对工装、设备进行改造。比如在对橡塑材料进行混炼时,考虑到橡塑材料的熔点、硫化温度等,混炼机的温控设备要进行适当调整。

2.3.3　基础配方

本研究中涉及的水润滑橡胶尾轴承复合材料为橡 - 塑高分子材料,主要成分为丁腈橡胶、UHMWPE、石墨、炭黑、ZnO 等。它是以 ASTM 标准配方为基础配方,经共混改性而成。

基础配方是橡胶配方设计参考的最重要标准之一,是所要研究配方设计的基础。在此配方基础之上可建立并拟定其他各种胶料及配比方案。

对于复合橡胶,ASTM 标准中规定了工业用炭黑和白色填充剂补强的方法。考虑到本研究中所要求的胶料性能参数,所参考的基础配方为 ASTM 标准配方,ASTM 标准配方见表 2-2。

表 2-2　丁腈橡胶的基础配方（ASTM）

原材料	NBS 标准试样编号	瓦斯炭黑配方 / 质量份
丁腈橡胶（NBR）	391	100
氧化锌	370	5
硫黄	371	1.5
硬脂酸	372	1
促进剂 MBTS	373	1
瓦斯炭黑	382	40

注：硫化条件温度 150℃；时间 10min、20min、40min、80min。

2.3.4　主要成分

1. 丁腈橡胶

橡胶自 1840 年用于船舶尾轴管轴承以来，已有 100 多年的历史，由于它绿色环保，减振降噪抗冲击性好，摩擦系数低，耐磨性抗泥沙性能好，具有一定调心作用，因此至今仍被广泛应用于船舶，尤其是用于军用舰船。

Roy L. Orndorff 等自 1966 年至 20 世纪 70 年代，对各类水润滑轴承材料的性能开展了广泛的研究，结果表明丁腈橡胶是较优良的水润滑轴承材料之一。丁腈橡胶具有良好的物理化学性能，其玻璃态温度为 −22℃，长期稳定的工作温度为 60℃，它还具有优异的气密性（对硫化加工过程有利）和良好的吸振性等，是目前在轴承材料方面应用最为成功的一种橡胶基体材料。BTG、Easy-Turn 等水润滑尾轴承的基体材料均为丁腈橡胶。本研究中水润滑尾轴承用复合橡胶材料也以丁腈橡胶为基体材料，它在配比中占 60% ～ 90%。

利用乳液聚合方法，以 ACN（丙烯腈）和丁二烯为单体，通过共聚反应制得无规高分子共聚物 —— 丁腈橡胶，其代表性结构如图 2-13 所示。

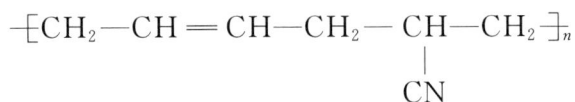

$$-\!\!\{CH_2-CH=CH-CH_2-CH-CH_2\}_n$$
$$|$$
$$CN$$

图 2-13　丁腈橡胶代表性结构

丁腈橡胶的聚合目前主要采用低温（5℃）乳液聚合的方法。其聚合的工艺流程图见图 2-14。

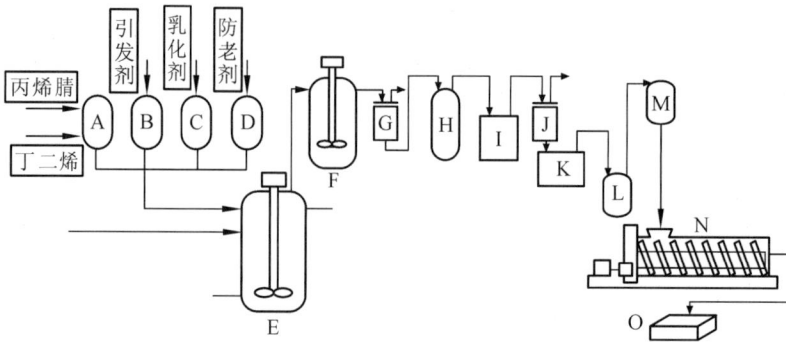

图 2-14　丁腈橡胶的聚合工艺流程图

A— 单体配制槽；B— 引发剂槽；C— 乳化剂槽；D— 防老剂槽；E— 聚合反应釜；F— 胶乳槽；G— 过滤器；
H— 脱气塔；I— 胶乳混合槽；J— 过滤器；K— 凝聚槽；L— 洗涤器；M— 脱水；N— 干燥；O— 包装

丁腈橡胶（NBR）中结合丙烯腈（ACN）含量与拉伸强度、伸长率、永久变形和弹性等之间的关系如图 2-15、图 2-16 所示。

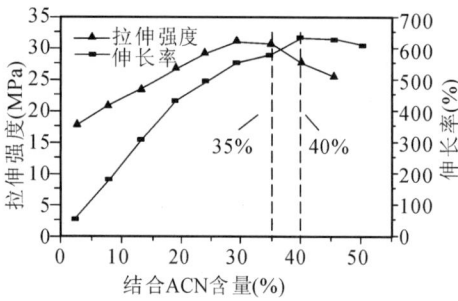

图 2-15　结合 ACN 含量与拉伸强度和伸长率的关系

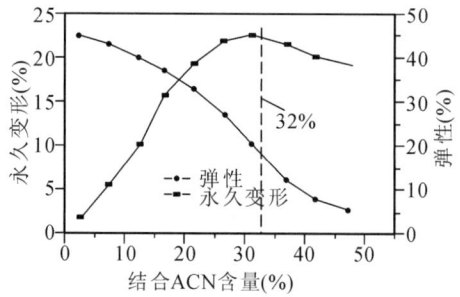

图 2-16　结合 ACN 含量与永久变形和弹性的关系

由图 2-15 和图 2-16 可见，随着丁腈橡胶结合 ACN 含量的增大，橡胶的拉伸强度、伸长率以及永久变形均增加，且拉伸强度在结合 ACN 含量为 35% 时，伸长率在结合 ACN 含量为 40% 时，永久变形在结合 ACN 含量为 32% 时，达到最大值，而后开始逐渐减小。橡胶的弹性则随着结合 ACN 含量的增加呈逐渐减小的趋势。

图 2-17 为回弹性随结合 ACN 含量变化的曲线，图 2-18 为磨耗量随结合 ACN 含量变化的曲线。

由图 2-17 和图 2-18 可见，随着结合 ACN 含量的增多，橡胶的回弹性变差，而耐磨性能得以提高。

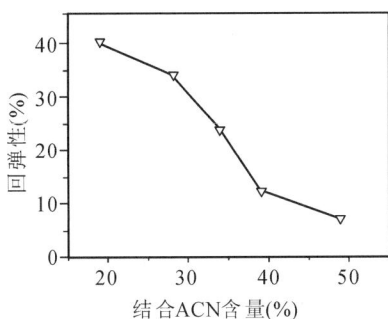

图 2-17　结合 ACN 含量与回弹性的关系

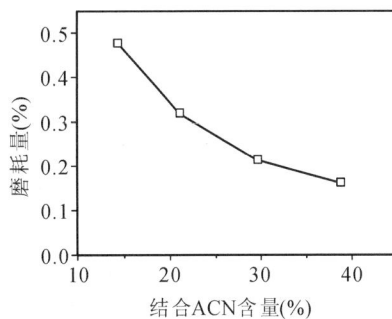

图 2-18　结合 ACN 含量与耐磨性能的关系

图 2-19 为 120℃、70h 条件下,丁腈橡胶的拉伸强度、扯断伸长率与硬度随结合 ACN 含量变化的情况。从图 2-19 中可看出,随着结合 ACN 含量的变化,丁腈橡胶的热老化性能呈无规律变化状态。这是因为丁腈橡胶热老化性能既取决于组成和结构,又取决于防老化剂品种和加工温度及工艺。

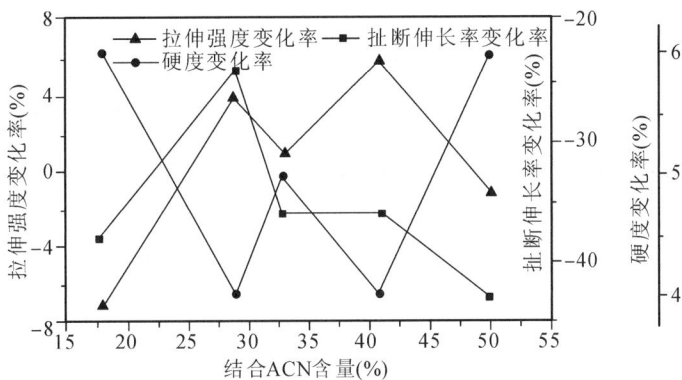

图 2-19　结合 ACN 含量与热老化性能的关系(120℃,70h)

研究发现,伴随着结合 ACN 含量的增大,丁腈橡胶分子的极性会逐渐提高,而同时玻璃化转变温度提高,溶解度参数增大,其机械物理性能会受到极大的影响,如对溶剂的稳定性提高,气密性改善,化学稳定性和耐热性提高。另外,随着结合 ACN 含量的增加,丁腈橡胶的耐寒性能下降。

经试验验证,随着丁腈橡胶结合 ACN 含量增加,丁腈橡胶与 UHMWPE 两者的相容性和共混效果变好,所以结合以上分析,在制备丁腈橡胶 - UHMWPE 橡塑共混材料时,应选择结合 ACN 含量高的丁腈橡胶。

因此,综合以上结果,本试验采用的丁腈橡胶为日本合成橡胶公司(JSRN)生产的 N230S,如图 2-20 所示,其性能参数见表 2-3。

图 2-20　N230S(生胶)

表 2-3　JSRN N230S 性能参数

ACN 含量(%)	门尼黏度 ML(1+4)100℃(Pa·s)	相对密度	拉伸强度（MPa）
35	56.0	0.98	≥20.1

2. 超高分子量聚乙烯 UHMWPE

UHMWPE 是一种线性结构的热塑性工程塑料,其硬度比橡胶的大,具有其他塑料无可比拟的耐冲击、耐磨损、自润滑性、耐化学腐蚀等性能。其耐低温性能优异,在 -40℃ 时仍具有较高的冲击强度,甚至可在 -269℃ 下使用。它也是一种非常好的水润滑轴承材料,有文献称美国军方已经运用了整体式 UHMWPE 水润滑轴承。王家序等认为添加石墨和碳纤维的 UHMWPE 是一种可以应用于低速条件下的水润滑轴承材料,摩擦系数可低至 0.03。UHMWPE 熔融后,黏度大,黏结性好。与橡胶共混时,具有良好的混溶性,能形成良好的强制分散组合,最终得到力学性能稳定且优良的共混体系。本研究中水润滑尾轴承用复合橡胶材料中所用的 UHMWPE,其相对分子量为 200 万 ～ 300 万,在配比中占 5% ～ 30%。在共混时,为了降低熔点,对其进行了物理改性。

3. 石墨

石墨是一种良好的减摩剂,通常作为一种添加剂加入到其他材料中使用。研究认为,石墨的润滑性能取决于其鳞片结构的尺寸:鳞片越大,摩擦系数越低,润滑性能越优异。研究表明,石墨与橡胶共混时,除了提高材料的摩擦磨损性能之外,还对橡胶的力学性能具有一定的补强效果。因此,本研究中采用了纯度大于 99% 的片状石墨,复合橡胶材料中石墨占 2% ～ 20%。

4. 炭黑

炭黑是橡胶中重要的补强填料之一,可使橡胶的扯断强度、撕裂强度及耐磨性同时获得提高。橡胶中的炭黑具有自润滑作用,可降低材料的摩擦系数,从而提高塑料合金的耐磨性。炭黑不仅填补了橡胶大分子之间的间隙,同时还与橡胶分子链发生反应,形成分子键,从而提高复合橡胶的拉伸强度、撕裂强度。

5.防老化剂和增塑剂

橡胶和橡胶制品在加工工艺过程和长期储存及使用过程中,由于受到氧、臭氧、变价金属离子、热、光(特别是紫外线)、高能辐射、机械应力等的作用以及其他化学物质和霉菌等的侵蚀,会逐渐产生变软、发黏,或硬化及龟裂等老化现象,其物理、力学性能会变坏以致失去弹性或使用价值。橡胶的老化是一种不可逆的变化过程,通常都要对橡胶进行有效的防护,最有效的手段就是加入防老化剂,目前防老化剂的种类很多。加入合适的防老化剂,可以有效地防止橡胶的老化,延长橡胶制品的使用寿命。使水润滑尾轴承橡胶层老化的最主要因素有两个:一是运动副运动过程中的摩擦生热,二是螺旋桨悬臂布置及不均匀流场等所带来的边缘负荷,进而形成交变应力而使尾轴承产生机械应力疲劳。通常还在橡胶中加入一定量的增塑剂,从而改善提高橡胶的交联性能以及压延、挤出等加工性能。本研究中复合橡胶材料使用的是防老化剂 4010 和增塑剂二辛酯。

6.硫化体系

橡胶的硫化实质上是一种"交联"或者"架桥"的工艺过程:通过高温高压的交联作用将橡胶的线性高分子链叠加成空间网络结构,其间伴随着分子链的断裂和连接以及能量的释放。该过程也是一种将塑性生胶转化为具有高弹性的或者硬度较高的橡胶的物化过程。一个完整的硫化体系包含硫化剂、活性剂和促进剂三部分。工程应用以及试验表明,优异的硫化体系会明显地提高硫化的效率以及硫化胶的交联性能,同时也会显著提高交联度。

(1)硫黄。硫黄是工业中制备橡胶必不可缺的硫化剂。本研究中采用了粉末状硫黄。

(2)促进剂。本研究中选用了次磺酰胺类 CZ(N— 环己基 —2— 苯并噻唑次磺酰胺)作为主促进剂、秋姆兰类 TMTD(二硫化四甲基秋姆兰)作为次促进剂。

(3)活化剂。本研究中选用了普通的氧化锌和硬脂酸作为活化剂。

2.4　水润滑复合橡胶材料的制备

作为水润滑橡胶尾轴承橡胶主要成分的丁腈橡胶胶料,目前已经被广泛地应用于各领域。该橡胶的化学稳定性较好,加工性能优异,且具有优良的耐磨及吸振性。一般水润滑尾轴承复合橡胶材料的加工过程主要包括混炼、压出、延压和硫化等工艺流程。

2.4.1　共混工艺

橡胶和塑料的共混,习惯上称为橡塑并用。橡胶与橡胶共混,习惯上称为橡胶并用。橡胶并用及橡塑并用都是当今橡胶工业生产重要的技术手段。在实际生产中,已经很少使用单种橡胶来制造橡胶制品,多采用多种橡胶制品并用的方式,最后制得性能优良、成本低廉的橡胶制品。橡胶和塑料共混,更是目前橡胶工业生产的重要发展方向之一。橡胶和塑料共混,也就实现了塑料对橡胶的改性作用,从而提高了橡胶制品的物理化学及力学性能。橡塑并用时,只有充分了解共混各组分的物理、化学性质,制定合适的共混工艺,才能保留各组分优点,使共混料的综合性能达到最优。目前橡塑并用的共混工艺主要有:

(1)熔融共混。熔融共混是将聚合物组分加热到熔融状态后进行共混,是应用极为广泛的一种共混方法。在工业上,熔融共混采用密炼机、开炼机、挤出机等加工机械进行,是一种机械共混的方法,所以通常所说的机械共混,主要就是指熔融共混。熔融共混是最具工业应用价值的共混方法。工业应用的绝大多聚合物共混物都是用熔融共混的方法制备的。本研究中的复合橡胶材料也采用机械熔融共混法制得。

(2)溶液共混。溶液共混法又叫共溶剂法,是将聚合物组分溶于溶剂后进行共混,各组分溶解后再把溶剂除去的方法。需要指出的是,经溶液共混制备的样品,其形态和性能与熔融共混的样品是有较大差异的。

(3)乳液共混。它是将两种或两种以上的聚合物乳液进行共混的方法。在橡胶的共混改性中,可以采用两种胶乳进行共混。如果共混产品以乳液的形式应用,亦可考虑采用乳液共混的方法。

机械熔融共混法,适合小批量、多品种的生产,可以利用现有的生产设备,投资较少,工艺也较简单,而且可以方便地更改配方及工艺流程,生产成本低,非常适合于材料制备初期的研发工作。故本研究采用机械熔融共混法,工艺流程如图2-21所示。先将 UHMWPE 粉末在炼塑机上塑化,使之软化,并经机械的剪切作用及热作用,使 UHMWPE 分子链断开,相对分子质量变小,黏度降低。塑炼 UHMWPE 至熔融状态,保温,加入丁腈橡胶、石墨继续塑炼。随着聚合物分子链不断发生断裂,分子的流动性增加,黏度下降。在机械剪切力的作用下,不同组分的分子相互渗透、扩散,至各成分混合均匀,实现橡塑共混。然后在橡塑共混料中加入炭黑、硫化剂、促进剂、活化剂、防老化剂、硬脂酸、ZnO 等助剂在开放式混炼机上进行混炼,得到复合橡胶。

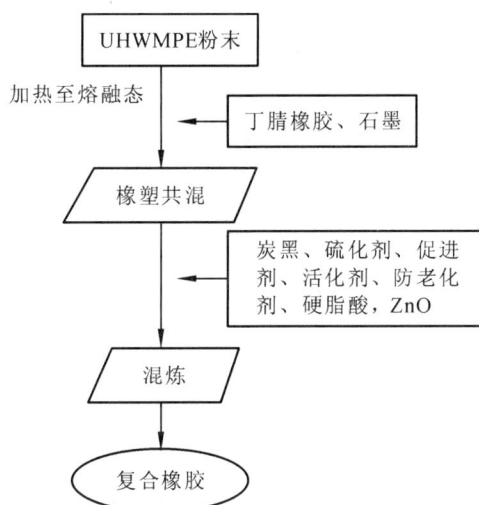

```
┌─────────────────┐
│   UHWMPE粉末     │
└────────┬────────┘
         │
加热至熔融态      ┌──────────────┐
         │ ◄────│ 丁腈橡胶、石墨 │
         │       └──────────────┘
    ╱─────────╲
   ╱  橡塑共混  ╲
   ╲_____╱
         │       ┌──────────────────┐
         │ ◄────│ 炭黑、硫化剂、促进 │
         │       │ 剂、活化剂、防老化 │
         │       │ 剂、硬脂酸,ZnO    │
         │       └──────────────────┘
     ╱───────╲
    ╱  混炼   ╲
    ╲_____╱
         │
      ╭─────────╮
     │ 复合橡胶  │
      ╰─────────╯
```

图 2-21 新型复合橡胶的生产工艺

在复合橡胶加工工艺中,橡塑共混时所保持的温度和保温的时间是需控制的重要参数。温度过高,会导致橡胶碳化,丧失部分性能,温度过低则不能使 UHMWPE 充分熔融,致使共聚物混合不均。混炼工艺是实验人员在实践中经过多次试验摸索逐渐得出的。得到质地均匀的共混物后,再硫化制成样品,然后进行样品的物理力学性能测试,根据测试的结果进一步优化配方和工艺。如此反复,直到得到最佳的配方和工艺。

2.4.2 共混相容性

混炼过程实质上是一种力 - 化学的改性过程:在混炼过程中,反复的机械力与化学因素共同作用,使橡胶与辅料得以分散均匀,从而制备出交联度较高的胶料。

运用开炼机进行混炼是橡胶加工工艺中最老的混炼方法之一,也是丁腈橡胶混炼使用较多的方法之一。丁腈橡胶混炼除了注意加料顺序、质量份数,以及转速、温度等因素外,由于丁腈橡胶(尤其是硬丁腈橡胶)在发生交联时胶料生热比较大,因此还必须采用低温混炼。橡胶的塑炼过程会破坏橡胶分子链结构,因此,应尽量减少塑炼或者不进行塑炼。通常认为在满足实际生产条件和力学性能的前提下,生胶门尼黏度在 $50Pa \cdot s$ 左右即可不必进行塑炼而直接投入混炼(N230S 的门尼黏度为 $56Pa \cdot s$)。本研究所用橡塑材料即为直接混炼而成,图 2-22 所示为直接混炼而来的混炼胶。图 2-23 所示为光学显微镜下 SPB-N 和 SPN

共混胶料的照片。

图 2-22　混炼胶

　　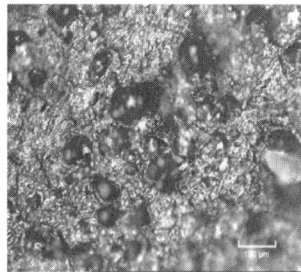

（a）　　　　　　　　　　　　（b）

图 2-23　混炼之后的复合材料 SPB-N 和 SPN 在 $100\mu m$ 下的照片

（a）SPB-N；（b）SPN

在混炼的过程中,机械力的作用不仅使橡胶大分子链断裂成小分子链而连成立体网络结构,还使 UHMWPE、石墨等被丁腈橡胶生胶和软化剂所浸润和分散。同时 UHMWPE、石墨等渗入丁腈橡胶的聚结体空隙中,形成丁腈橡胶/UHMWPE/石墨的多相结构,从而使混炼胶发生根本变化。丁腈橡胶/UHMWPE/石墨团块在开炼机剪切应力和拉伸形变的作用下被细化,颗粒尺寸变小并分散于胶料之中。

2.5　硫化工艺

硫化是橡胶加工工艺中的重要过程之一。硫化过程中橡胶通过化学结构的改变而获得性能上的显著提高,经过硫化,非硫化胶变为硫化胶。硫化是橡胶的交联过程,橡胶分子在硫化时产生交联,使分子长链间具有主价结合;同时又产生极性基,使长链分子间具有次价力作用,从而提高橡胶的耐温性、强度等。可以说,许多产品的早期破坏,都可能是硫化问题造成的。

在水润滑复合橡胶轴承或试块的制备过程中,共混完后,最重要的工序就是硫化,这直接关系到轴承的性能。在复合橡胶轴承材料进行硫化前一般要将复合橡胶轴承材料在开式炼胶机上进行回炼,以使复合橡胶轴承材料变软,提高其流动性,便于模压成型,水润滑复合橡胶材料试块采用平板硫化机进行硫化,在模具中模压成型后再在一定的温度、时间和压力下硫化成型。温度、时间和压力三个要素直接关系到硫化后复合橡胶材料的性能,必须对其进行控制。

2.5.1　硫化温度及硫化时间

硫化温度是复合橡胶材料发生硫化反应的基本条件,它直接影响硫化速度和产品质量。硫化温度高,硫化速度快,生产效率高;反之,硫化速度慢,生产效率低。硫化温度高低应取决于复合材料成分,特别是复合材料中基体材料的橡胶种类和硫化体系。不能为追求高效率而一味提高硫化温度,因为高温可能会引起橡胶分子链裂解,乃至引起橡胶硫化还原,结果导致拉伸性能下降(尤其是天然橡胶和氯丁橡胶最为显著)。

硫化时间是完成硫化反应的条件,由复合材料成分、硫化温度和压力决定。对于给定的复合材料来说,在一定的硫化温度和压力条件下,有一最适宜硫化时间(即正硫化时间),时间过长产生过硫,时间过短产生欠硫。过硫和欠硫都将使制品性能下降。

硫化温度和硫化时间是相互影响的,它们的关系可用式(2-1)表示:

$$\frac{\tau_1}{\tau_2} = K^{\frac{t_1-t_2}{10}} \tag{2-1}$$

式中　　τ_1—— 硫化温度 t_1 下的硫化时间,min;

τ_2—— 硫化温度 t_2 下的硫化时间,min;

K—— 硫化温度系数,通常取 $K = 2$。

式(2-1)表明硫化温度与硫化时间互为指数关系。若取 $t_1 - t_2 = 10$,$K = 2$,则式(2-1)变为:

$$\frac{\tau_1}{\tau_2} = K^{\frac{t_1-t_2}{10}} = 2^{\frac{10}{10}} = 2$$

这说明,硫化温度相差 10℃,硫化时间则相差两倍。或者说,温度差增加10℃,硫化时间缩短二分之一;温度差减小10℃,硫化时间延长一倍。在不同温度下达到相同硫化效果的时间,称为等效硫化时间(亦称等价硫化时间、当量硫化时间),利用式(2-1)就可方便地计算出不同硫化温度下的等效硫化时间。

在生产实际中,复合材料硫化条件常常随设备或工艺条件等的改变而改变,目的就是期望在不同的硫化条件下,都能制得具有相同物理力学性能的硫化制品。这个问题可以用等效硫化时间来解决,但也可以用硫化效应方法即相等硫化程度来解决。根据硫化理论,硫化胶的性能取决于硫化程度,即交联程度。

只要产品获得相同硫化程度,就能具有相同的物理性能。硫化程度的大小,工艺上用硫化效应衡量。只要制品保持相等的硫化效应,其硫化条件可根据实际情况而变。

硫化效应与硫化时间之间存在如下关系:

$$E = K^{\frac{t-100}{10}}\tau \tag{2-2}$$

式中 E—— 硫化效应。

由以上分析可知,为了提高复合材料硫化的效率,减少硫化时间,通常在工艺条件允许的情况下,希望硫化温度尽可能高。水润滑尾轴承用复合橡胶中,由于防焦剂、促进剂、防老剂等添加剂的加入,其硫化所允许的最高温度提高了,通过大量的生产实践表明,其最合理的硫化温度范围为 $160 \sim 170℃$,硫化时间范围为 $20 \sim 30\text{min}$,随规格增大,其硫化温度提高,硫化时间延长。

2.5.2 硫化压力

水润滑复合橡胶轴承或试块在硫化时要施以压力,目的在于:

(1)防止制品在硫化过程中产生气泡,提高胶料的致密性。

(2)使胶料易于流动和充满模槽,形成具有良好轮廓和表面质量的制品。

(3)提高胶料与铜套的黏着力。

(4)提高硫化胶的物理力学性能。

胶料硫化时,胶料中包含水分的蒸发以及所包含空气的释出,导致产生一种内压力,这种内压力会使胶料产生气孔。为了防止这种现象的产生,硫化时就必须施加大于胶料可能产生的内压力的硫化压力。试验表明,施加较高的硫化压力不仅能消除气泡,而且还能提高胶料的致密性。同时,硫化压力有利于提高复合橡胶与铜套在黏结剂的作用下的黏结强度,保证复合橡胶与铜套内表面完全接触。随着硫化压力的增加,硫化复合橡胶的许多物理力学性能(如强度、动态模数、耐疲劳性、耐磨性等)都相应提高。

虽然增加硫化压力能提高复合材料的许多机械性能,延长制品的使用寿命,但是,压力过高反而会使复合材料的性能降低。这是因为高压如同高温一样会加速复合材料中橡胶分子的热降解作用。通常,硫化压力应根据复合材料的成分、可塑性、产品结构等来选取。在工艺上遵循的原则是:塑性大,压力宜小;产品厚、层数多、结构复杂,压力宜大;薄制品宜低,甚至可用常压。据此,本研究中,采用的硫化压力为 3MPa,水润滑复合橡胶尾轴承的硫化压力则根据轴承的直径及橡胶层的厚度来选取。

2.5.3　水润滑复合橡胶尾轴承制备

水润滑橡胶尾轴承材料的制备过程是比较复杂的。考虑到配合剂大都是粉末状,特别是粒度较小的硫黄、ZnO、石墨和炭黑等,以及具有较高黏弹性的 UHMWPE,在混炼的过程中不宜分散,包辊性不好,产生的热量也较大,因此混炼的温度一般较低,同时还要注意加料的顺序。在共混开始时,首先向丁腈橡胶中加入高黏弹性的 UHMWPE 和粒度最小的石墨,以保证在较长时间中分散均匀,然后再加入补强剂炭黑和二硫化钼等减摩材料。至黏辊时,加入硫黄、促进剂、硬脂酸等进行延压。然后置于平板硫化机中的模具中进行硫化(一定压力、温度和时间条件下)。最后将硫化好的毛件按照中国船标 CB/T 769—2008 进行脱模、车磨、检验等,得到水润滑橡胶尾轴承 / 试块。

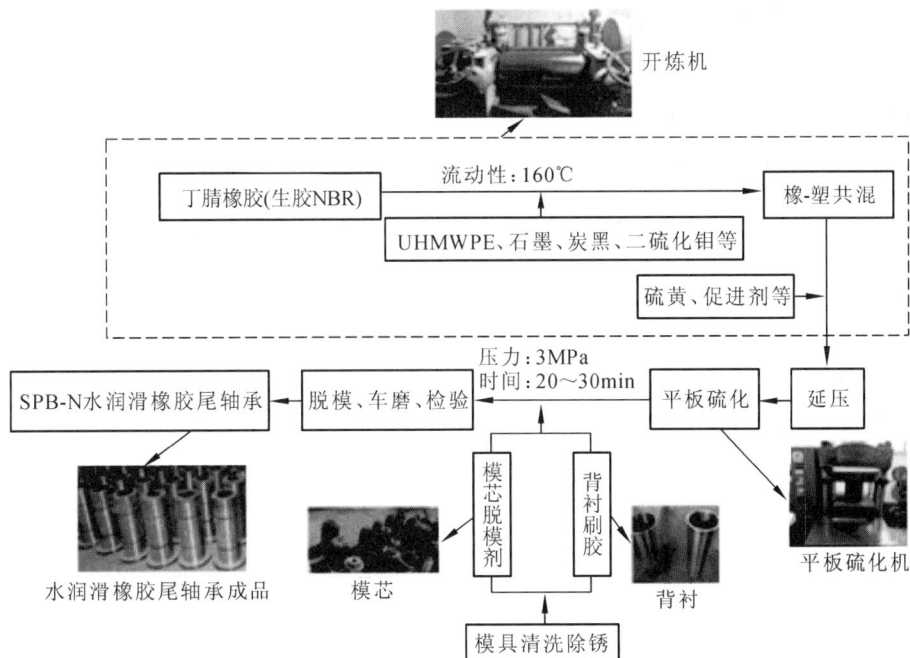

图 2-24　水润滑橡胶尾轴承制备过程

(a)　　　　　　　　　　　　　(b)

图 2-25　SPB-N/SPN 复合橡胶材料水润滑尾试块／轴承样件

(a) 试块；(b) 轴承

图 2-24 为水润滑橡胶尾轴承制备过程图。如图 2-24 所示，以丁腈橡胶为基体，添加 UHMWPE 和少量的石墨、补强剂炭黑、二硫化钼等减摩材料混炼，然后将混炼料填入注压成型模具，经加热、保温、硫化，即可得到表面光滑的成品，命名为 SPB-N 和 SPN 试块／轴承。图 2-25 所示为样件。这里要注意的是，所得样件（试块／轴承）的表面无需进行机械加工（也不应该进行机械加工，否则破坏了初始表面的粗糙度和形状）。

2.6　机械物理性能及微观结构

影响水润滑复合橡胶试块／轴承材料生产工艺的关键因素是温度，而决定温度的关键是原材料的物理性质，因此，在实际的样件生产过程中要严格控制温度。同时，应对所得材料进行机械‐物理性能以及微观形貌的测量与分析。

2.6.1　机械物理性能

表 2-4 是橡塑材料 SPB-N 和 SPN 的各项机械‐物理性能指标与中国船舶行业标准 CB/T 769—2008 和美国军标 MIL-DTL-17901C(SH) 的对比。

表 2-4　水润滑尾轴承复合橡胶材料的机械物理性能

参数	CB/T 769—2008	MIL-DTL-17901C(SH)	SPB-N（自制）	SPN（产品）
拉伸强度（MPa）	≥ 16	> 10.3	18 ~ 21	17 ~ 19
扯断伸长率（%）	≥ 300	> 150	396	324
扯断永久变形率（%）	< 40		30	36

参数	CB/T 769—2008	MIL-DTL-17901C(SH)	SPB-N(自制)	SPN(产品)
邵氏硬度 A(度)	75 ~ 82	65 ~ 90	70 ~ 85	70 ~ 80
阿克隆磨耗量〔$cm^3 \cdot (1.6km)^{-1}$〕	$\leqslant 0.40$		0.35	0.4
浸蒸馏水体积变化率 (ΔV)(68h 蒸馏水)(%)	$\leqslant 5$	0 ~ 5	< 5	< 5

由表 2-4 可见,橡塑材料 SPB-N 和 SPN 的各项机械物理性能指标均在 CB/T 796—2008 规定的范围内,且拉伸强度、扯断伸长率、硬度以及浸蒸馏水体积变化率也满足美国海军军标 MIL-DTL 1790/C(SH) 的要求。因此,复合橡胶材料 SPB-N 和 SPN 的机械‐物理性能达到了 CB/T 769—2008 的要求。

2.6.2　微观结构分析

1. 表面形貌分析

摩擦副表面的微观形貌对试件的摩擦磨损性能有极大的影响。为了观察两种材料在相同工艺条件下表面的微观结构,分别对硫化之后两种试块的表面取样,并进行 SEM 分析(10μm),见图 2-26。

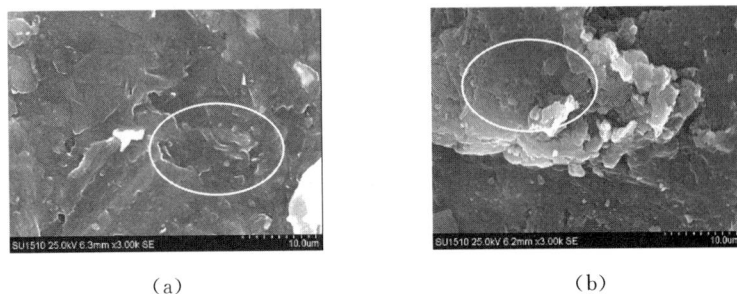

(a)　　　　　　　　　　　　　(b)

图 2-26　SPB-N(凝胶) 和 SPN(可溶胶)

(a)SPB-N;(b)SPN

在混炼和硫化的过程中,SPB-N 中丁腈橡胶大分子和超分子结构被破坏的同时,丁腈橡胶分子与其他各种配合剂如 UHMWPE、石墨等粒子的表面相互作用,产生了由丁腈橡胶与其他配合剂所形成的多相结构。而靠近模具方向,即 SPB-N 的表面在高温高压的作用下,丁腈橡胶分子与具有聚合性的 UHMWPE

粒子相互作用，形成了一层致密、光滑、分子链高度取向的强化膜。该结构称为"丁腈橡胶/UHMWPE/石墨"凝胶层，如图 2-26(a) 所示。同时也说明了在偶联剂的作用下，UHMWPE 与丁腈橡胶的相容性较好。

而如图 2-26(b) 所示，与 SPB-N 相比，SPN 中橡胶的分散性较差，团聚情况较为严重，在混炼和硫化过程中，部分丁腈橡胶未与其他配合剂结合。该部分大都以团块状分布。与 SPB-N 相比，SPN 有较多的孔状结构，交联密度较小。

凝胶和可溶胶对橡胶胶体的物理性能都有贡献，但是性质是不同的。根据凝胶色谱法测定结果分析，炭黑／石墨一般会优先吸附分子量大的丁腈橡胶。

2. 断面形貌分析

将 SPB-N 和 SPN 材料切片置于扫描电镜下观察其断面形貌。图 2-27 即为 $100\mu m$，$10\mu m$ 下的 SEM 图。

(a)

(b)

图 2-27　SPB-N 和 SPN 材料断面的 SEM 图

(a)SPB-N 材料断面的 SEM 图：$100\mu m$、$10\mu m$；(b)SPN 材料断面的 SEM 图：$100\mu m$、$10\mu m$

由图 2-27 可见，SPB-N 和 SPN 的微观结构具有多重性和多相性。这是由于在混炼的过程中，丁腈橡胶分子的多项结构要经过一系列复杂的物理或者化学变化，而且由于配合剂如炭黑、石墨、硫化剂等的加入，又会形成新的多相结构。如图 2-27(a) 所示，由于丁腈橡胶与塑性材料 UHMWPE 共混时，部分不会发生相融，因此在两相之间形成链段"互溶"的橡塑凝胶层。这种界面结构，不仅可以提高硫化体系的均相性，其光滑的表面还可提高耐磨性。

如图 2-27(b) 所示，丁腈橡胶分子吸附于炭黑粒子表面，形成"界面取向结构

（超分子结构）"，产生补强效果；偶联剂分子可以进入超分子结构之间，同时也可以进入超分子结构内部，从而对丁腈橡胶分子间的作用力产生影响，起到增塑效果。

在理想条件下，上述两种胶料的结构都可以提高丁腈橡胶硫化胶的整体性能。这是因为在丁腈橡胶硫化多相体系中，分子作用力和运动性不同微区的相互交织和搭配，往往有利于分散和松弛应力，有利于大分子取向，从而改善和提高了胶体的性能。而在不处于理想条件下的体系中，尽管缺少界面层之间的明显作用，但各种微观结构之间的相互作用也同样十分重要。

2.6.3 傅里叶红外光谱分析

研究表明，傅里叶红外光谱可快速地鉴定高分子聚合材料的主要成分，例如本研究中的 UHMWPE、丁腈橡胶等。

1. UHMWPE 的傅里叶红外分析

为了检测 UHMWPE 是物理改性还是化学改性，对改性前后的 UHMWPE 进行了傅里叶红外分析。图 2-28 为 UHMWPE 01（原粉）和 UHMWPE 02（再生粉）的傅里叶红外光谱图。

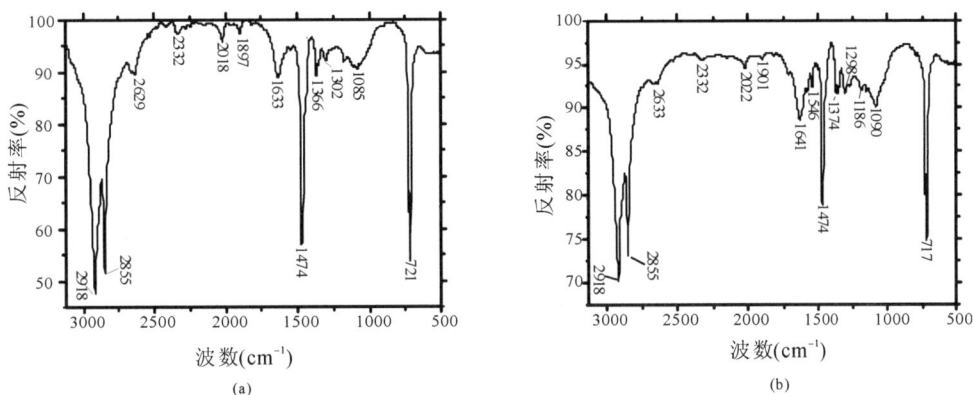

图 2-28　UHMWPE 01（原粉）与 UHMWPE 02（再生粉）的傅里叶红外光谱图
(a)UHMWPE 01（原粉）；(b)UHMWPE 02（再生粉）

由图 2-28(a) 可见，2918cm^{-1} 和 2855cm^{-1} 为—C—H 伸缩振动峰，1474cm^{-1} 为 C=C 伸缩振动峰，1085cm^{-1} 为乙烯基=CH$_2$ 面外变形振动峰，721cm^{-1} 为长链(CH$_2$)$_n$($n \geqslant 4$) 的面内摇摆吸收峰。而由图 2-28(b) 明显可见2918cm^{-1} 和 2855cm^{-1} 为—C—H 伸缩振动峰，1474cm^{-1} 为 C=C 伸缩振动峰，1090cm^{-1} 为乙烯基=CH$_2$ 面外变形振动峰，717cm^{-1} 为长链(CH$_2$)$_n$($n \geqslant 4$) 的面内摇摆吸收峰。二者的主要吸收峰相同。

由此可见，对于 UHMWPE 的物理改性并没有影响其内部分子结构。

2. SPB-N 和 SPN 的傅里叶红外分析

丁腈橡胶的吸收峰主要分布为：2220cm^{-1}（中峰），962cm^{-1}（强峰）和

917cm^{-1}（中峰）。其中 2220cm^{-1} 属于不饱和腈 —CN 伸缩振动，962cm^{-1} 属于二取代烯（$R_1CH = CHR_2$）的 C—H 变形振动，917cm^{-1} 属于单取代烯的 C—H 变形振动。

为了分析两种材料的主要成分以及丁腈橡胶在两种材料中是否发生了化学反应，对 SPB-N 和 SPN 两种材料进行傅里叶红外光谱分析。图 2-29 为 SPB-N 和 SPN 的傅里叶红外光谱图。

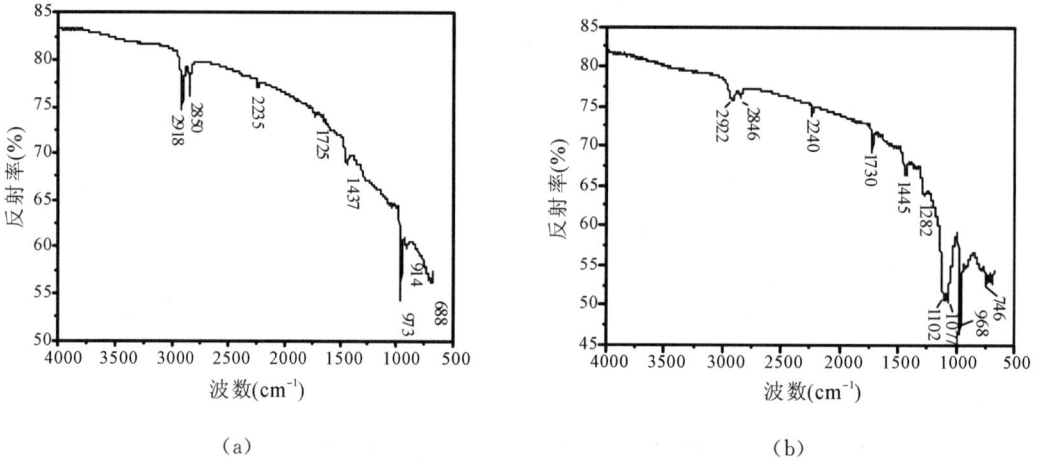

图 2-29　SPB-N 与 SPN 的傅里叶红外光谱图
(a)SPB-N；(b)SPN

如图 2-29 所示，SPB-N 和 SPN 这两个样品的红外光谱图中都有对应的这些基团吸收峰。在图 2-29(a) 中可以看出，2918cm^{-1}（极强峰）、2850cm^{-1}（中峰）有吸收，属于二取代烯烃（$R_1CH = CHR_2$）中 —CH 的伸缩振动；2235cm^{-1}（中峰）属于不饱和腈C≡N的伸缩振动；1437cm^{-1}（强峰）有吸收，为 —CH$_2$ 的变形振动；1280cm^{-1}（中峰）有吸收，是 —CH$_3$ 的变形振动；973cm^{-1}（弱峰）、941cm^{-1}（弱峰）处的吸收峰是丁二烯热解产生的 C＝C 振动吸收峰。从图 2-17(b) 中可以看出，2922cm^{-1}（极强峰）、2846cm^{-1}（中峰）有吸收，属于 —CH 的伸缩振动；2240cm^{-1}（中峰）属于不饱和腈 —C—N 的伸缩振动；1445cm^{-1}（强峰）有吸收，为 —CH$_2$ 的变形振动；1282cm^{-1}（中峰）有吸收，是 —CH$_3$ 的变形振动；1102cm^{-1}（弱峰）、1077cm^{-1}（弱峰）和 958cm^{-1}（弱峰）处的吸收峰是丁二烯热解产生的 C＝C 振动吸收峰。同时在图 2-29(a) 中的 1725cm^{-1} 处和图 2-29(b) 的 1730cm^{-1} 处存在较强的红外吸收。

综上所述，丁腈橡胶相对于 UHMWPE 的熔点较高，分子链较短，UHMWPE 不容易渗入丁腈橡胶分子之间，且由于丁腈橡胶和 UHMWPE 的分子量相差较大（丁腈橡胶为 70 万左右，而 UHMWPE 约为 300 万），共混之后相容性较差,在加工、硫化过程中容易出现分层现象。因此,在复合材料 SPB-N 中,UHMWPE 大都以颗粒状的物理形态镶嵌在丁腈橡胶凝胶之中。

2.7　共混胶料的相结构形态

综合以上试验结果可知,利用机械熔融共混法制得的水润滑尾轴承共混胶料,其主要成分仍然是丁腈橡胶,部分丁腈橡胶在共混硫化过程中转变成了酯基丁腈橡胶,而 UHMWPE 大部分以颗粒状镶嵌于基体之中。共混胶料的微观结构存在着多相性。

根据丁腈橡胶共混胶料的混合情况一般将其微观结构分为:(1) 片层状和柱状结构,称为"海 - 海"结构(或交错结构):(2) 球状及网状分布的结构,称为"海 -岛"结构;(3) 共混胶料的体系处于分子尺寸级的均相混合状态,称为单一的海结构。以机械熔融共混法制得的 SPB-N(丁腈橡胶 -UHMWPE)"橡 - 塑"共混胶料,其结构单元基本上可以分为两种,即分散相和连续相,通常称为海相和岛相。SPB-N 共混胶料的结构如图 2-30 所示。

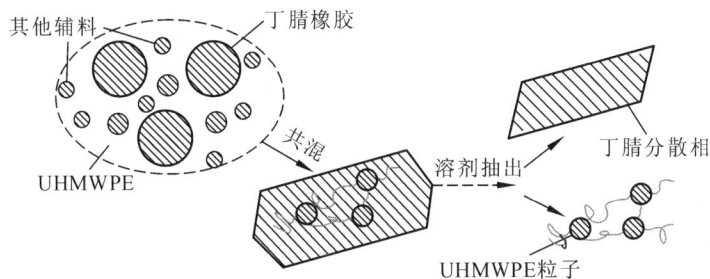

图 2-30　SPB-N 共混胶料的结构

由图 2-27(a) 可知,在 SPB-N 共混胶料中,丁腈橡胶(黑色)以分散相存在,而分散相中含有 UHMWPE 粒子(白色)包藏物,由此形成"海 - 岛"状包藏结构。该结构因丁腈相中包藏 UHMWPE 粒子而增大了起增韧作用的有效橡胶体积,从而提高了丁腈橡胶的增韧效率。而由图 2-27(b) 可知,SPN 中没有包藏结构,不可能增大起增韧作用的有效橡胶体积,因此其增韧效率低于具有包藏结构的 SPB-N。

2.8　界面结构

在 SPB-N 中丁腈橡胶与 UHMWPE 接触形成相界面。由以上分析可知,

UHMWPE 粒子分散于丁腈橡胶中,并与其他辅料一起构成了一个不规则的封闭层面。且根据 UHMWPE 和两种材料的傅里叶红外光谱的分析结果可知,丁腈橡胶与 UHMWPE 在共混过程中没有发生交联的化学反应。

由图 2-26(a),SPB-N 水润滑尾轴承/试块表面的 SEM 图谱可观测到,分散相-丁腈橡胶和粒子-UHMWPE 之间存在着模糊的凝胶层,这是由于在硫化的过程中,位于模具表面的 UHMWPE 的分子链会向周围的丁腈橡胶基体做进程渗透,形成灰色相界面且表面光滑的"橡-塑"凝胶层,如图 2-31(a) 所示。由图 2-27(a)SPB-N 断面的 SEM 图谱可观测到,包藏的 UHMWPE 与分散相-丁腈橡胶形成了"核-壳"的网络结构,即 UHMWPE 和丁腈橡胶两种分子之间并无化学键交联,而是由互锁作用使界面结合更牢固,如图 2-31(b) 所示。

而根据 SPN 表面和断面结构的 SEM 图谱可以观测到,其表面和内部均存在清晰的相界面分层,即由丁腈橡胶大分子组成的吸附性界面,主要以范德华力相连。

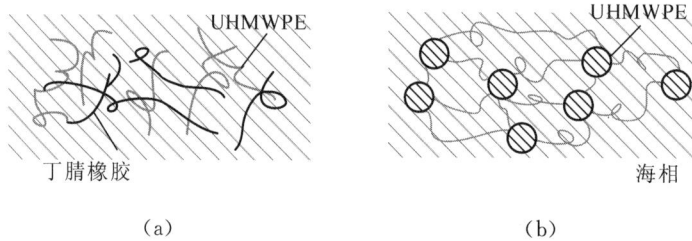

图 2-31　SPB-N 的界面结构

(a) 相界面凝胶层;(b) 互锁网络界面

图 2-32 所示为激光共聚焦显微镜下,10μm 放大倍数的 SPB-N 和 SPN 的断面形貌。根据激光共聚焦显微镜的成像原理以及 SPB-N 和 SPN 的材料组成可知,图 2-32(a) 中高亮部分为 UHMWPE 颗粒,周围黑色部分为橡胶/炭黑/石墨等组成的黑色橡胶基体。而图 2-32(b) 则只有黑色橡胶基体。

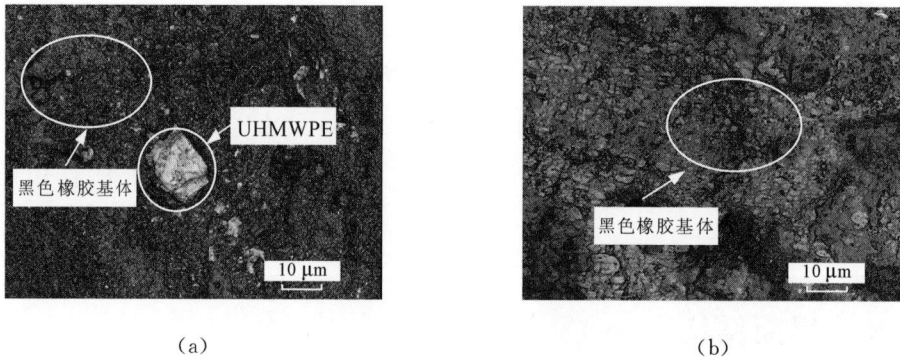

图 2-32　SPB-N 和 SPN 断面形貌

(a)SPB-N 断面;(b)SPN 断面

综上分析，"橡 - 塑"水润滑尾轴承材料 SPB-N 的微观界面结构大致可分为两部分：表面为丁腈橡胶和 UHMWPE 相互渗透而成的光滑凝胶层；内部为 UHMWPE 与分散相 - 丁腈橡胶形成的互锁网络结构 ——NBR/UHMWPE/Graphite 互锁网络结构（NUG 网络结构），如图 2-33 所示。而 SPN 表面、内部均为由交错的丁腈橡胶大分子组成的吸附界面。

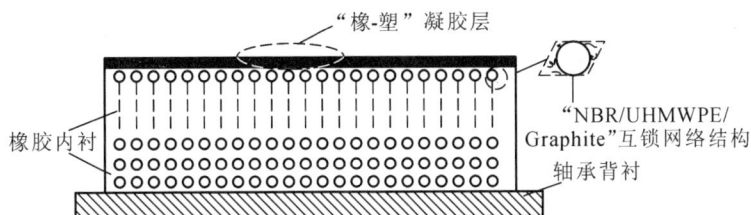

图 2-33　SPB-N 轴承材料的结构示意图

参考文献

[1]　杨清之. 实用橡胶工艺学[M]. 北京：化学工业出版社，2013.

[2]　MIL-DTL-17901C(SH)，Bearing Components，Bonded Synthetic Rubber，Water Lubricated[S]. USA：Department of Defense. 2005.

[3]　全国船舶标准化技术委员会专业标准. 船用整体式橡胶轴承：CB 769—1986[S]. 北京：全国船舶标准化技术委员会，1986.

[4]　中华人民共和国船舶行业标准. 船用整体式橡胶轴承：CB/T 769—2008[S]. 北京：国防科学技术工业委员会，2008.

[5]　张传贤，火金三，等. 合成橡胶技术丛书（第四分册）：丁腈橡胶[M]. 北京：中国石化出版社，2010.

[6]　ORNDORFF R L. New UHMWPE/rubber bearing alloy[J]. Journal of Tribology，2000，122(1)：367-373.

[7]　徐春涛. 两种水润滑轴承材料摩擦学性能试验研究[D]. 武汉：武汉理工大学，2011.

[8]　王浩. 新型水润滑橡胶尾轴承试验研究[D]. 武汉：武汉理工大学，2012.

[9]　郭力. 水润滑轴承研究的进展[J]. 精密制造与自动化，2007，1(1)：7-9.

[10]　王家序，陈战，秦大同. 水润滑塑料轴承的摩擦性能研究[J]. 机械工程材料，2002(11)：36-38.

[11]　日本橡胶协会. 橡胶试验方法[M]. 王作龄，张卓娅，译. 北京：化学工业出版社，2012.

第3章　水润滑复合橡胶轴承润滑性能仿真研究

水润滑轴承的结构参数、材料属性和运行工况对轴承润滑性能有重要的影响。水润滑轴承结构参数主要包括长径比、板条形状、水槽结构、轴承间隙和橡胶厚度等内容；材料属性主要包括橡胶的弹性模量、硬度和润滑介质的黏度；运行工况主要有轴承的转速、轴向流速、潜深、水域温度和螺旋桨重力等。

以上条件对于水润滑轴承的使用寿命、轴承结构和尾轴噪声具有重大的影响。相关学者的研究成果如下：

关于轴承的长径比，不同的国家有不同的标准：苏联为$(2.75 \sim 3.5):1$，德国为$(2.5):1$，英国为$4:1$，日本为$(2 \sim 4):1$。余江波等认为提高水润滑轴承的长径比可以提高轴承的承载能力，并提出塑料合金轴承长径比$2 \leqslant L/D \leqslant 4$较好。杨和庭等指出增加轴承的长度并不意味着轴承承载能力呈比例上升，反而会带来安装困难，建议尾管后轴承长径参数为$2.5D < L < 4.5D$，尾管前轴承长径参数为$L = 2D$。

水润滑轴承的板条形状主要有平面形、凹面形和凸面形。在不考虑水膜压力的情况下，段芳莉建立了平面形和凹面形的水润滑轴承接触模型，分析轴承的接触压力分布和轴承形变规律；梁强利用 Ansys 软件建立了平面形、凹面形和凸面形轴承的有限元接触模型，结果表明凹面形轴承的承载能力最大，平面形次之，凸面形最小；戴明城在给定偏心率和偏位角的情况下，利用 Adina 软件建立轴承单个板条的流固耦合模型和接触模型，分析了水膜承载区、二次压力峰值和逆流等润滑参数和现象。

水槽的结构主要有水槽数目、水槽宽度、水槽深度和水槽位置。根据轴承内径的不同，水槽数目一般取$6 \sim 12$个。B. Eng 利用 Fluent 计算了多水槽轴承的水膜压力分布，分析了水槽数目对轴承润滑流场的影响；刘宇利用 Matlab 编程计算高分子材料水润滑轴承的水膜压力分布，分析水槽数目、水槽宽度和水槽深度对水膜最大压力的影响，计算过程并没有考虑流体和固体的耦合作用；M. Vijaya Kini 等研究轴向水槽位置对水润滑轴承动力特性的影响，研究表明水槽的数目对轴承的刚度和阻尼有重要影响。

目前水润滑橡胶轴承主要采用丁腈橡胶为主料，然后添加自润滑、耐腐蚀和表面添加剂等辅助材料来提高轴承材料的润滑性能。余江波等通过试验的方法研究塑料合金的弹性模量对轴承承载能力、水膜压力和最小水膜厚度的影响;邹丞通过 MPV-20B 型摩擦磨损试验机研究不同橡胶厚度和硬度对轴承摩擦性能的影响。

国内外许多学者根据不同的轴承模型,研究了轴承运行工况对轴承润滑性能的影响。Wojciech Litwin 研究轴的转速、轴承间隙和水槽布置对轴承润滑性能的影响;Wang Ruyi 等通过 Adina 软件建立 3D 水润滑橡胶轴承的流固耦合模型,分析轴向流速和轴的转速对轴承水膜压力和轴承变形的影响;王家序等利用 Adina 建立 2D 平面形板条的水润滑橡胶合金轴承的 FSI(Fluid-Solid interaction) 模型,研究水膜压力分布、速度分布和橡胶的位移分布规律。

本章通过 Adina 建立 3D 水润滑轴承的 FSI 模型,分析轴承结构参数、材料参数和运行工况对轴承润滑性能的影响。

3.1　轴承结构参数对润滑性能的影响研究

3.1.1　长径比

在转速 $n = 224r/min$,偏心率 $\varepsilon = 0.8$,偏位角 $\theta = 30°$ 的情况下,以轴承轴向中心截面为研究对象,分析轴承长径比($L/D = 1,2,4$)对水膜压力、轴承压力、轴承径向变形、轴承有效应力和轴承承载力的影响,如图 3-1 ～ 图 3-6 所示。

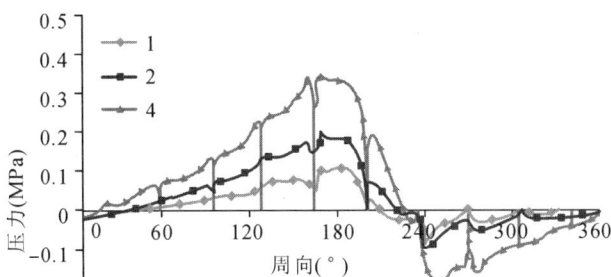

图 3-1　中心截面上水膜压力

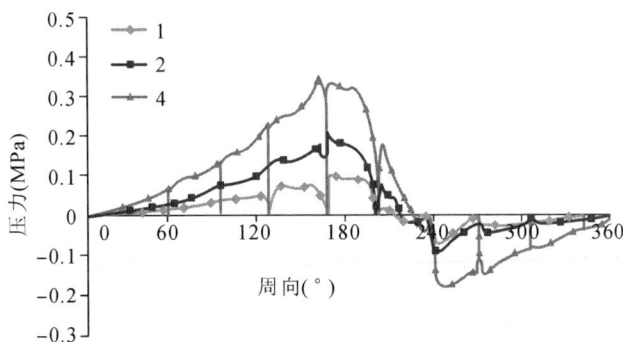

图 3-2　中心截面上轴承内表面压力

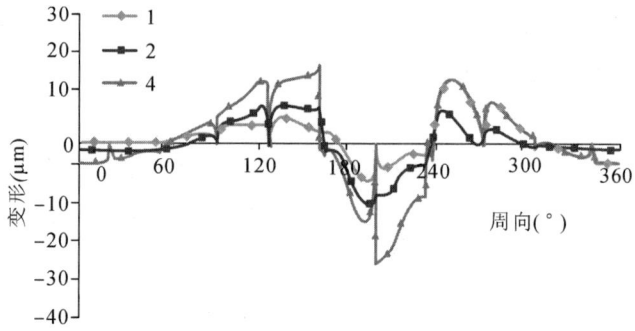

图 3-3　中心截面上轴承径向变形

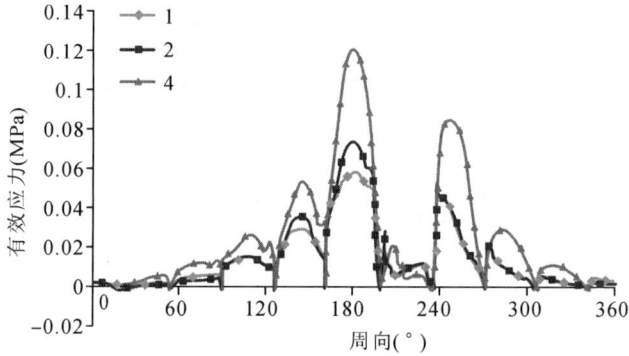

图 3-4　中心截面上轴承有效应力

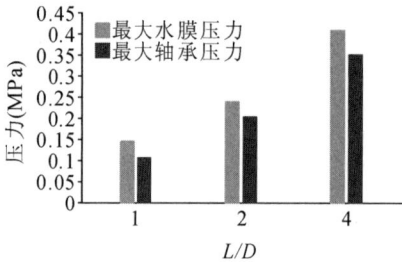

图 3-5　最大水膜压力和最大轴承压力

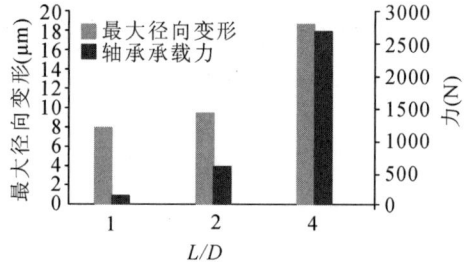

图 3-6　轴承承载力和最大径向变形

由图 3-1 ～ 图 3-6 可见：

（1）在相同偏心率、偏位角和轴转速的情况下，水膜压力、轴承压力、轴承承载力和轴承径向变形随着轴承长径比的增加而增大。

（2）由图 3-1 和图 3-2 可见，长径比一定的情况下，水膜压力和轴承压力沿周向先逐渐增大，在周向角度 $\theta = 210°$ 左右突然变为负值，最后逐渐趋近于零。在水膜正压区，水槽处水膜压力随着长径比的增加而增大；在水膜负压区，水槽处水膜压力几乎为零。但是水槽处轴承压力并不随着长径比的增大而增大，始终接近于零，并且在相同位置处，轴承的压力略小于水膜压力。根据一对相互作用力应该大小相等、方向相反的原理，说明水膜压力沿轴承径向逐渐减小，水槽底部的水膜压力几乎为零。

（3）由图 3-3 和图 3-4 可见，随着长径比增加，水槽处轴承径向变形和轴承有效应力始终接近于零。忽略水槽处的轴承径向变形和轴承有效应力，轴承径向变形沿周向呈中间下凹、两端翘起的凹坑型。这主要是由水膜压力对橡胶挤压变形造成的。同一块板条上，轴承有效应力沿周向先增大后减小。

（4）由图 3-5 和图 3-6 可见，随着轴承长径比的增加，最大水膜压力、最大轴承压力、最大径向变形和轴承承载力逐渐增大，这说明在不考虑轴倾斜和安装工艺的情况下，增加轴承的长径比，能够明显提高轴承的润滑性能和轴承承载力。

3.1.2　板条形状

在转速 $n = 224 \mathrm{r/min}$，偏心率 $\varepsilon = 0.6$，偏位角 $\theta = 30°$ 的情况下，以轴承轴向中心截面为研究对象，研究板条形状对水膜压力、轴承压力、轴承径向变形、轴承有效应力和轴承承载力的影响。

平面形、凸面形轴承 FSI 模型网格分别如图 3-7 和图 3-8 所示。平面形和凸面形轴承的水膜压力分布云图和内表面水膜压力分布分别如图 3-9 ～ 图 3-12 所示。凹面形轴承的水膜压力分布图和内表面水膜压力分布如图 3-13 和图 3-14 所示。

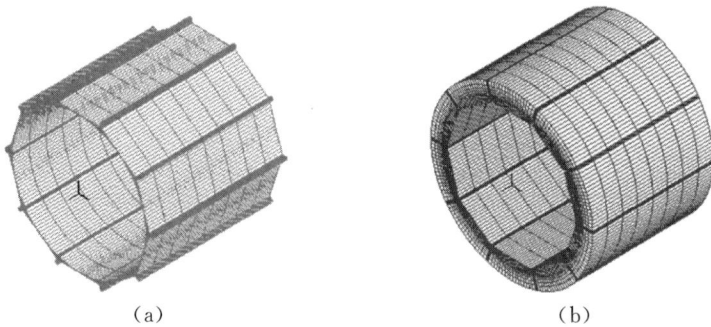

（a）　　　　　　　　　　　（b）

图 3-7　平面形轴承 FSI 模型网格

（a）平面形轴承水膜网格；（b）平面形轴承网格

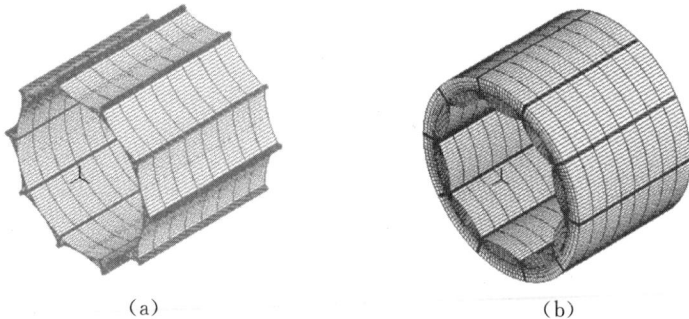

（a）　　　　　　　　　　　（b）

图 3-8　凸面形轴承 FSI 模型网格

（a）凸面形轴承水膜网格；（b）凸面形轴承网格

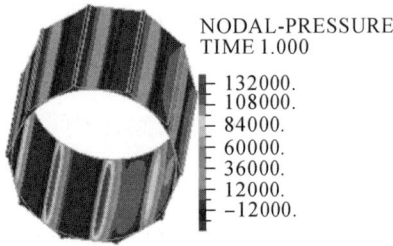

图 3-9　平面形轴承水膜压力分布云图

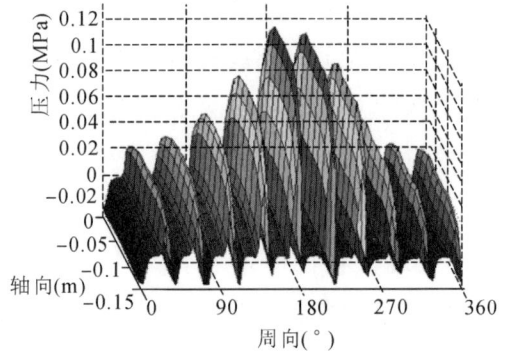

图 3-10　平面形轴承内表面水膜压力分布

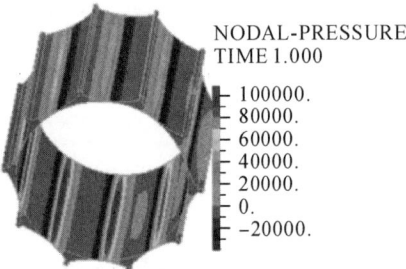

图 3-11　凸面形轴承水膜压力分布云图

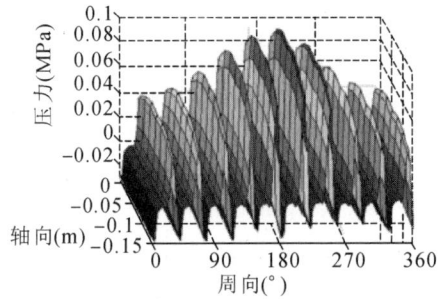

图 3-12　凸面形轴承内表面水膜压力分布

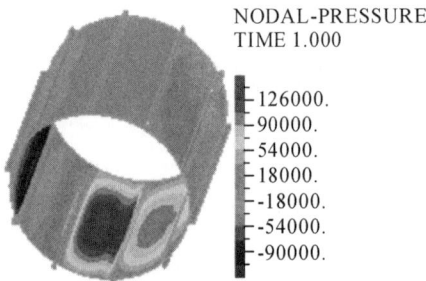

图 3-13　凹面形轴承水膜压力分布云图

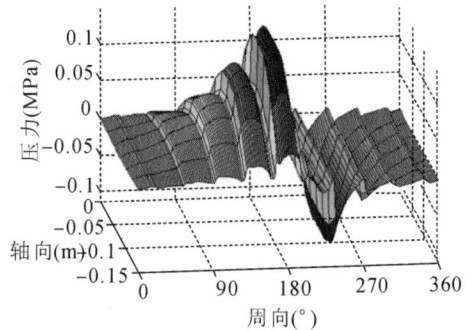

图 3-14　凹面形轴承内表面水膜压力分布

由图 3-9 ～ 图 3-14 可见：

（1）平面形和凸面形轴承的水膜压力分布相似，沿周向呈多个陡峰。在每块板条上，水膜压力先缓慢增加，然后突然变为负值，最后逐渐趋近于零，并且水膜压力正压区集中在每块板条的中间。这是因为平面形和凸面形板条中间处，轴和轴承之间的间隙最小，水流速度最大。与凹面形板条的水膜压力分布相比较，平面形和凸面形板条水膜压力更加集中，变化更加突然。

（2）同一块板条，无论是平面形、凸面形或凹面形，都是水槽处的水膜压力最小，平面形和凸面形轴承每个板条上水膜压力都有正值和负值，而凹面形轴承的水膜压力在周向 0° ～ 210° 都为正值，在周向 210° ～ 360° 之间几乎全为负值。

在工况相同,忽略轴承材料水胀性的情况下,凹面形轴承更有利于轴承形成流体动力润滑,从而提高轴承承载力。

由图 3-15～图 3-20 可见:

(1)中心截面上,平面形和凸面形轴承的水膜压力、轴承压力、轴承径向变形和轴承有效应力分布基本相同。在相同位置上,平面形轴承的数值略大于凸面形轴承的。与凹面形轴承相比,平面形和凸面形轴承的水膜压力、轴承压力、轴承径向变形和轴承有效应力更集中于板条中部。

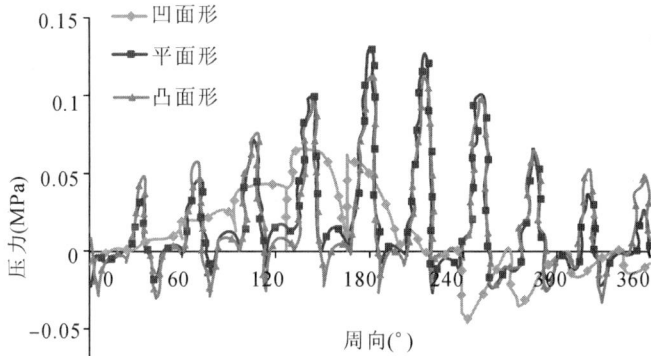

图 3-15　中心截面上水膜压力

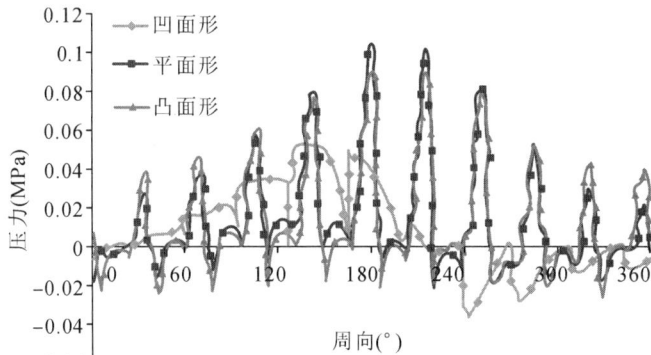

图 3-16　中心截面上轴承压力

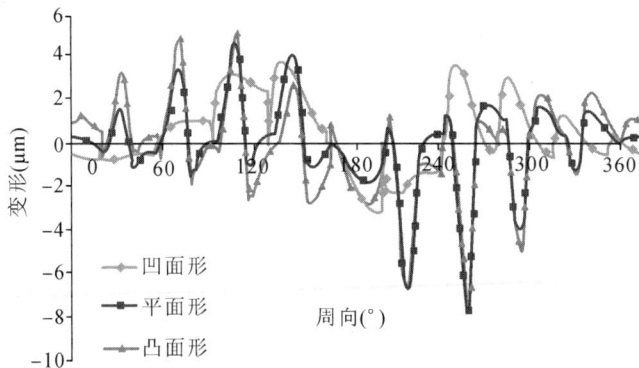

图 3-17　中心截面上轴承径向变形

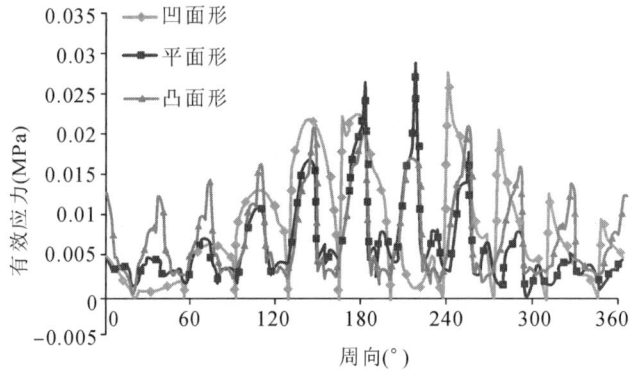

图 3-18　中心截面上轴承有效应力

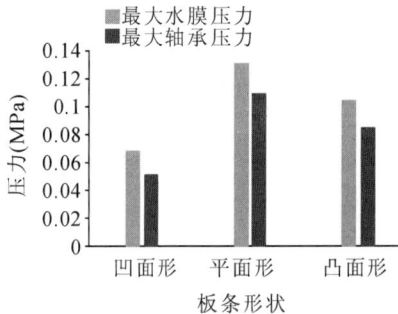

图 3-19　最大水膜压力和最大轴承压力

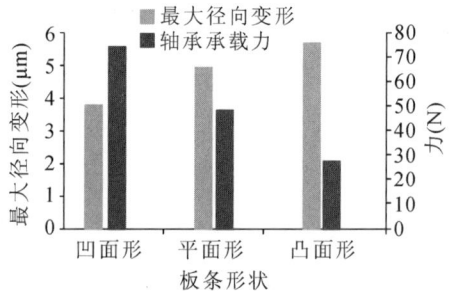

图 3-20　轴承承载力和最大径向变形

（2）由图 3-15 和图 3-16 可见，平面形和凸面形轴承的水膜压力和轴承压力几乎在每一块板条上都经历由正值突变为负值的过程。这主要是因为在相同轴承间隙的情况下，平面形和凸面形轴承和轴颈之间的空隙变大，导致水膜的收敛空间变窄，所以平面形和凸面形轴承不利于轴承形成流体动力润滑。

（3）由图 3-17 和图 3-18 可见，平面形和凸面形轴承，每个板条上的径向变形先增大，然后突然变为负值，最后逐渐趋近于零。每个板条上的轴承有效应力先增大，然后突然减小，最后逐渐趋近于零。这是因为平面形和凸面形轴承和轴之间的间隙造成水流速度先增大，然后快速减小。

（4）由图 3-19 和图 3-20 可见，板条由凹面形变到平面形再到凸面形的过程中，最大水膜压力和轴承压力先增大后减小，最大轴承径向变形逐渐增大，轴承承载力逐渐减小。

通过上述分析可以得到：在不考虑轴承接触的情况下，相比平面形和凸面形轴承，凹面形轴承具有圆滑过渡的水膜压力，更有利于提高轴承承载力和润滑性能。

3.1.3 水槽参数

在转速 $n = 224\mathrm{r/min}$，偏心率 $\varepsilon = 0.8$，偏位角 $\theta = 30°$ 的情况下，以轴承轴向中心截面为研究对象，研究水槽数目（$N = 0,6,10,12$）、水槽宽度（$W = 2°,4°,6°$）、水槽深度（$S = 2\mathrm{mm},5\mathrm{mm},10\mathrm{mm}$）和水槽位置对轴承水膜压力、轴承压力、轴承径向变形和轴承有效应力的影响，如图 3-21 ～ 图 3-28 所示。

1. 水槽数目

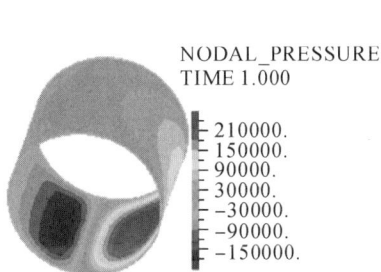

图 3-21　无槽轴承水膜压力分布云图

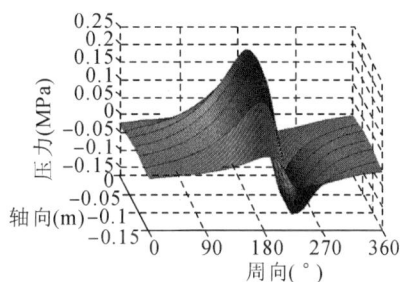

图 3-22　无槽轴承内表面水膜压力分布

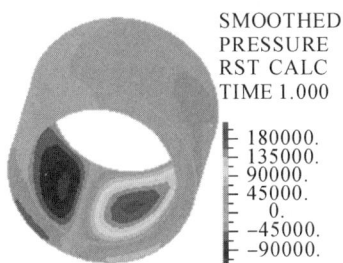

图 3-23　无槽轴承压力分布云图

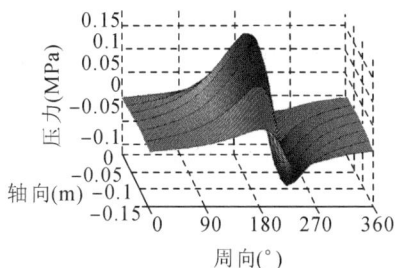

图 3-24　无槽轴承内表面压力分布

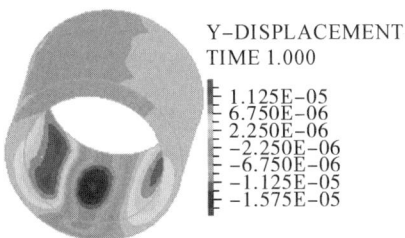

图 3-25　无槽轴承径向变形云图

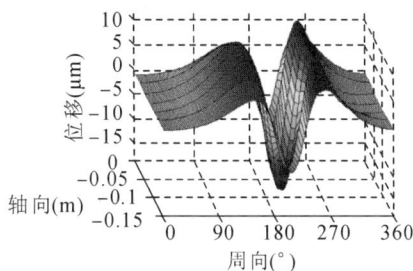

图 3-26　无槽轴承内表面径向变形

图 3-27　无槽轴承有效应力云图

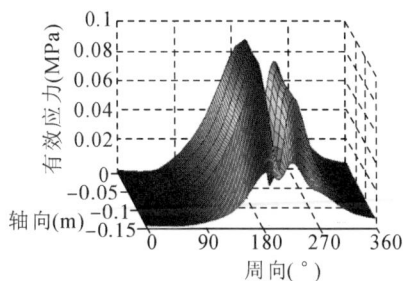

图 3-28　无槽轴承内表面有效应力

由图 3-21 ～ 图 3-28 可见：

（1）由于没有水槽的影响，无槽轴承的水膜压力的变化趋势过渡更加圆滑，没有出现起伏的峰值，更有利于形成弹性流体动力润滑。这说明在轴承周向开水槽并不利于提高轴承的润滑性能。

（2）由图 3-21 和图 3-22 可见，由于没有水槽的影响，无槽轴承的水膜压力沿周向先逐渐增大，然后突然变为负值，最后逐渐趋近于零。水膜内表面水膜压力分布呈中心对称。

（3）由图 3-23 和图 3-24 可见，无槽轴承的压力分布与无槽轴承的水膜压力分布相同，但是数值较小。结合 3.1.1 节和 3.1.2 节的结论，轴承的压力分布与水膜压力分布相互对应，因为水膜压力和轴承的压力是相互作用力，满足作用力和反作用力大小相等、方向相反的原理。轴承的压力数值偏小，说明水膜压力沿轴承径向逐渐减小。

（4）由图 3-25 和图 3-26 可见，无槽轴承的径向变形图出现明显的下凹和凸起。这主要是由水膜压力从正值突变为负值引起的。轴承的这种下凹和凸起的现象，加剧了水膜的负压，甚至产生水膜气蚀现象。

（5）由图 3-27 和 3-28 可见，无槽轴承有效应力沿轴向的分布趋势和轴承径向变形沿轴向分布趋势相似。无槽轴承的有效应力沿周向的分布趋势呈双峰状，在水膜压力最大的地方，轴承的有效应力最大。

由图 3-29 ～ 图 3-34 可见：

（1）随着开槽数目增加，中心截面上，水膜压力、轴承压力、轴承径向变形和轴承有效应力逐渐减小。轴承承载力随着开槽数目增加也逐渐递减。在轴承内表面开轴向水槽，不利于轴承形成流体动力润滑，降低了轴承承载力。但是，由于水槽具有冷却轴承和排泥沙的作用，因此采用局部开槽的方案，既能够冷却轴承和排走泥沙，又能够提高轴承承载力。

（2）由图 3-29 和图 3-30 可见，开槽和不开槽轴承的水膜压力和轴承压力沿周向先逐渐增大，然后在周向角度 $\theta = 210°$ 左右突然变为负值，最后逐渐趋近于零。由于水槽的存在，水膜压力和轴承压力在水槽处变小。在水膜负压区，水槽处水膜压力几乎为零。轴承压力沿周向的分布趋势和水膜压力沿周向的分布趋势相似，但是数值减小，并且水槽处轴承压力基本没有随着水槽数目增加而变化，始终接近于零。

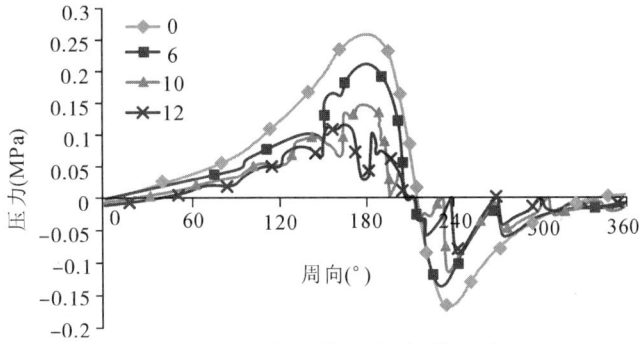

图 3-29　中心截面上水膜压力

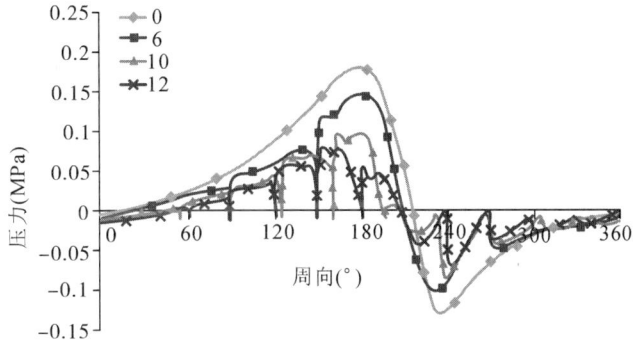

图 3-30　中心截面上轴承压力

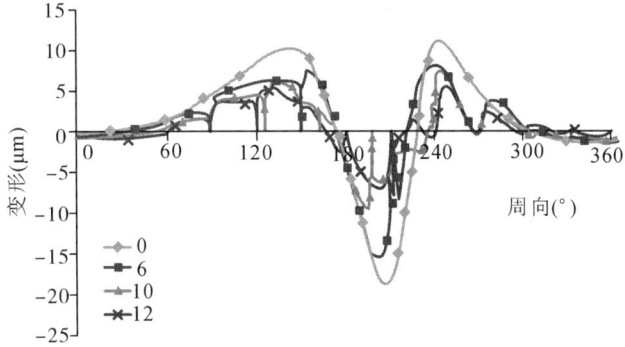

图 3-31　中心截面上轴承径向变形

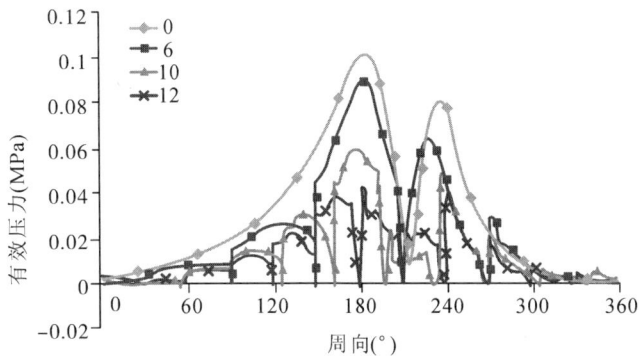

图 3-32　中心截面上轴承有效应力

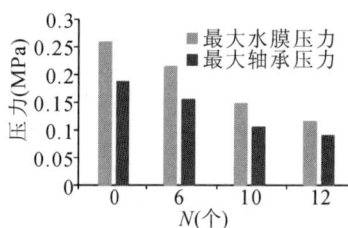

图 3-33　最大水膜压力和最大轴承压力　　　图 3-34　轴承承载力和最大径向变形

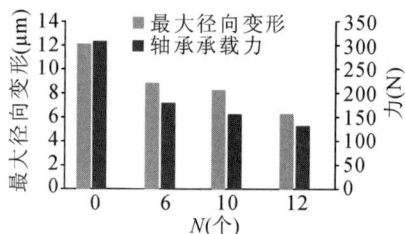

（3）由图 3-31 和图 3-32 可见，轴承径向变形沿周向先逐渐增大，然后在周向角度 $\theta = 210°$ 左右突然变为负值，接着又逐渐增大为正值，最后逐渐趋近于零，整体变化趋势呈下凹形。水槽处，轴承的径向变形和轴承的有效应力几乎为零。没有开槽的轴承的有效应力的变化趋势呈双峰状，开有槽的轴承的有效应力在同一块板条上，先增大后减小。

（4）由图 3-33 和图 3-34 可见，随着水槽数目增加，最大水膜压力、最大轴承压力、最大轴承径向变形和轴承承载力逐渐减小。这说明，在相同水槽尺寸和板条结构的情况下，减小水槽数目有利于轴承形成流体动力润滑和提高轴承承载力。但是在实际工程应用中，随着水槽数目减小，轴承的冷却将受到一定的影响，因此最佳方案应该是设计合适的水槽数目，既能够满足轴承冷却的要求，又能够提高轴承的润滑性能。

2. 水槽宽度

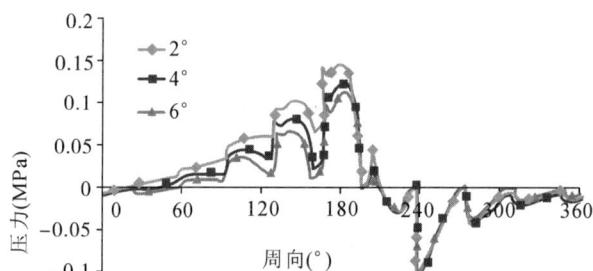

图 3-35　中心截面上水膜压力

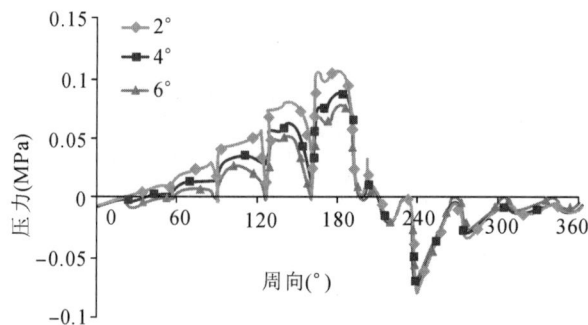

图 3-36　中心截面上轴承压力

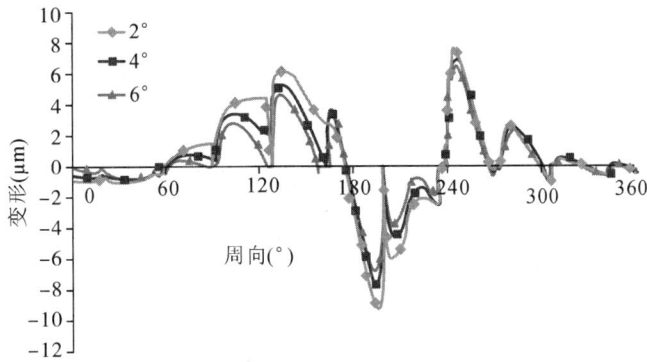

图 3-37　中心截面上轴承径向变形

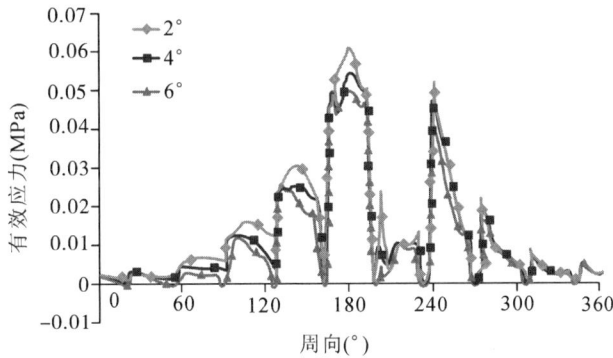

图 3-38　中心截面上有效应力

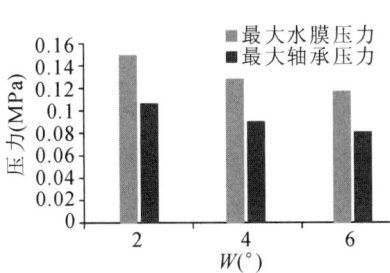

图 3-39　最大水膜压力和最大轴承压力　　　图 3-40　轴承承载力和最大径向变形

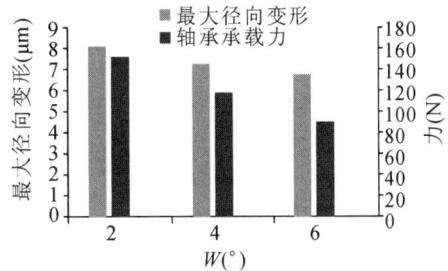

由图 3-35 ～ 图 3-40 可见：

（1）随着水槽宽度的增加，中心截面上，水膜压力、轴承压力、轴承径向变形和轴承有效应力的分布趋势没有变化，但是绝对值减小；随着水槽宽度增加，轴承承载力也逐渐减小。这主要是因为水槽宽度增加间接地增大了轴和轴承之间的间隙，使周向更大范围内水流速降低，从而导致水膜压力也相应减小；

（2）由图 3-35 和图 3-36 可见，在水膜正压区，随着水槽宽度增加，水膜压力逐渐减小，而在水膜负压区，水膜压力基本没有什么变化。轴承压力沿周向的分布趋势与水膜压力沿轴向分布趋势相似。不同点主要是数值减小，并且水槽处轴承压力几乎为零。

（3）由图 3-37 和图 3-38 可见，水槽处，轴承径向变形和轴承的有效应力几乎为零。轴承径向变形沿轴承的变化趋势呈下凹形,轴承有效应力在同一块板条上先增大后减小,沿周向呈多个波峰和波谷。波峰对应着水膜压力的最大值,即板条的中间。波谷对应着水膜压力的最小值,即水槽的位置。

（4）由图 3-39 和图 3-40 可见,随着水槽宽度增加,最大水膜压力、最大轴承压力、最大轴承径向变形、最大轴承有效应力和轴承承载力逐渐减小。这说明,减小水槽宽度有利于轴承形成流体动力润滑,提高轴承承载力和润滑性能。

3. 水槽深度

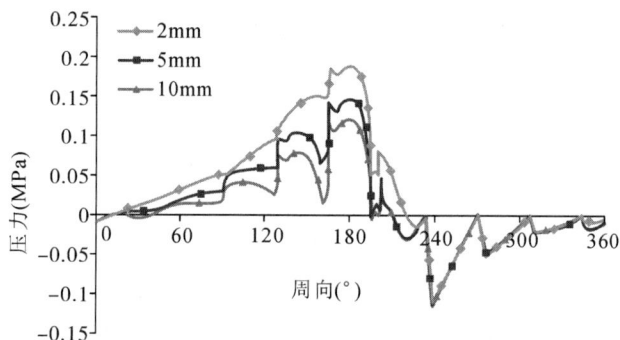

图 3-41　中心截面上水膜压力

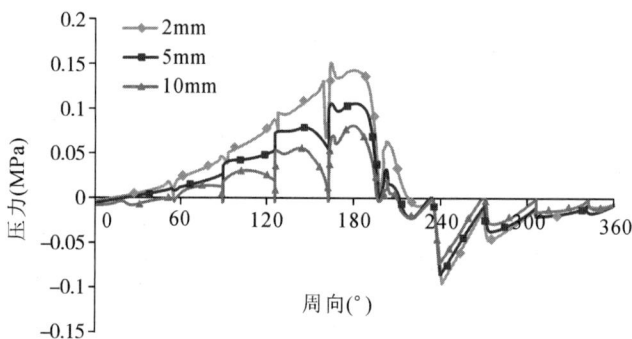

图 3-42　中心截面上轴承压力

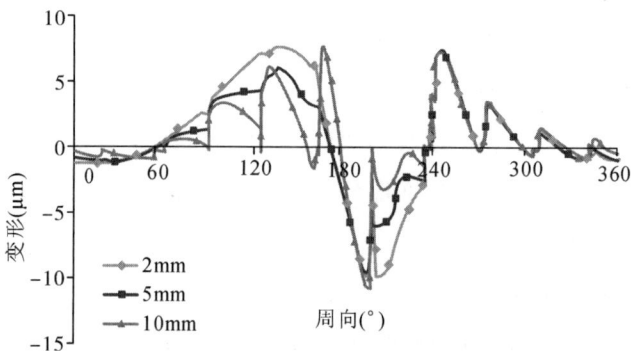

图 3-43　中心截面上轴承径向变形

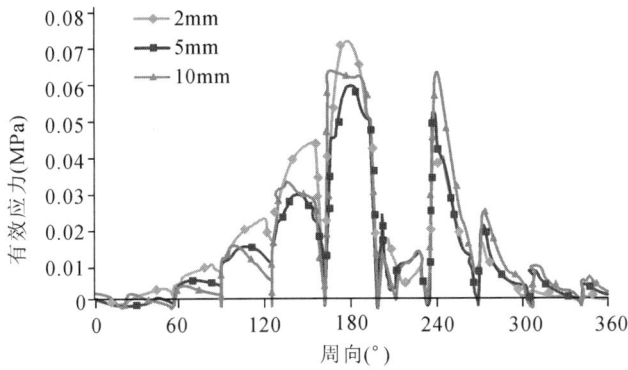

图 3-44　中心截面上轴承有效应力

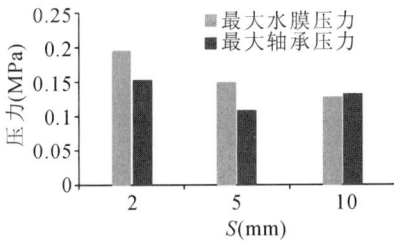

图 3-45　最大水膜压力和最大轴承压力

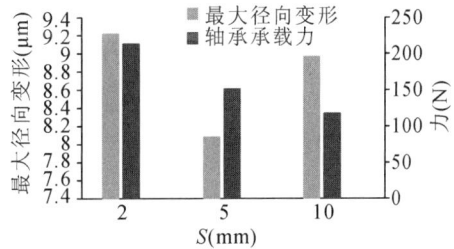

图 3-46　轴承承载力和最大径向变形

由图 3-41～图 3-46 可见：

（1）随着水槽深度的增加，中心截面上水膜压力、轴承压力、轴向径向变形和轴承有效应力逐渐减小，并且轴承承载力也逐渐减小。这主要是因为随着水槽深度增加，轴承和轴之间的间隙变大，并且随着水槽深度增加，水槽底部的水流形成涡流，并没有沿周向流向楔形空间，从而导致水膜压力减小。

（2）由图 3-41 和图 3-42 可见，中心截面上水膜压力和轴承压力先增大，然后突变为负值，最后逐渐趋近于零。在水膜正压区和轴承正压区，随着水槽深度增加，水膜压力和轴承压力逐渐减小，而在水膜负压区和轴承负压区，水膜压力和轴承压力几乎没有变化。

（3）由图 3-43 和图 3-44 可见，水槽深度越大，同一块板条上，轴承径向变形沿周向减小得越快，这主要是由于水槽深度越深，轴承和轴之间的楔形效应就越不明显，更多的水流由狭窄空间流向扩散空间，破坏了流体动力润滑形成的条件。轴承有效应力沿周向的变化趋势呈多个波峰和波谷，水槽处的轴承径向变形和轴承有效应力几乎为零。

（4）由图 3-45 和图 3-46 可见，随着水槽深度增加，最大水膜压力、最大轴承压力、最大轴承径向变形和轴承承载力逐渐减小。这说明，减小水槽深度能够促进轴承形成流体动力润滑,提高轴承承载力。

4.水槽位置

根据水槽的布置形式,水润滑轴承主要有全水槽和局部水槽两种,全水槽又分为水槽向下和板条向下两种,即将水槽或者板条的正中心与轴承中垂线重合。局部水槽轴承的底部板条角度为108°,其他结构参数和全水槽轴承的一致。水槽向下和局部水槽的轴承网格分别如图3-47和图3-48所示,网格数目、划分方法和3.1.2节中轴承FSI模型一样。水槽向下和局部开槽轴承的水膜压力云图和水膜内表面压力分布如图3-49～图3-52所示。水槽位置对水膜压力、轴承压力、轴承径向变形、轴承有效应力和轴承承载力的影响如图3-53～图3-58所示。

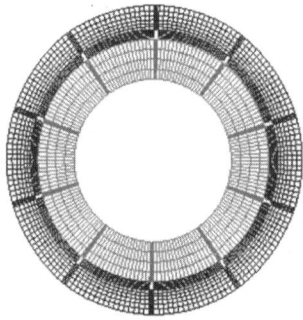

图3-47　水槽向下轴承网络　　　图3-48　局部水槽轴承网络

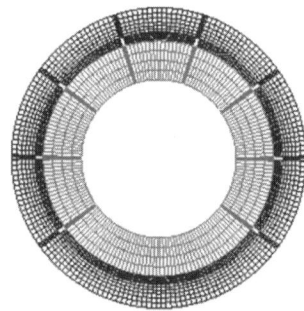

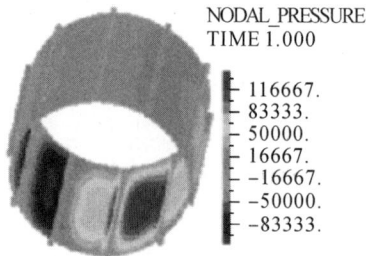

图3-49　水槽向下轴承水膜压力分布云图　图3-50　水槽向下轴承内表面水膜压力分布

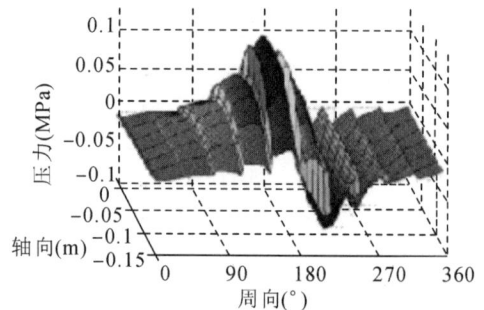

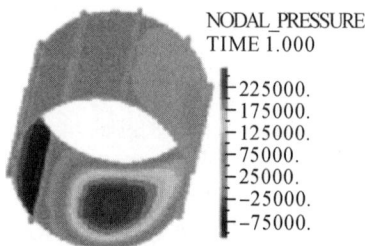

图3-51　局部开槽轴承水膜压力分布云图　图3-52　局部开槽轴承内表面水膜压力分布

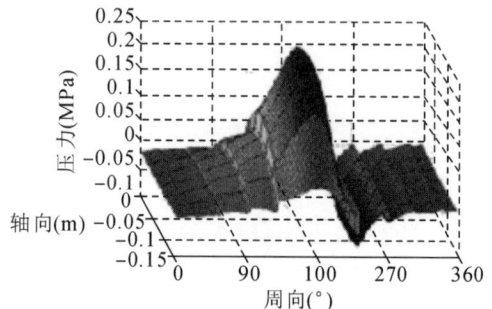

由图 3-49 ～ 图 3-52 可见：

（1）由图 3-49 和图 3-50 可见，水槽向下轴承的水膜压力分布和板条向下轴承的水膜压力分布相似，主要区别是随着水槽的相对位置发生变化，水膜压力的最大值的周向位置也发生相应的变化。

（2）由图 3-51 和图 3-52 可见，局部开槽轴承的水膜压力分布与水槽向下、板条向下轴承水膜压力分布有较大差别：由于在水膜正压区没有水槽的影响，水膜压力连续增大，正压区的范围也明显增大；在水膜负压区，水膜压力的绝对值明显减小。

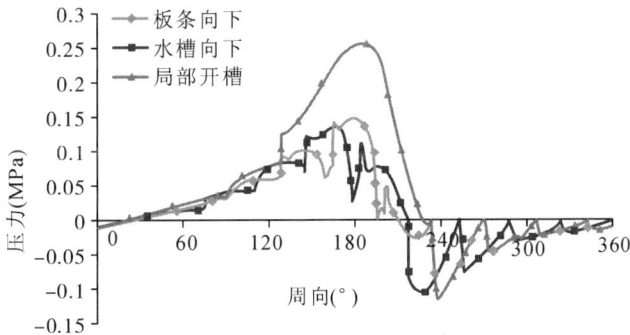

图 3-53　中心截面上水膜压力

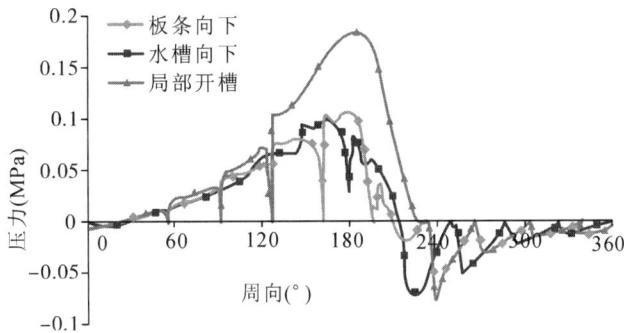

图 3-54　中心截面上轴承压力

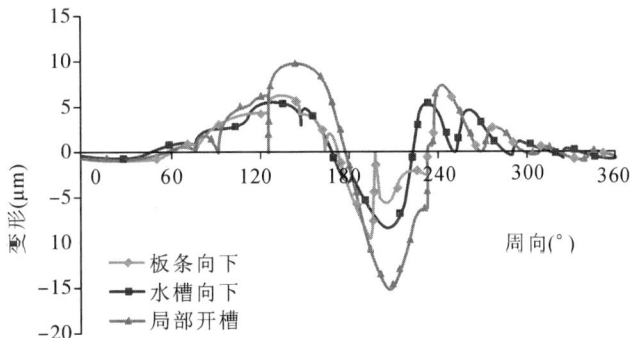

图 3-55　中心截面上轴承径向变形

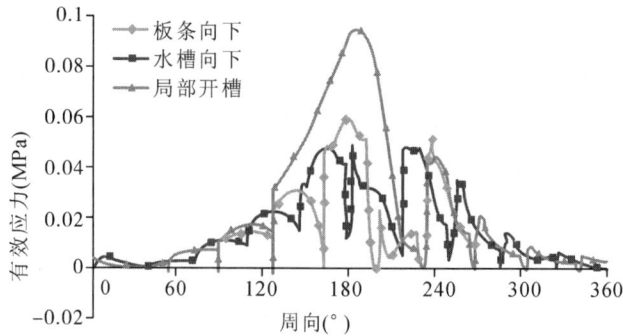

图 3-56　中心截面上轴承有效应力

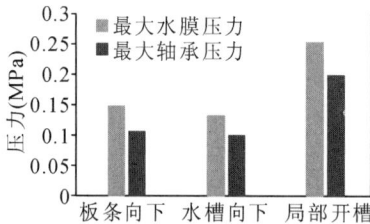

图 3-57　最大水膜压力和最大轴承压力

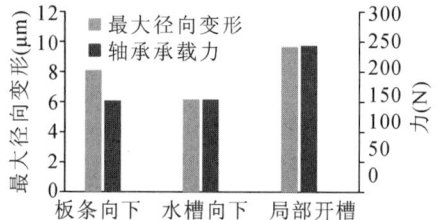

图 3-58　轴承承载力和最大径向变形

由图 3-53～图 3-58 可见：

（1）中心截面上，局部开槽轴承的水膜压力、轴承压力和轴承承载力明显大于水槽向下、板条向下轴承的水膜压力、轴承压力和轴承承载力。这主要是由于局部开槽轴承底部水膜连续，有利于轴承形成流体动压润滑。

（2）由图 3-53 和图 3-54 可见，水槽向下轴承的水膜压力和轴承压力与板条向下轴承的水膜压力和轴承压力分布趋势相似，但是数值沿顺时针方向发生了移动，移动角度约为 17°，即半个板条的角度。这说明全开槽轴承无论是采用水槽向下还是板条向下，对轴承的润滑性能没有明显影响。局部开槽轴承水膜压力和轴承压力先逐渐增大，然后逐渐减小至负值，最后趋近于零。

（3）由图 3-55 和图 3-56 可见，在局部开槽轴承的中心截面上，轴承径向变形的变化趋势呈下凹形。水槽向下轴承的径向变形和轴承有效应力与板条向下轴承的分布趋势相似，但是数值沿顺时针方向发生了移动，移动角度的大小约等于 17°，这与图 3-51 的水膜压力变化趋势相对应。由于在水膜正压区没有水槽的影响，在中心截面上，局部开槽轴承的有效应力变化趋势呈双峰状，但是正压区的峰值明显高于负压区的峰值。水槽向下轴承和板条向下轴承的有效应力呈三峰状，与水膜压力有三个压力峰值相对应。

（4）由图 3-57 和图 3-58 可见，局部开槽轴承的最大水膜压力、最大轴承压力、最大轴承径向变形和轴承承载力大于全开槽轴承的各力。板条向下轴承和水槽向下轴承的最大水膜压力、最大轴承压力、最大轴承径向变形和轴承承载力相近。这说明采用局部开槽的方法能够明显提高轴承承载力和润滑性能。

3.1.4　轴承间隙

轴承最大间隙主要与轴承的设计参数有关,设计参数主要包括板条厚度、轴承是否开槽、载荷和轴颈尺寸。一般轴承工程设计时,轴承间隙取轴颈的 $0.3\%\sim0.4\%$。加拿大赛龙公司认为在没有经验数据的情况下,轴承最大间隙可以和水槽的深度相同。王优强通过计算发现,在其他条件一定的情况下,橡胶轴承的承载能力随轴承间隙的增大而降低。但是,这并不是说轴承间隙可以无限制地减小,因为随着轴承间隙减小,轴承和轴因膨胀或发热产生抱轴的可能性就会增大。当轴和轴承接触时,轴承处于边界润滑状态,摩擦系数会明显提高,轴承使用寿命明显缩短,并且容易出现轴承烧瓦的现象。因此,设计合适的轴承间隙,对提高轴承的润滑性能、延长轴承使用寿命和满足轴系校中要求有重要意义。

在转速 $n=224\text{r/min}$,偏心率 $\varepsilon=0.8$,偏位角 $\theta=30°$ 的情况下,以轴承轴向中心截面为研究对象,研究轴承间隙($C=0.3\text{mm},0.5\text{mm},1\text{mm}$)对轴承水膜压力、轴承压力、轴承径向变形、轴承有效应力和轴承承载力的影响,如图 3-59 ～图 3-64 所示。

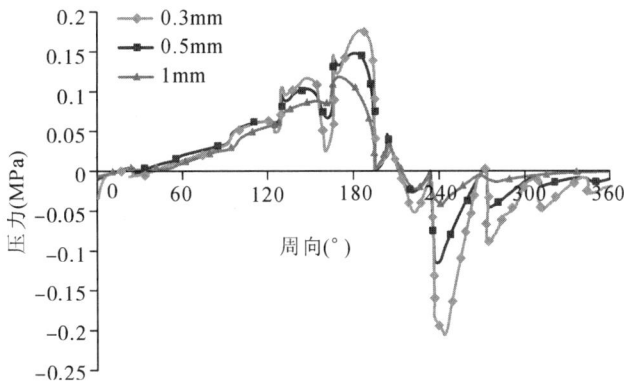

图 3-59　中心截面上水膜压力

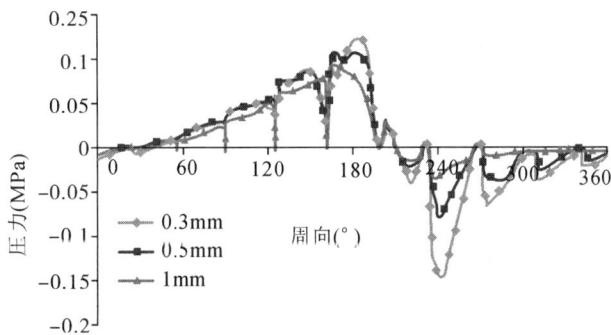

图 3-60　中心截面上轴承压力

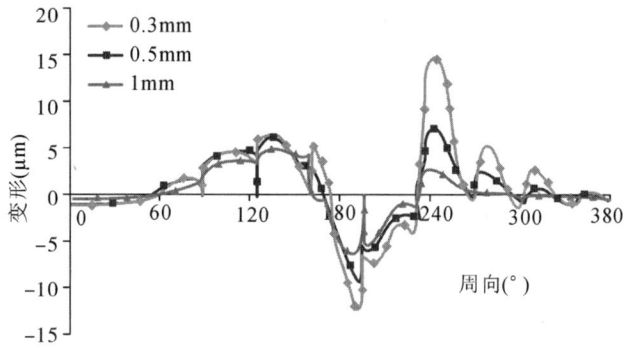

图 3-61　中心截面上轴承径向变形

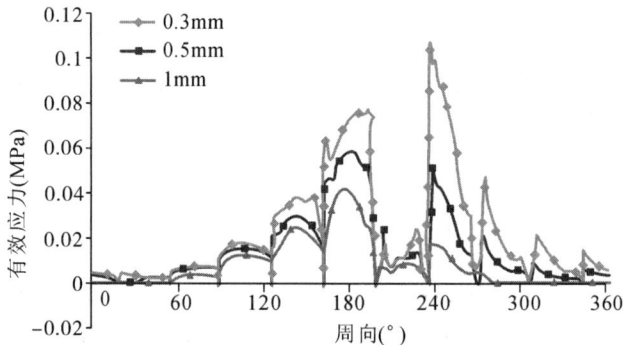

图 3-62　中心截面上轴承有效应力

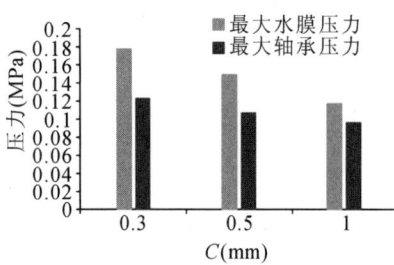

图 3-63　最大水膜压力和最大轴承压力

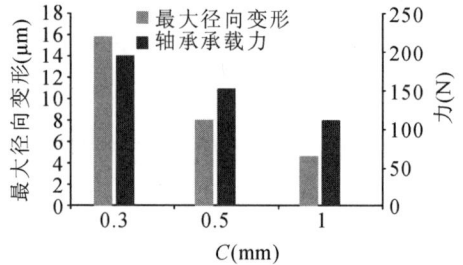

图 3-64　轴承承载力和最大径向变形

由图 3-59 ～ 图 3-64 可见：

（1）随着轴承间隙增大，中心截面上，水膜压力、轴承压力、轴承径向变形和轴承有效应力逐渐减小，轴承承载力也逐渐减小。这主要是因为在偏心率相同的情况下，轴承间隙增大，轴承和轴之间的空隙增大，流体的楔形效应就不明显，从而导致水膜压力减小。

（2）由图 3-59 和图 3-60 可见，随着轴承间隙增大，水膜压力和轴承压力沿周向分布趋势相似。同一块板条上，水膜压力和轴承压力先增大后减小，由于存在水槽，水膜压力和轴承压力沿周向的变化趋势呈现出多个波峰和波谷。

（3）由图 3-61 和图 3-62 可见，随着轴承间隙逐渐减小，轴承径向变形在周向 $240° \sim 270°$ 之间凸起得越来越明显，这主要是由于随着轴承间隙减小，水膜压力挤压轴承的效应就变得更明显。水槽处轴承径向变形和轴承有效应力几乎为零。

（4）由图 3-63 和图 3-64 可见,随着轴承间隙逐渐增大,最大水膜压力、最大轴承压力、最大轴承径向变形和轴承承载力逐渐减小。这说明减小轴承间隙能够提高轴承的润滑性能和承载力。

3.1.5　橡胶厚度

橡胶厚度是水润滑轴承设计的重要参数,主要取决于轴径、螺旋桨质量、轴的转速和沟槽的深度。如果允许轴承增加磨损量,则橡胶厚度应该随轴径、载荷和水槽深度的增加而增加,但是由于轴系校中的要求,轴承允许的磨损量有严格的限制,并不能通过增加橡胶厚度来延长轴承使用寿命。因此一般橡胶层以薄为好,理论上橡胶层最小厚度为 $1.5 \sim 2.5\text{mm}$,但是由于制造工艺困难,建议橡胶层的最小厚度为 6mm。

在转速 $n = 224\text{r/min}$,偏心率 $\varepsilon = 0.8$,偏位角 $\theta = 30°$ 的情况下,以轴承轴向中心截面为研究对象,研究橡胶厚度($H = 10\text{mm},20\text{mm},40\text{mm}$)对轴承水膜压力、轴承压力、轴承径向变形、轴承有效应力和轴承承载力的影响,如图 3-65 ～ 图 3-70 所示。

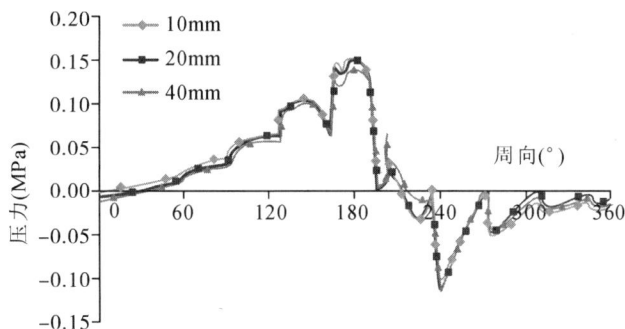

图 3-65　中心截面上水膜压力

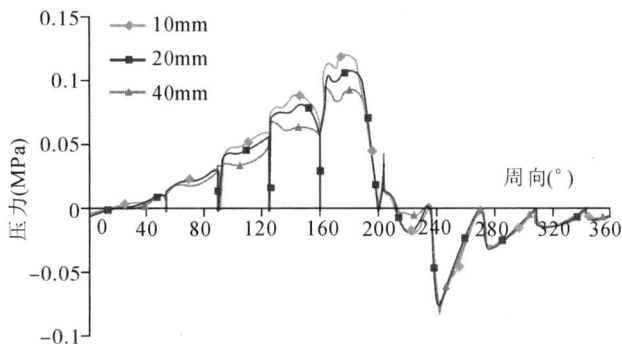

图 3-66　中心截面上轴承压力

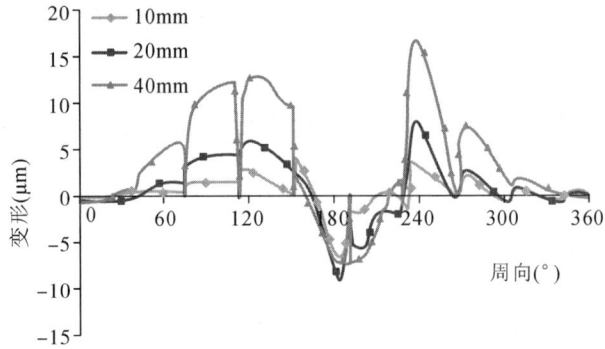

图 3-67　中心截面上轴承径向变形

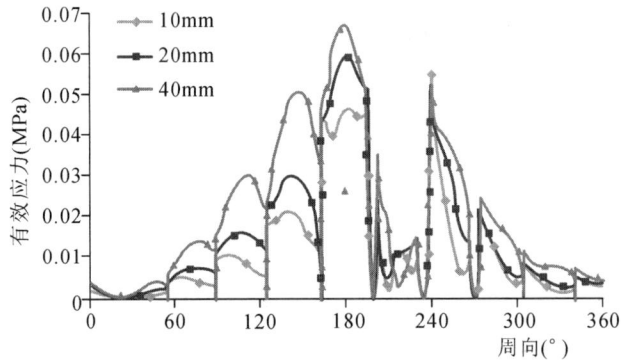

图 3-68　中心截面上轴承有效应力

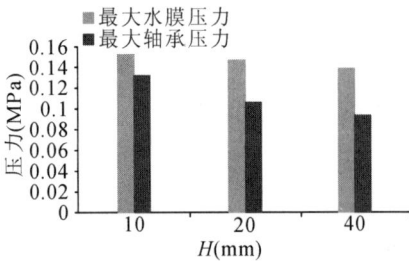

图 3-69　最大水膜压力和最大轴承压力

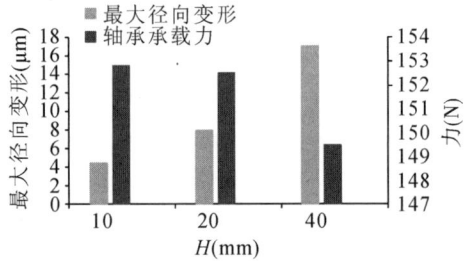

图 3-70　轴承承载力和最大径向变形

由图 3-65 ～ 图 3-70 可见：

（1）随着橡胶厚度增加，中心截面上，水膜压力和轴承压力减小，但是轴承径向变形和有效应力增大。随着橡胶厚度增加，轴承承载力也逐渐减小。

（2）由图 3-65 和图 3-66 可见，不同橡胶厚度的轴承，水膜压力分布和轴承压力分布的趋势相同；随着橡胶厚度增加，最大水膜压力和轴承压力逐渐减小，这主要是因为橡胶外表面与钢套固定，随着橡胶厚度增加，橡胶的刚度降低，导致橡胶变形增大。

（3）由图 3-67 和图 3-68 可见，随着橡胶厚度增加，轴承径向变形和有效应力沿周向分布趋势相似。轴承径向变形的变化趋势呈下凹形，轴承有效应力沿周向的变化趋势有多个波峰和波谷。水槽处轴承径向变形和轴承有效应力几乎为零。

（4）由图 3-69 和图 3-70 可见，随着橡胶厚度增加，最大水膜压力、最大轴承压力和轴承承载力逐渐减小，而轴承最大径向变形却逐渐增大。这说明适当减小橡胶厚度，能够提高轴承承载力和润滑性能。因此，在进行轴承设计时，在考虑轴系结构尺寸、轴承载荷、轴系校中和航行水质的情况下，应尽量减小橡胶的厚度。

3.2　轴承物理性能参数对润滑性能的影响研究

水润滑轴承由外衬（钢套、青铜）和内衬（铁梨木、塑料和橡胶等高分子材料）组成，内衬材料一般通过镶套、过盈和螺栓等方式固定在外衬套中。本节研究橡胶材料的硬度和基层材料的弹性模量对轴承润滑性能的影响。

橡胶的物理性能一般用硬度来描述，但是有限元计算并不能直接计算橡胶的硬度。同时橡胶受到低于 25% 的拉伸或压缩以及小于 75% 的剪切变形时就可以将橡胶的应力应变曲线假设为线性关系。对于水润滑橡胶轴承可以通过探索硬度和弹性模量的关系，然后采用弹性模量和泊松比来描述橡胶的物理性能，以便于有限元仿真计算。关于橡胶轴承硬度的规范，世界上不同的国家有略微的差别。我国船舶行业标准（CB/T 769—2008）要求橡胶轴承的硬度 $H_A = (75 \pm 5)A$，美国海军标准（MIL-B-17901）要求橡胶轴承的硬度 $H_A = (85 \pm 5)A$，日本工业标准（JIS-CR）要求橡胶轴承的硬度 $H_A = (60 \sim 95)A$。以日本（Eagle Industry CO. LTD）船舶水润滑尾轴承为例，得到邵氏硬度与弹性模量的对应关系，如表 3-1 所示。

表 3-1　橡胶硬度与弹性模量的对应关系

硬度（A）	弹性模量 E（MPa）	硬度（A）	弹性模量 E（MPa）
60	16.0	80	34.3
65	18.2	85	49.2
70	21.6	90	81.6
75	26.0		

3.2.1　橡胶材料

在转速 $n = 224 \mathrm{r/min}$,偏心率 $\varepsilon = 0.8$,偏位角 $\theta = 30°$ 的情况下,以轴承轴向中心截面为研究对象,研究橡胶硬度($H_A = 70A, 80A, 90A$)对轴承水膜压力、轴承压力、轴承径向变形、轴承有效应力和轴承承载力的影响,如图 3-71 ~ 图 3-76 所示。

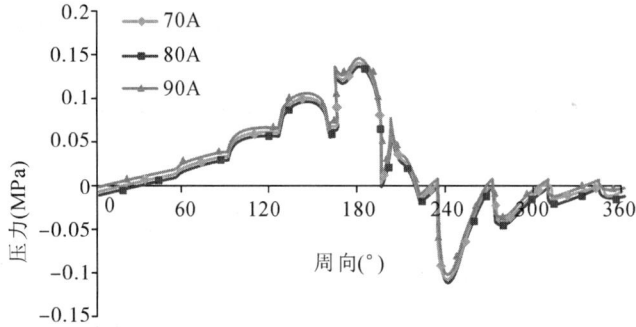

图 3-71　中心截面上水膜压力

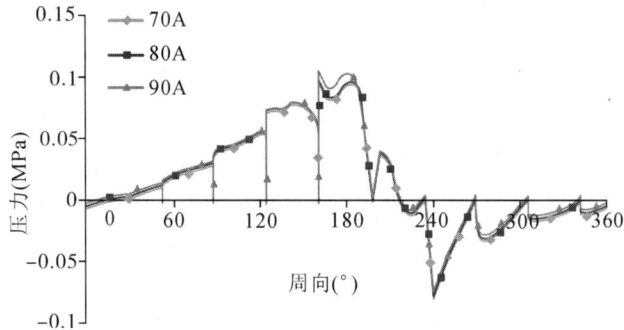

图 3-72　中心截面上轴承压力

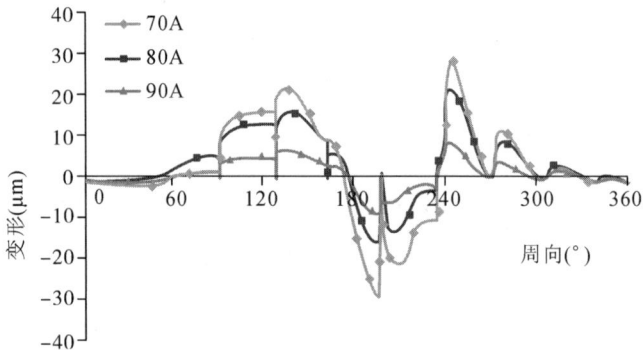

图 3-73　中心截面上轴承径向变形

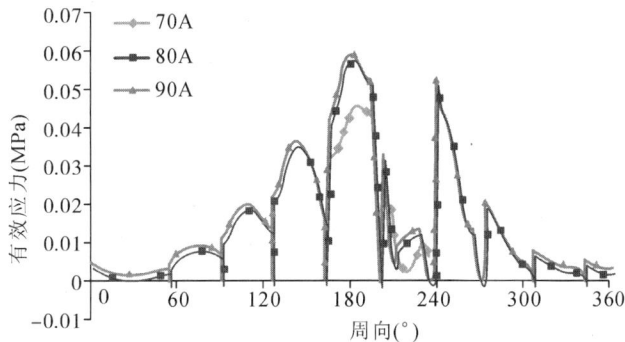

图 3-74　中心截面上轴承有效应力

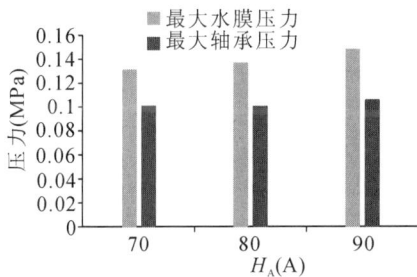

图 3-75　最大水膜压力和最大轴承压力

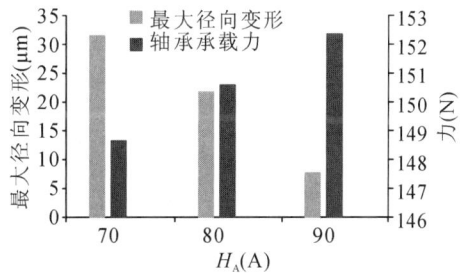

图 3-76　轴承承载力和最大径向变形

由图 3-71 ～ 图 3-76 可见：

（1）随着橡胶硬度增加，中心截面上水膜压力、轴承压力和轴承有效应力逐渐增加，而轴承的径向变形却逐渐减小；并且橡胶硬度增加，轴承承载力会增大，但会导致轴承的振动加剧，降低舰船的隐蔽性和生存能力。因此，选用轴承材料的硬度时，须要综合考虑轴承动力特性和润滑特性，避开轴系的共振区间。

（2）由图 3-71 和图 3-72 可见，不同橡胶硬度的轴承，中心截面上水膜压力和轴承压力分布的趋势相同：在正压区，水槽处水膜压力不为零，且随着角度的增加而增加；在负压区，水槽处的水膜压力几乎为零。但是，沿周向，水槽的轴承压力几乎为零。这说明，水膜压力沿轴承径向递减，水槽底部的水膜压力比水膜内表面的压力小。

（3）由图 3-73 ～ 图 3-74 可见，不同橡胶硬度的轴承，中心截面上轴承径向变形和轴承有效应力分布的趋势相似。橡胶硬度越低，在周向 $240°$ ～ $270°$ 区间，凸起就越明显，这种变形会加剧轴承气蚀。同一板条上，轴承径向变形和轴承有效应力先增大后减小。沿周向，水槽处的轴承径向变形和有效应力几乎为零。

（4）由图 3-75 和图 3-76 可见，随着橡胶硬度增加，最大水膜压力、最大轴承压力和承载力逐渐增大，然而轴承径向变形逐渐减小。这说明适当增加橡胶的硬度,有利于提高轴承的润滑性能和轴承承载力。

3.2.2　基层材料

基层材料主要起固定、支撑和提高橡胶强度的作用,对板条的变形有重要影响,从而影响轴承的润滑性能。在转速 $n=224\mathrm{r/min}$,偏心率 $\varepsilon=0.8$,偏位角 $\theta=30°$ 的情况下,以轴承轴向中心截面为研究对象,研究基层弹性模量(以铜,塑料和钢作为研究对象)对轴承水膜压力、轴承压力、轴承径向变形、轴承有效应力和轴承承载力的影响,如图 3-77 ～ 图 3-82 所示。

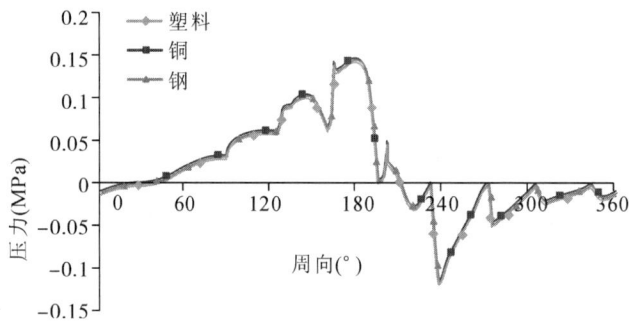

图 3-77　中心截面上水膜压力

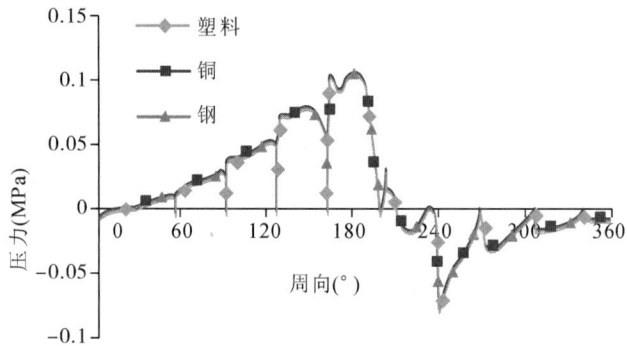

图 3-78　中心截面上轴承压力

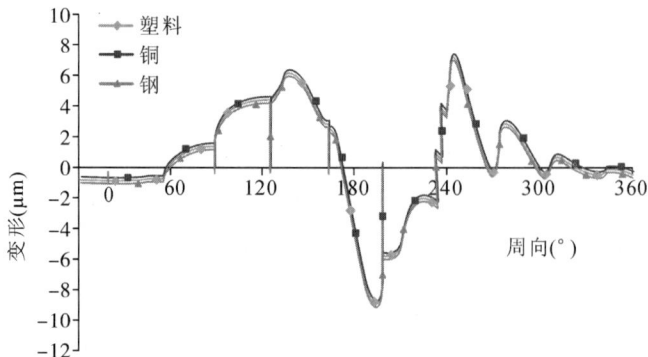

图 3-79　中心截面上轴承径向变形

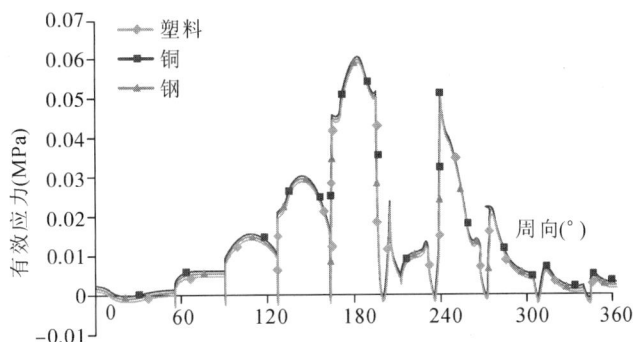

图 3-80　中心截面上轴承有效应力

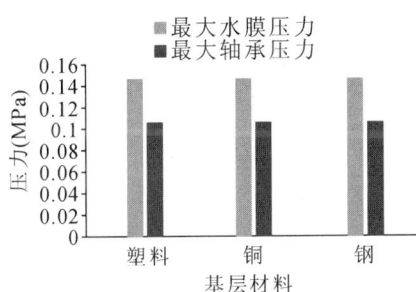

图 3-81　最大水膜压力和最大轴承压力

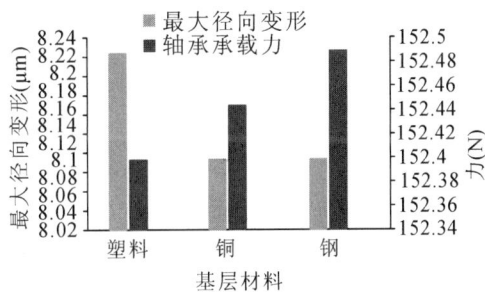

图 3-82　轴承承载力和最大径向变形

由图 3-77 ～ 图 3-82 可见：

（1）随着基层材料弹性模量的增加，中心截面上水膜压力、轴承压力和轴承有效应力略微增加，轴承径向变形略微减小。随着基层材料弹性模量的增加，轴承承载力略微增加。这主要是因为增加基层材料的弹性模量，相当于提高橡胶的基层刚度，从而使橡胶的刚度提高。

（2）由图 3-77 和图 3-80 可见，不同的基层材料，中心截面上水膜压力、轴承压力、轴承径向变形和轴承有效应力的分布趋势相似。在基层材料满足强度要求的情况下，与橡胶材料的硬度对轴承润滑性能的影响相比较，基层材料对轴承润滑性能的影响可以忽略不计。实际工程设计中，基层材料的选择更应该考虑材料的耐腐蚀性能。

（3）由图 3-81 和图 3-82 可见，随着基层材料弹性模量的增加，最大水膜压力、最大轴承压力和轴承承载力略微增加，然而最大轴承径向变形却有所减小。

3.3　轴承运行工况对润滑性能的影响研究

3.3.1　偏心率和偏位角

轴承偏心率和偏位角与轴承的承载能力有一定的关系,在利用 Adina 建立轴承 FSI 模型的过程中,发现直接对轴施加重力载荷,模型无法收敛。所以通过对轴施加位移载荷(偏心率和偏位角),然后通过对水膜内表面单元压力和单元面积进行积分,得到轴承承载力。通过结合 Adina 和 Matlab,分析轴承结构参数、轴承材料属性和轴承运行工况对轴承润滑性能的影响规律。

1. 偏心率

在转速 $n = 224\text{r/min}$,偏位角 $\theta = 30°$ 的情况下,以轴承轴向中心截面为研究对象,研究偏心率($\varepsilon = 0.2, 0.4, 0.8$)对轴承水膜压力、轴承压力、轴承径向变形、轴承有效应力和轴承承载力的影响,如图 3-83 ～ 图 3-88 所示。

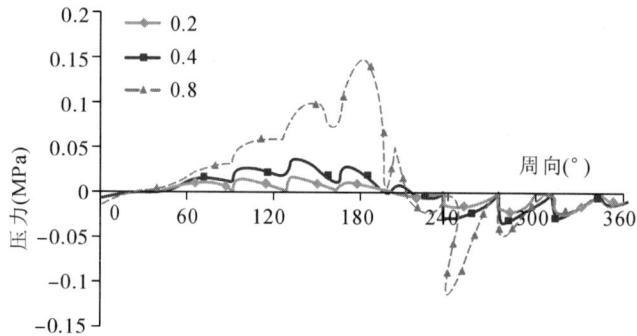

图 3-83　中心截面上水膜压力

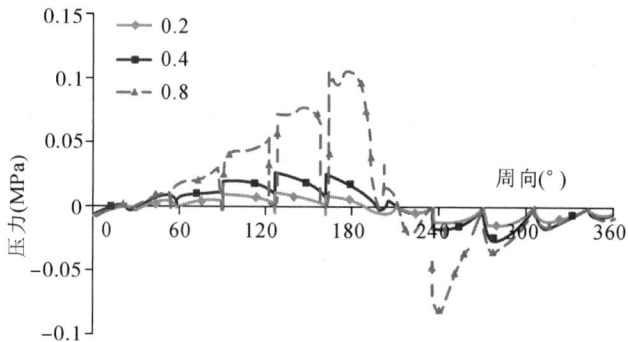

图 3-84　中心截面上轴承压力

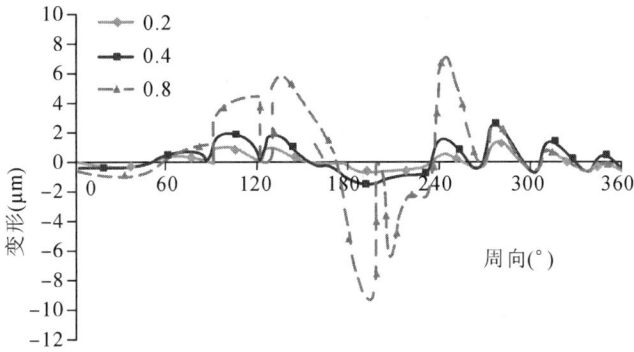

图 3-85　中心截面上轴承径向变形

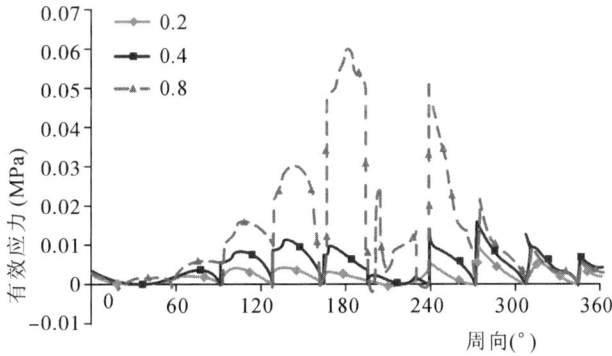

图 3-86　中心截面上轴承有效应力

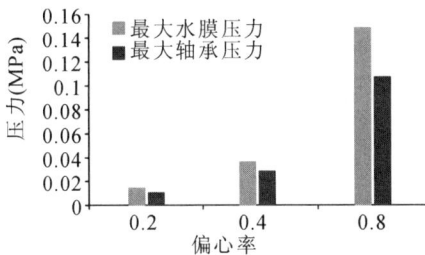

图 3-87　最大水膜压力和最大轴承压力

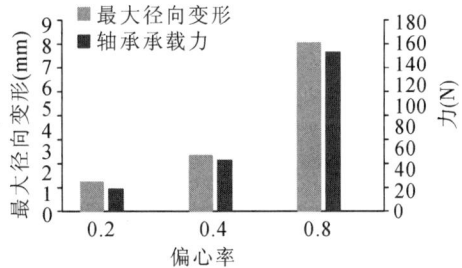

图 3-88　轴承承载力和最大径向变形

由图 3-83 ～ 图 3-88 可见：

（1）随着偏心率增加，中心截面上水膜压力、轴承压力、轴承径向变形、轴承的有效应力和轴承承载力逐渐增加。这是因为偏心率越大，轴和轴承的楔形空间就越明显，有利于形成流体动压润滑，从而使水膜压力增大。

（2）由图 3-83 和图 3-84 可见，在不同偏心率下，水膜压力和轴承压力的分布趋势相同。在水膜正压区，水槽处的压力随着偏心率的增加而增加，但是在水膜负压区，水槽处的压力几乎为零。随着偏心率增加，水槽处轴承压力基本保持不变,始终接近于零。

（3）由图3-85和图3-86可见,不同偏心率下,轴承径向变形和轴承有效应力的分布趋势相同。同一块板条上,轴承径向变形和轴承有效应力先增大后减小。水槽处的轴承径向变形和轴承有效应力几乎为零。

（4）由图3-87和图3-88可见,随着偏心率增加,最大水膜压力、最大轴承压力、最大径向变形和轴承承载力也随之增加,这与实际工程一致。当偏心率超过1时,轴承和轴会接触,这时轴承的润滑状态由流体动力润滑变为边界润滑,摩擦系数明显增大。因此,进行轴承结构优化时,应在相同偏心率的情况下,以使轴承获得较大水膜压力和轴承承载力为主要原则。

2.偏位角

在转速 $n = 224\text{r}/\min$,偏心率 $\varepsilon = 0.8$ 的情况下,以轴承轴向中心截面为研究对象,研究偏位角（$\theta = 10°,20°,30°$）对轴承水膜压力、轴承压力、轴承径向变形、轴承有效应力和轴承承载力的影响,如图3-89～图3-94所示。

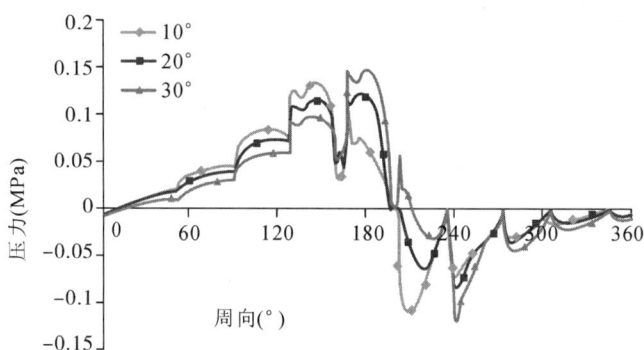

图 3-89　中心截面上水膜压力

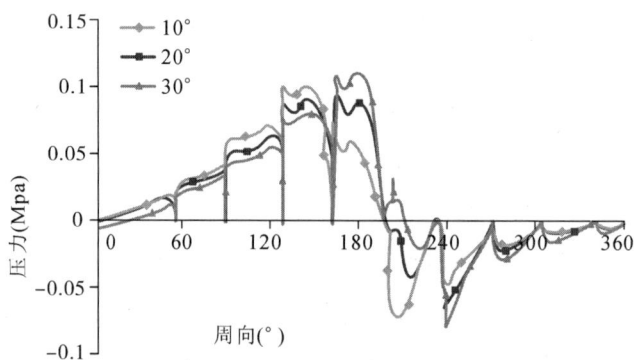

图 3-90　中心截面上轴承压力

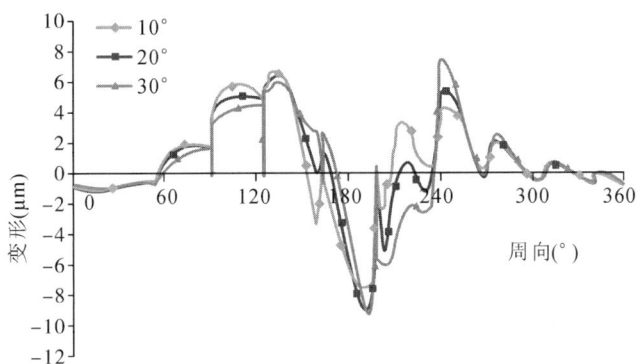

图 3-91　中心截面上轴承径向变形

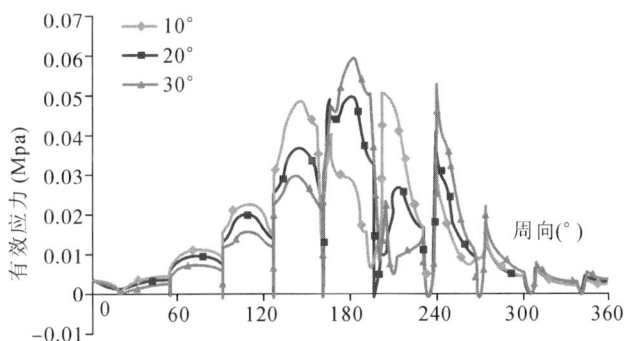

图 3-92　中心截面上轴承有效应力

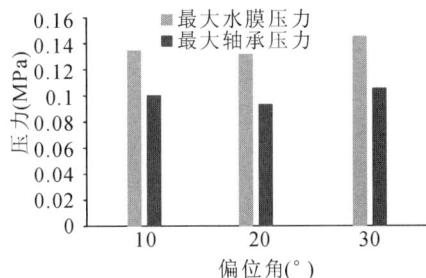

图 3-93　最大水膜压力和最大轴承压力

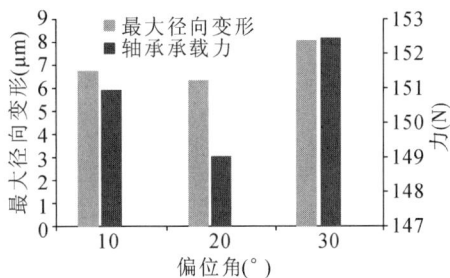

图 3-94　轴承承载力和最大径向变形

由图 3-89 ～ 图 3-94 可见：

（1）随着偏位角增加，中心截面上水膜压力、轴承压力、轴承径向变形和轴承有效应力的峰值沿顺时针方向移动。这说明根据轴承偏位角可以预测轴承最大水膜压力的位置。在偏心率相同的情况下，偏位角为 $\theta = 20°$ 时，承载力最小，这主要是因为偏位角 $\theta = 20°$ 时，最大水膜压力的位置靠近水槽，水槽使得最大水膜压力降低，从而导致轴承承载力降低。

（2）由图 3-89 和图 3-90 可见，随着偏位角的增加，中心截面上水膜压力和轴承压力分布趋势相同。在正压区，偏位角越小，水膜压力和轴承压力越早出现最大值。在水膜正压区，水槽处的水膜压力大于零，沿周向呈逐渐上升趋势；在水膜负压区,水槽的水膜压力和轴承压力几乎为零,并且数值比相同位置的水膜压力略小。

（3）由图 3-91 和图 3-92 可见,随着偏位角的增加,中心截面上水膜压力和轴承压力分布趋势相同。随着偏位角的增加,轴承径向变形和轴承有效应力的峰值沿顺时针方向移动。水槽处轴承径向变形和轴承有效应力几乎为零。

（4）由图 3-93 和图 3-94 可见,随着偏位角的增加,最大水膜压力、最大轴承压力、最大轴承径向变形和轴承承载力先减小后增大。这主要是因为当偏位角 $\theta =$ 20°时,轴和轴承的最小间隙的位置接近水槽,从而导致水膜压力整体减小。

3.3.2　轴的转速

轴的转速对轴承的承载能力、润滑状态和磨损的程度有重要影响,研究转速对轴承润滑性能的影响有重要意义。在不考虑轴向流速,同时设定轴的偏心率 $\varepsilon =$ 0.8,偏位角 $\theta = 30°$ 的情况下,研究轴的转速($n = 56\text{r/min}$,112r/min,224r/min)对轴承水膜压力、轴承压力、轴承径向变形、轴承有效应力和轴承承载力的影响,如图 3-95 ～ 图 3-100 所示。

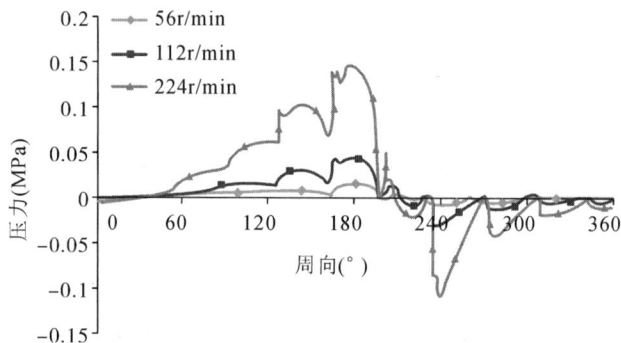

图 3-95　中心截面上水膜压力

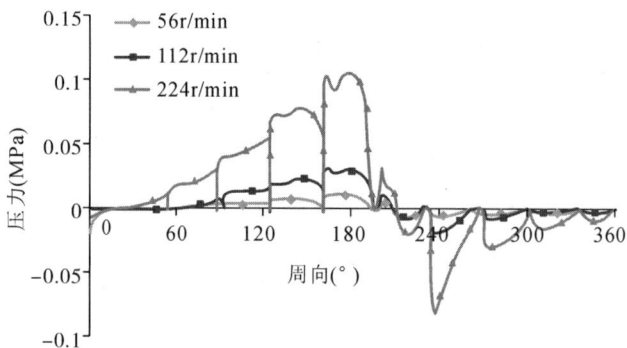

图 3-96　中心截面上轴承压力

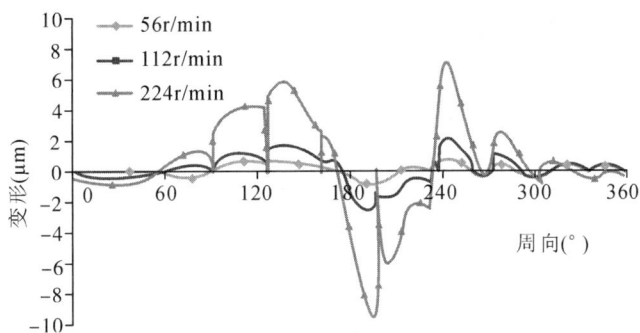

图 3-97　中心截面上轴承径向变形

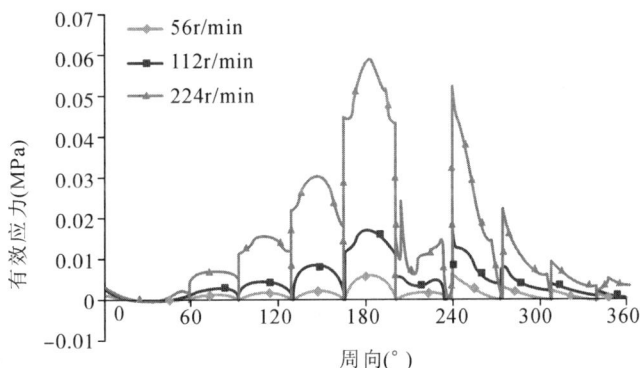

图 3-98　中心截面上轴承有效应力

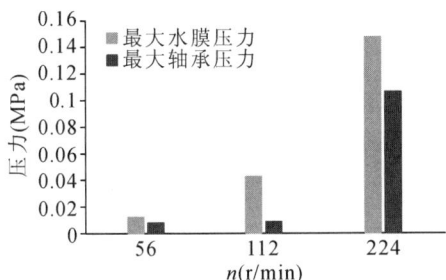

图 3-99　最大水膜压力和最大轴承压力

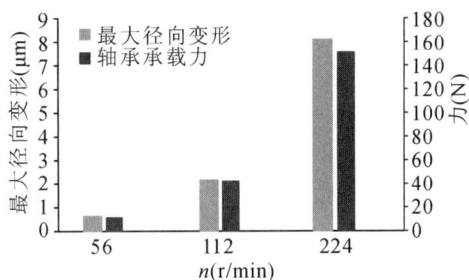

图 3-100　轴承承载力和最大径向变形

由图 3-95 ～ 图 3-100 可见：

（1）随着轴的转速增加，中心截面上，水膜压力、轴承压力、轴承径向变形、轴承有效应力和轴承承载力逐渐增加。水槽处的轴承压力、轴承径向变形和轴承有效应力几乎为零。

（2）由图 3-95 和图 3-96 可见，随着轴的转速增加，水膜压力和轴承压力分布趋势相同。在水膜正压区，水膜压力随着转速的增加而增加，并且水槽处的压力也随着轴的转速的增加而增加，在水膜负压区，水槽处水膜压力几乎为零。轴承压力的分布趋势和水膜压力分布趋势相同，但数值减小。

（3）由图 3-97 和图 3-98 可见，随着轴的转速增加，轴承径向变形和有效应力分布的趋势相同。每一块板条上的轴承径向变形和有效应力呈现出先增大后减小的趋势。

（4）由图3-99和图3-100可见，随着轴的转速增加，最大水膜压力、最大轴承压力、最大轴承径向变形和轴承承载力逐渐增加。这与实际中提高轴的转速有利于形成弹流润滑、提高轴承承载力的结论相一致。

3.3.3　轴向流速

船用水润滑尾管轴承的水流是通过水泵从轴承前端向轴承末端注入的。在轴承水流面积一定的情况下，泵的功率决定着轴承的轴向流速。分析轴向流速对轴承润滑性能的影响，对降低泵的消耗和提高轴承润滑性能有重要意义。

为简化分析，假定轴承水膜入口端面上的流速相同。在转速 $n = 224\text{r/min}$，偏心率 $\varepsilon = 0.8$，偏位角 $\theta = 30°$ 时，当轴向流速 $v = 0.8\text{m/s}$ 时，可以得到轴承水膜压力、轴承压力、轴承径向变形和有效应力，如图3-101～图3-108所示。分析轴承流速（$v = 0, 0.2\text{m/s}, 0.4\text{m/s}, 0.8\text{m/s}$）对轴承水膜压力、轴承压力、轴承径向变形、轴承有效应力和轴承承载力的影响，如图3-109～图3-114所示。

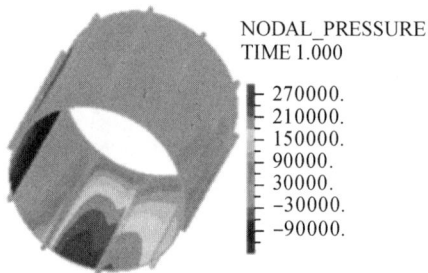

图3-101　轴承水膜压力分布云图

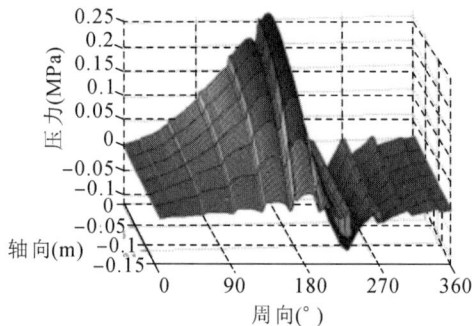

图3-102　轴承内表面水膜压力分布

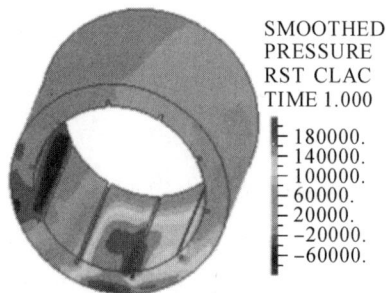

图3-103　轴承压力分布云图

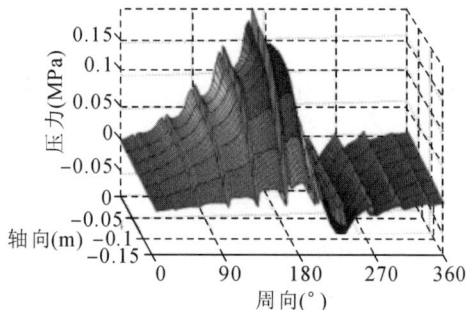

图3-104　轴承内表面压力分布

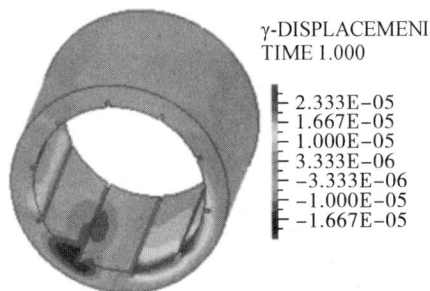

图 3-105　轴承径向变形云图

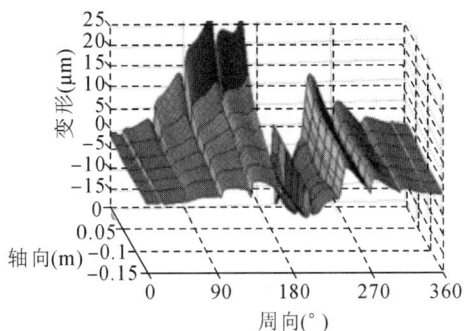

图 3-106　轴承内表面径向变形

由图 3-101 ～ 图 3-108 可见：

（1）当计入轴向流速时，轴承入口端 50mm 处的水膜压力、轴承压力、轴承径向变形和轴承有效应力明显增大，这主要是由轴向流速和周向流速的叠加，轴承收敛区间的流速增加所引起的。在每一块板条上，水膜压力、轴承压力、轴承径向变形和轴承有效应力呈先增大后减小的趋势。水膜压力、轴承压力、轴承径向变形和轴承有效应力沿轴向逐渐减小，这主要是因为随着轴向位移增大，轴向流速对水膜压力的影响越来越小。

（2）由图 3-101 和图 3-102 可见，当计入轴向流速时，水膜压力沿轴向逐渐减小，沿周向先增大，在周向 200° 左右突然变为负值，最后逐渐趋近于零。同一块板条上，水膜压力先增大后减小。

（3）由图 3-103 和图 3-104 可见，当计入轴向流速时，由于水槽边缘处同时受到轴向和周向水流的冲击作用，水槽边缘处的压力明显增大。同一周向角度上，水膜压力沿轴向逐渐减小。

（4）由图 3-105 和图 3-106 可见，当计入轴向流速时，轴承径向变形沿轴向逐渐减小，沿周向先增大，在周向 200° 左右突然变为负值，最后逐渐趋近于零。

（5）由图 3-107 和图 3-108 可见，当计入轴向流速时，轴承有效应力沿轴向逐渐减小，同一块板条上，轴承有效应力先增大后减小，其变化趋势呈现出多个波峰和波谷。

由图 3-109 ～ 图 3-114 可见：

（1）当轴向流速为 0 ～ 0.2m/s 时，中心截面上，水膜压力、轴承压力、轴承径向变形和轴承有效应力明显提高，并且轴承承载力也明显提高。但是，当轴向流速为 0.2 ～ 0.8m/s 时，中心截面上，水膜压力、轴承压力、轴承径向变形和轴承有效应力略微增加，轴承承载力也略有提高。这说明增加轴向流速有利于形成流体动力润滑，提高轴承承载力。但是，轴向流速不宜过高，因为随着轴向流速的逐渐提高，并没有明显提高轴承的润滑性能，反而消耗了能量。

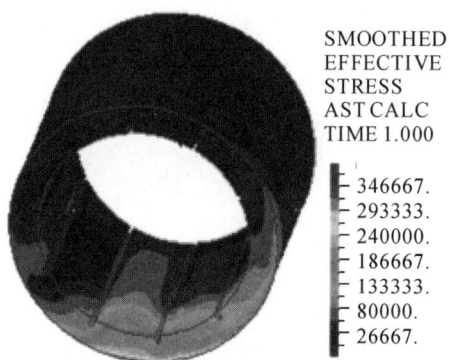

图 3-107　轴承有效应力云图

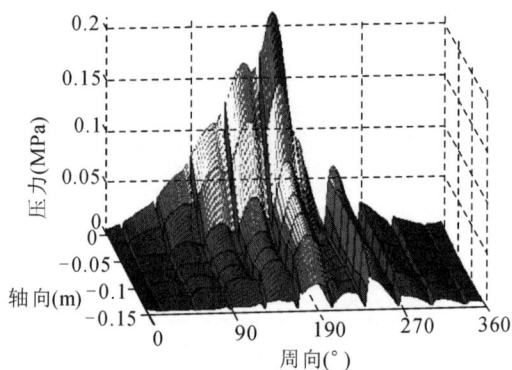

图 3-108　轴承表面有效应力

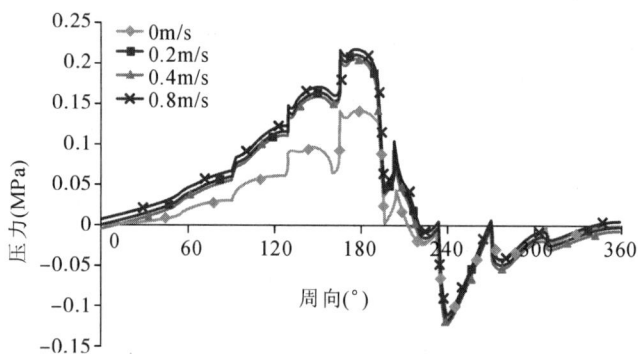

图 3-109　中心截面上水膜压力

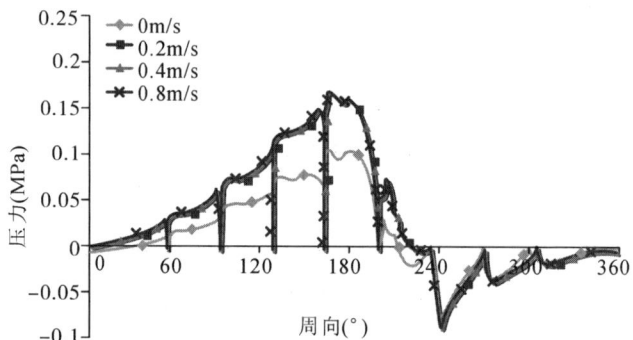

图 3-110　中心截面上轴承压力

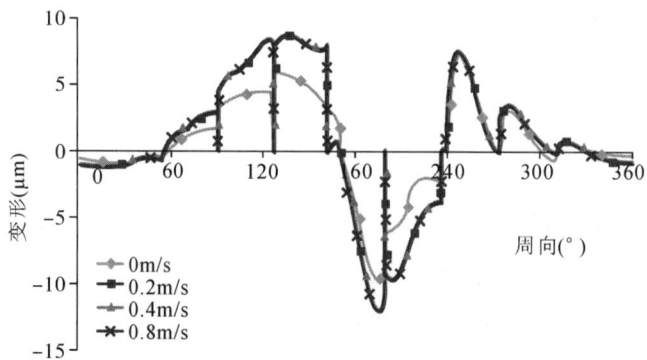

图 3-111　中心截面上轴承径向变形

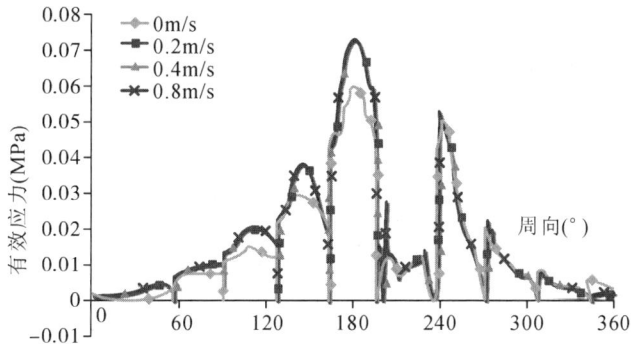
图 3-112　中心截面上轴承有效应力

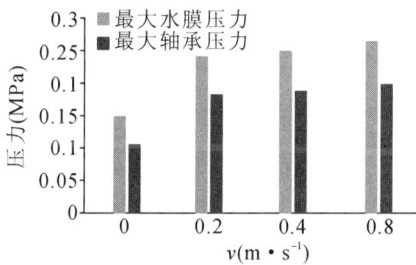
图 3-113　最大水膜压力和最大轴承压力

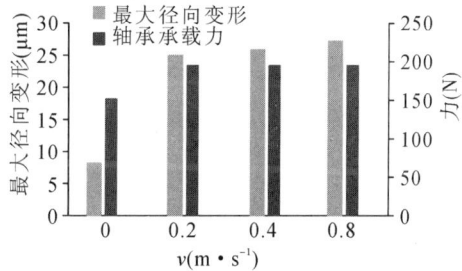
图 3-114　轴承承载力和最大径向变形

（2）由图 3-109 和图 3-110 可见，不同轴向流速的水膜压力和轴承压力的分布趋势相同。同一块板条上，水膜压力和轴承压力先减小后增大，在水膜正压区，随着轴向流速增加，水槽处的水膜压力也逐渐增加；在水膜负压区，水槽处的水膜压力几乎为零。水槽处的轴承压力几乎为零，并没有随着轴向流速的增加而增加。计入轴向流速，能够明显增大水膜压力和轴承压力。

（3）由图 3-111 和图 3-112 可见，在不同轴向流速下，轴承径向变形和轴承有效应力的分布趋势相同。水槽处，轴承径向变形和轴承有效应力几乎为零。

（4）由图 3-113 和图 3-114 可见，随着轴向流速增加，最大水膜压力、最大轴承压力、最大轴承径向变形和轴承承载力逐渐增大。当轴向流速小于 0.2m/s 时，随着轴向流速增加，轴承承载力明显提高。当轴向流速大于 0.2m/s 时，随着轴向流速增加，轴承承载力略微提高。这说明在轴向流速较低时，增大轴向流速能够有效提高轴承承载力。

3.3.4　尾轴倾角

由于螺旋桨的悬臂作用，船舶尾轴会发生弯曲变形，从而导致轴承受力主要集中在尾端附近，因此，在低速、重载运行和启停期间，轴和轴承会发生局部接触。Sun Jun 通过试验，研究轴的变形对油膜压力分布、油膜厚度和油膜温度的影响，研究结果说明，轴承受的载荷越大，轴变形越大，油膜的压力分布越集中。刘正林在计入尾轴倾角的情况下,通过 Matlab 编程计算尾轴倾斜对轴承水膜压力分布的影响。计算结果表明,增大尾轴倾角会使轴承末端水膜压力急剧增加。

通过向轴的一端施加全约束,另一端施加 Z 方向的位移载荷,模拟尾轴因螺旋桨悬臂作用而发生的弯曲变形。网格划分和施加的边界条件与 2.3.3 节一致。在转速 $n = 224 \text{r/min}$ 时,研究尾轴倾角($\alpha = 0.1°, 0.15°, 0.18°$)对轴承水膜压力分布和轴承内表面水膜压力分布的影响,如图 3-115 ～ 图 3-120 所示。

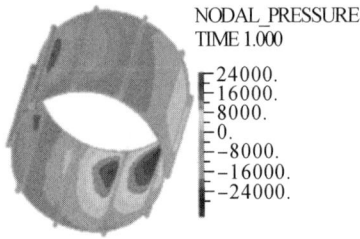

图 3-115　轴承水膜压力分布云图
($\alpha = 0.1°$)

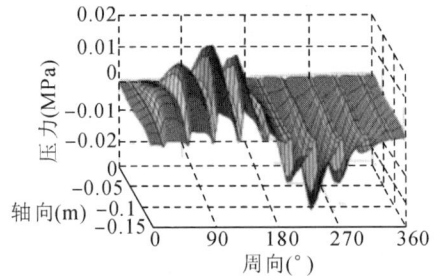

图 3-116　轴承内表面水膜压力分布
($\alpha = 0.1°$)

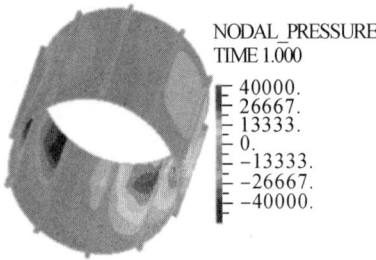

图 3-117　轴承水膜压力分布云图
($\alpha = 0.15°$)

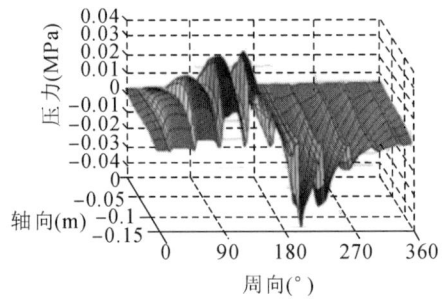

图 3-118　轴承内表面水膜压力分布
($\alpha = 0.15°$)

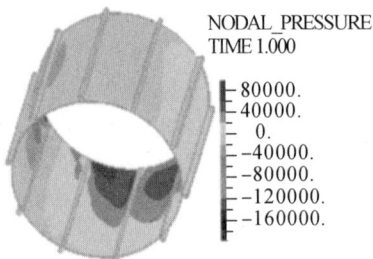

图 3-119　轴承水膜压力分布云图
($\alpha = 0.18°$)

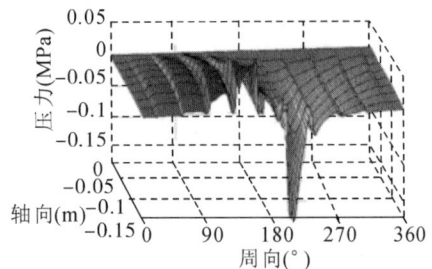

图 3-120　轴承内表面水膜压力分布
($\alpha = 0.18°$)

由图 3-115 ～ 图 3-120 可见,当考虑尾轴倾角时,最大水膜压力不再位于轴承轴向中心面,而是向轴承后端移动,并且尾轴倾角越大,最大水膜压力越接近轴承后端。这主要是因为轴发生倾斜后,轴和轴承之间的空间发生了变化。在轴和轴承间隙狭小的地方,水膜压力较大;在轴和轴承间隙宽大的地方,水膜压力较小。在水膜负压区,随着尾轴倾角增大,最大水膜压力绝对值明显增大,这意味着增加尾轴倾角,轴承发生气蚀的概率也明显提高。在轴的转速 $n=224\mathrm{r/min}$ 时,研究尾轴倾角($\alpha=0.1°,0.15°,0.18°$)对轴承水膜压力、轴承压力、轴承径向变形、轴承有效应力和轴承承载力的影响,如图 3-121 ～ 图 3-126 所示。

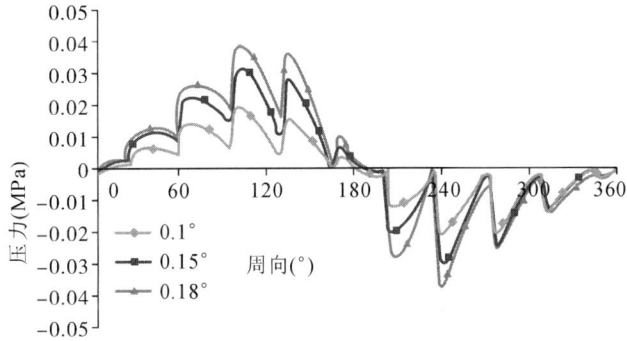

图 3-121　中心截面上水膜压力

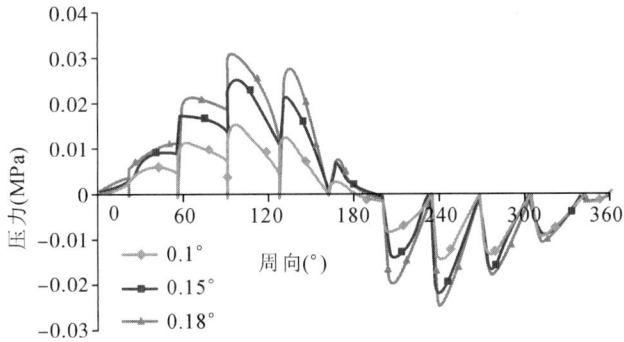

图 3-122　中心截面上轴承压力

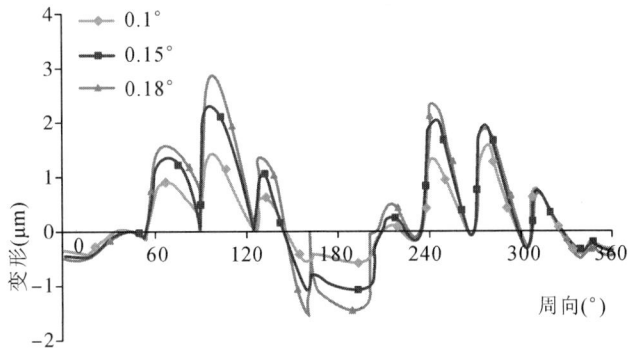

图 3-123　中心截面上轴承径向变形

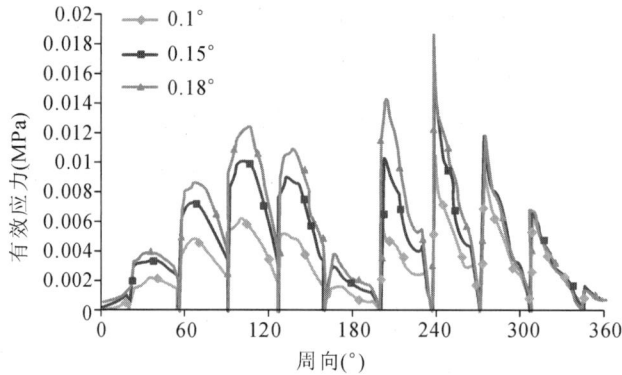

图 3-124　　中心截面上轴承有效应力

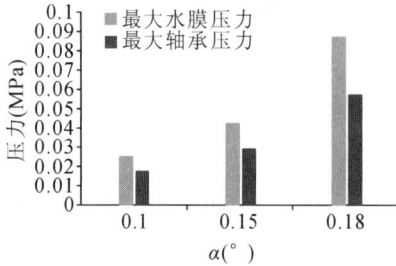

图 3-125　最大水膜压力和最大轴承压力

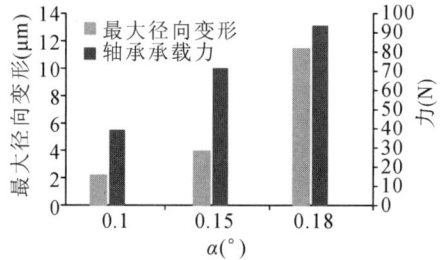

图 3-126　轴承承载力和最大径向变形

由图 3-121 ～ 图 3-126 可见:

(1) 随着尾轴倾角增加,中心截面上,水膜压力、轴承压力、轴承径向变形和轴承有效应力逐渐增大。随着尾轴倾角增大,轴承承载力也随之增加。但是过度增大尾轴倾角,轴和轴承会发生接触。在转速一定的情况下,摩擦系数也会随着尾轴倾角的增大而增大。

(2) 由图 3-121 和图 3-122 可见,由于尾轴倾角的影响,同一块板条上,水膜压力和轴承压力增加和减小的速率发生了变化。水膜压力和轴承压力增大的速率,明显大于水膜压力和轴承压力减小的速率;在水膜正压区,水槽处水膜压力随着尾轴倾角增大而增加,在水膜负压区,水槽处的压力几乎为零。随着尾轴倾角增大,水槽处的轴承压力保持不变,数值几乎为零。

(3) 由图 3-123 和图 3-124 可见,随着尾轴倾角增大,轴承径向变形和轴承有效应力沿周向分布趋势基本相同,水槽处的轴承径向变形和轴承有效应力几乎为零。

(4) 由图 3-125 和图 3-126 可见,随着尾轴倾角增大,最大水膜压力、最大轴承压力、最大轴承径向变形和轴承承载力逐渐增大。尾轴倾角增大,意味着螺旋桨的质量增加,这说明螺旋桨质量越大,轴的弯曲变形越大,最大水膜压力出现在轴承尾端,轴承和尾轴发生接触的概率就越大。

第4章 转速和比压对水润滑复合橡胶轴承摩擦性能的影响

UHMWPE作为一种优异的自润滑材料,将其以添加剂的形式,按照一定比例和工艺加入到丁腈橡胶中,制备出的水润滑橡塑材料具有优异的机械物理性能。但目前对"橡-塑"尾轴承材料的润滑机制尚缺少试验及理论分析。

本章节在材料制备的基础之上,以轴承板条的一部分代替全副轴承,以杠杆加载的方式模拟尾轴承局部比压受力形式,在水润滑尾轴承试验台架SSB-100上,分别考察了SPB-N和SPN两种水润滑尾轴承试块的润滑特性对摩擦系数的影响,同时结合表面形貌的分析结果,研究转速、比压以及不同材料对水润滑尾轴承润滑机理的影响,进而探讨"橡-塑"结构材料的摩擦学特性。

4.1 水润滑尾轴承摩擦学特性

摩擦是抵抗两物体接触表面在外力作用下发生切向相对运动的现象。物体表面的相对运动、相互接触、相互作用所发生的各种变化特性,取决于配对材料的种类及其物理力学性能、表面的微观几何尺寸(表面粗糙度及加工痕迹)、摩擦表面相对运动的工作条件(滑动速度、压力、温度、润滑状况、环境及周围介质的作用)、表面膜的生成和作用等因素。作为典型的摩擦副,水润滑尾轴承与轴颈的摩擦性能的影响因素包括:相对速度、比压、温度、轴承结构、安装间隙、运行时间、轴承与轴颈的配副材料、轴承与轴颈的摩擦表面的粗糙度、润滑水质、水量等。水润滑尾轴承与轴颈的摩擦系数是这些影响因素的函数。目前的研究多是通过试验装置测定特定工况下的摩擦系数,研究摩擦系数随工况变化的趋势,为设计提供理论参考。

国外对水润滑轴承的摩擦性能的研究集中在19世纪80年代。研究中涉及橡胶层的厚度、硬度,瓦材料,背衬材料,摩擦面形状等轴承结构要素,以及加载时间、速度、负荷等工况因素。

R. L. Daugher试验研究了7种平面型板条式全副轴承的静摩擦和动摩擦性能。试验用轴承和美国海军军用尾轴承具有相同的结构。7种板条设计包括2种橡胶材料,2种橡胶硬度(硬度为邵氏A 75±5,85±5),2种背衬材料(黄铜,塑料）以及不同厚度和形状的橡胶层。并比较了它们在不同静加载时间下的静摩擦系数，给出了 7 种板条设计的动摩擦系数的速度特性。在相比较的诸多因素中，橡胶层的厚度和形状对动摩擦系数的影响最大。可认为静态摩擦性能与动态摩擦性能之间没有相互关联。

Roy L. Orndorff. JR 以单个板条为研究对象进行摩擦性能研究。结果表明橡胶层厚度对摩擦性能有显著的影响，橡胶层的厚度越薄摩擦系数越小，且厚度在 $2.39 \sim 7.95$mm 时轴承摩擦系数最小。比较了平面型和凹面型板条的摩擦性能后发现，在试验速度范围内，平面型板条的动摩擦系数显著地小于凹面型的，Roy L. Orndorff. JR 认为凹面型板条的方形边缘角刮掉了旋转的轴卷带的润滑剂，提出平面型板条应采用方形的边缘角，而凹面型板条采用圆形的边缘角。

M. Lahmar 等建立了考虑橡胶层厚度和弹性模量的数学模型，认为橡胶层弹性变形造成轴承与轴颈径向间隙的变化与橡胶层的厚度成正比，与弹性模量成反比。

国内的研究以下列 3 所大学最具代表性。

武汉理工大学在水润滑尾轴承试验台架 SSB-100 和 SSB-100V 上开展了 Mcs-2-1 木质层压板、3133 布质石墨层压板、SF-1、华龙、飞龙、ACM、橡胶等水润滑尾轴承材料的摩擦磨损性能研究。其特点在于针对舰船尾轴承的特点，考虑了尾轴的倾斜及尾轴承的变形对水润滑尾轴承摩擦副对接触、摩擦及润滑状态的影响。

重庆大学在试验台架 MPV-20 屏显式摩擦磨损试验机上针对 BTG、丁腈橡胶、UHMWPE 复合材料、聚四氟乙烯等开展了全面的摩擦性能试验研究。同时还研究了长径比、瓦材料弹性模量、轴向安装位置、橡胶层硬度、厚度等因素对水润滑轴承摩擦性能的影响。

青岛理工大学在 MRH-3 型数显式高速环块摩擦磨损试验机上对橡胶与镀镍钢环、赛龙、陶瓷分别在干摩擦、边界润滑及海水润滑条件下进行了摩擦性能试验。

目前，关于水润滑轴承摩擦性能的研究很多，各研究单位各具特色。横向比较可知，试验设备、试验条件不同，各研究单位得到的结果不具有可比性；纵向比较可知，各研究单位本身的研究没有形成完整的体系，与工业应用还有相当的距离。

4.2   水润滑复合橡胶尾轴承摩擦振动试验设备

4.2.1   水润滑尾轴承综合试验平台(全副轴承试件和试块试验平台)

全副轴承的摩擦振动试验在船舶尾管轴承试验台架 SSB-100 上进行,如图 4-1 所示。SSB-100 型船舶尾轴承试验台架可用于模拟船用水润滑尾轴承的实际工作状况,整套设备由实验室自行研制。

该试验台架主要由驱动电机、加载装置、试验轴和测试部分组成,加载方式为径向中间加载,以保证载荷能够均匀地施加在轴承上。测试部分主要有转矩转速仪、机械式压力表等装置,其中,转矩转速仪可测试试验轴上的摩擦力矩及转速,机械式压力表可测量液压加载油缸的油压,通过计算可得到轴承上的载荷大小。

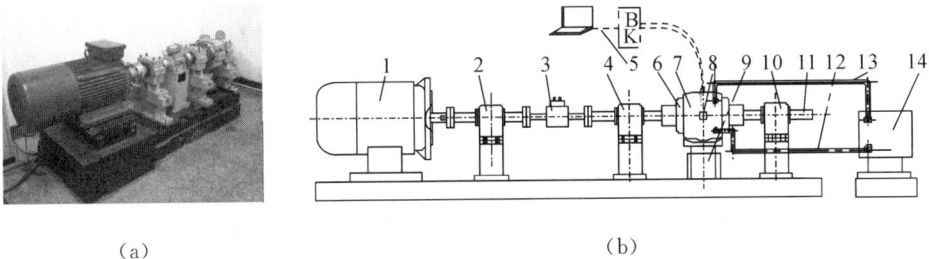

图 4-1   SSB-100 型船舶尾轴承试验测试平台及结构示意图

(a)试验台;(b)结构示意图

1— 电机;2,4,10— 支持轴承;3— 转速转矩仪;5—B&K PULSE;6— 密封装置;7— 尾轴承;
8— 传感器;9— 垂向加载液压油缸;11— 主轴;12— 进水管;13— 出水管;14— 润滑水系统

在试块试验中须对 SSB-100 型船舶尾轴承试验台进行改造,改造为采用杠杆加载的结构形式(图 4-2):将试块固定在杠杆尾部的夹具之上,杠杆再固定在支架上;通过杠杆加载的方式,按照砝码与比压的换算关系,将试验大纲要求的比压通过杠杆传递至摩擦副之间;应用扭矩转矩仪记录摩擦副之间产生的摩擦力矩;转速通过激光红外测速仪测得;将两个加速度传感器粘贴至如图 4-2 所示的杠杆的尾部(水平和垂直方向),以测量试块水平和垂直方向的振动情况。

图 4-2　润滑特性试验台架
1— 砝码；2— 主轴；3— 试块；4— 水管；5— 夹具；
6—B&K 传感器；7— 杠杆；8— 扭矩传感器；9— 变频电机

4.2.2　摩擦系数及振动特性测试系统

考虑到润滑条件、高速摄影机的图像采集等因素，本研究中将试验台架 SSB-100 改装（图 4-3），进行船舶尾轴承内衬材料的振动特性试验。

图 4-3　振动特性试验测试系统
1— 高速摄影机；2—LED 白光灯；3— 加速度传感器；4— 试块与主轴；5— 砝码；
6— 转矩扭矩仪；7— 红外测速仪；8— 电机；9—Photron 3，TEMA 2.6；10—B&K PULSE

如图 4-3 所示，本试验台架采用了类似 4.2.1 节中所述的试块试验台架的结构形式，并在此基础之上安装高速摄影机，以采集振动信息。试验中采用的高速摄影机如图 4-4 所示，采样画幅分辨率为 768×512，高速摄影机的采样画幅拍摄频率为 2000 帧/s，镜头为图丽 AF 100mm f/2.8，图像采集软件为 PFV（Ver.338），光源采用 LED 白光灯。同时在试验过程中，利用数码 HD 摄录一体机拍摄记录整个试验过程中的振动噪声。

图 4-4　Fastcam SA1.1 高速摄影机

采用加速度传感器采集轴承的水平和垂直方向的振动信号,安装方式如图 4-5 所示。

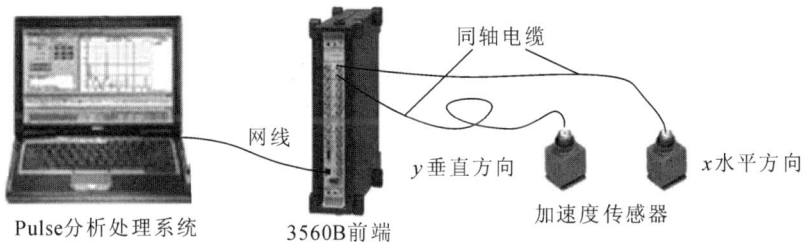

图 4-5　Pulse Labshop 采集系统

所测试的振动信号通过 Pulse Labshop 采集系统中的多通道分析仪 3560B 传输至 Pulse 分析处理系统进行显示和信号处理。

图 4-6 为高速摄影机测量水润滑尾轴承振动的系统的组成。

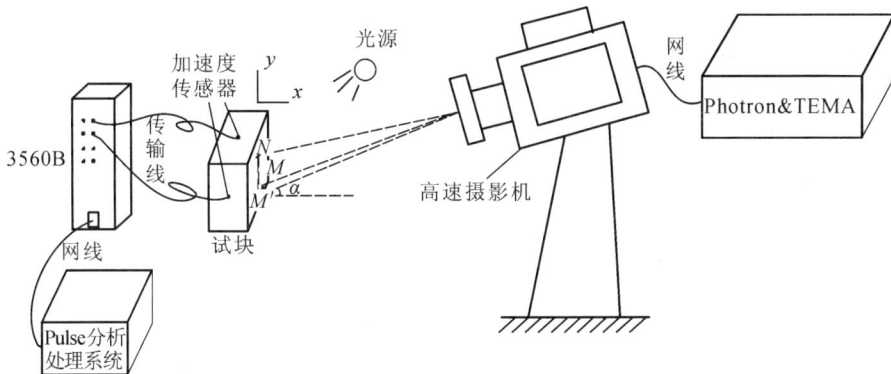

图 4-6　水润滑橡胶试块振动测试系统的组成

4.3　试验设计与方法

4.3.1　试件

参照 MIL-DTL-17901C(SH),对水润滑橡塑尾轴承摩擦试验试件及试验大纲的要求应按照Ⅰ级[等级Ⅰ:(85±5)邵氏度],由邵氏硬度A测量计进行瞬时测量;本试验轴承邵氏硬度为:80 A,试样应从试验轴承中间部分取样。试件的橡塑厚度为12mm,表面采用平面结构,且为一次性浇铸、硫化加工而成。试件的具体结构及实物图如图4-7所示。

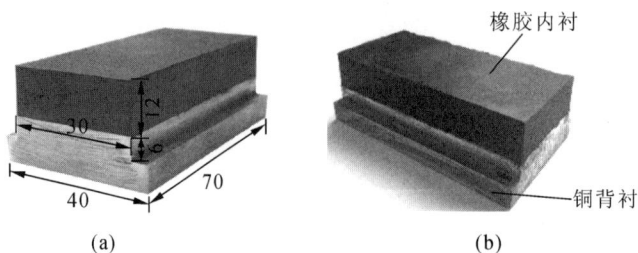

图4-7   水润滑尾轴承试件结构示意图及实物图(单位:mm)
(a)结构图;(b)实物图

试验所用试块的特征参数如表4-1所示。

表4-1   两种试块的特征参数及材质

	邵氏硬度 A(度)	厚度(mm)	材质
SPB-N	82	12	NBR + UHMWPE
SPN	82	12	NBR

4.3.2 试验设计

试验开始前,对轴承试块进行体积变化测定。每个待测试样的体积变化可通过排水法测得,即在蒸馏水中浸泡后,橡塑表面体积变化不超过5%者为合格。参照 MIL-DTL-17901C(SH)摩擦系数的测定大纲进行试验,温度为20℃。本章试验主要分为两大部分。

1.摩擦系数的测定

试验步骤:① 利用水平仪调节杠杆至水平位置,然后将砝码加载至0.15MPa,启动变频电机;② 将线速度升至0.5m/s,保持至运行稳定;③ 将线速度升至4m/s,运行15min,开始记录摩擦系数值和振动曲线,以后按线速度为4.0m/s、3.0m/s、2.0m/s、1.0m/s、0.50m/s、0.20m/s 和 0.10m/s 的阶梯降速,并记录每档的摩擦系数值和振动变化情况;④ 更换新试块,并将砝码加至0.20MPa、0.30MPa、0.40MPa、0.50MPa 和 0.60MPa,重复 ①、②、③ 步骤。表4-2所列为摩擦振动的试验条件。

表 4-2　摩擦振动试验条件

比压(MPa)	0.15	0.20	0.30	0.40	0.50	0.60
线速度(m·s^{-1})	0.1	0.2	0.5	1.0	2.0	3.0

2.形貌测量与分析

试验前后,利用 L1 型激光干涉式表面轮廓测量仪对各试件进行磨损表面的形貌测量,利用激光共聚焦显微镜对其磨损表面进行形貌分析。并结合 SEM 扫描电镜测试结果,分析 SPB-N 和 SPN 的形貌结构以及摩擦磨损机理。

4.3.3　摩擦系数的计算

试块试验台架的简化模型如图 4-8 所示。

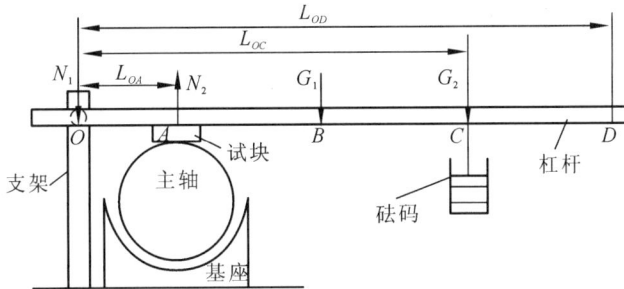

图 4-8　试块试验台架简化模型

O— 支架支点;A— 试块的受力点;B—OD 的中点,即杠杆重心;C— 砝码的受力点;
N_1—O 点压力;N_2—A 点压力;G_1— 杠杆的重力;G_2— 砝码的重力

根据理论计算分析可知,比压的静态分布在全副轴承中的 12 根板条上是不均匀的。而垂直于正压力的板条受力最大,约为总载荷的 28.787%,因此在计算比压时须考虑到该修正系数 α,以准确反映出在全副轴承的状态下该板条的受力。

4.4　试验结果与分析

在水润滑条件下,针对两种水润滑轴承试块材料,分别研究了速度和载荷对摩擦系数的影响,并利用扫描电镜和表面轮廓仪分析了轴承试块磨损表面的结构及粗糙度的变化,并对以上试验结果进行数据分析,分析结果如下。

4.4.1　转速对水润滑复合橡胶尾轴承摩擦学性能的影响

图 4-9 所示为两种材料试块的速度特性曲线。由于本试验的润滑方式为开放式润滑，为恒温（20℃）状态，即润滑水的黏度几乎无变化。而加载方式为杠杆式，即恒比压。因此，斯特里贝克曲线中 f-$v\eta/W$ 可简化为 f-v，即速度特性曲线满足斯特里贝克曲线中的变化规律。

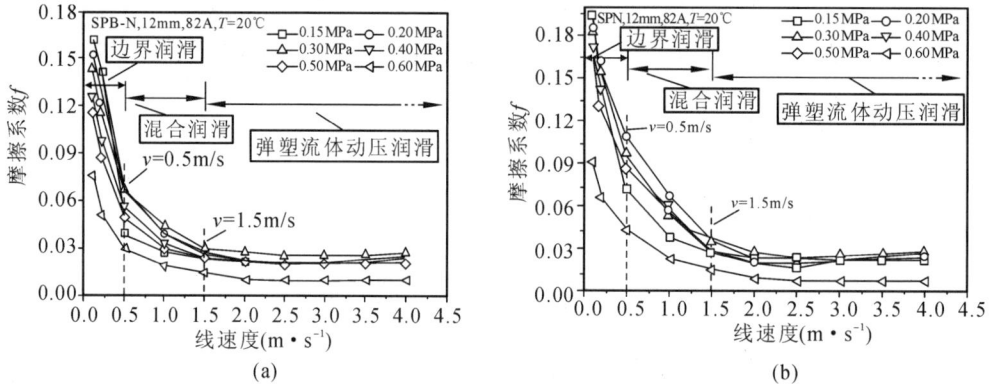

图 4-9　各比压下 SPB-N 和 SPN 轴承试块的速度特性曲线

(a)SPB-N；(b)SPN

由图 4-9 可以看出，各比压条件下，两种材料速度特性曲线的负斜率均随着速度的增加逐渐增大，至趋于零，又略有减小。

本试验采用的轴承试块均为平面结构，因此试验初期试块与轴的接触面积较小，局部比压过大，再加上水的承载能力较低，很难形成水膜／水囊。而当 $v <$ 0.5m/s 时，由于转速较低，单位时间内进入摩擦副之间的润滑水较少，试块表面的微凸体与轴直接接触，难以建立流体动压润滑。因此，$v < 0.5$m/s 时，两种材料试块的润滑状态主要是边界润滑。

试块的磨损增加了其与轴的接触面积，局部比压逐渐减小，且随着转速的提高，单位时间内被拖入摩擦副之间的润滑介质水增多，有效的润滑水膜／水囊较容易形成，润滑质量提高。即当 0.5m/s $< v <$ 1.5m/s 时，试块与摩擦副之间被润滑水膜／水囊部分隔开，局部比压由润滑水膜／水囊和边界润滑膜承受。此时试块的润滑状态主要是混合润滑。

随着转速继续提高，当转速 $v > 1.5$m/s 时，试块的磨损趋于稳定，与轴的实际接触面积的增加量减小，且摩擦副之间被拖入的润滑水量足够形成润滑水膜／水囊。因此，此时试块与轴之间的空间被连续的润滑水膜／水囊完全隔开，且水膜／水囊的厚度远大于复合表面粗糙度 R；摩擦系数值完全取决于润滑水的内部摩擦力。试块与轴之间不会发生直接接触,润滑状态为弹塑流体动压润滑,无机械磨损存在(磨损主要有试块表面的疲劳磨损、气蚀磨损和流体侵蚀)。

4.4.2　比压对水润滑复合橡胶尾轴承摩擦学性能的影响

为了考察比压对两种材料的摩擦磨损性能的影响,分析了摩擦系数在各转速条件下随比压变化的规律,如图 4-10 所示。

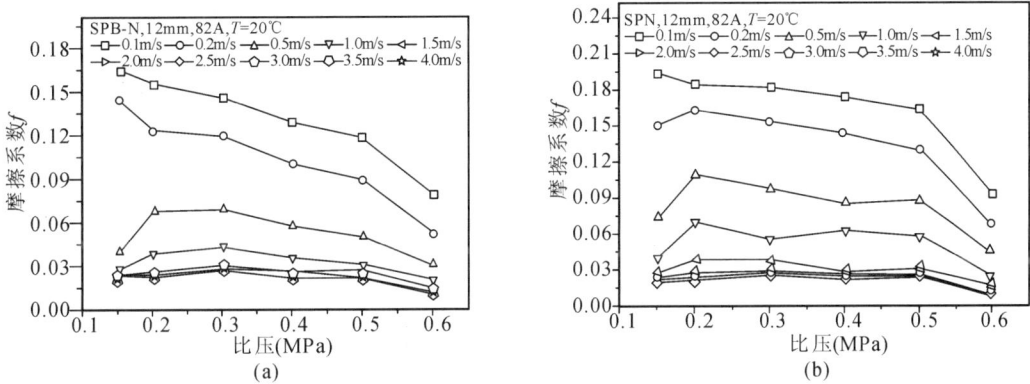

图 4-10　各转速下 SPB-N 和 SPN 轴承试块的比压特性曲线
(a)SPB-N;(b)SPN

由图 4-10 可见,随着比压的增加,各转速下的摩擦系数变化不明显,即比压对摩擦系数的影响较小,但总体呈减小趋势。对于 SPB-N 轴承试块,当 $0.15\text{MPa} < p < 0.4\text{MPa}$ 时,各线速度下的摩擦系数呈波动状态;当 $p > 0.5\text{MPa}$ 时,摩擦系数则逐渐减小。对于 SPN 轴承试块,在各比压条件下,摩擦系数的变化都呈现波动现象。如前所述,由于两种材料的轴承试块均为弹性体,即随着比压的增加,轴承试块与轴的接触面积增加,从而单位面积的比压减小,因此摩擦系数减小。

4.4.3　不同比压下两种材料的 f-v 的对比分析

如图 4-11 所示为两种材料各比压下的速度特性曲线。

由图 4-11 可见,初始阶段(当线速度 $v < 0.5\text{m/s}$ 时),各比压条件下 SPB-N 的摩擦系数均小于 SPN 的。这是因为线速度较小,单位时间内被卷入摩擦副之间的润滑水较少,试块与轴之间直接接触,润滑状态主要是边界润滑,见图 4-12(a)。与 SPN 相比,SPB-N 的表面具有光滑的凝胶层,因此初始阶段摩擦系数较小。

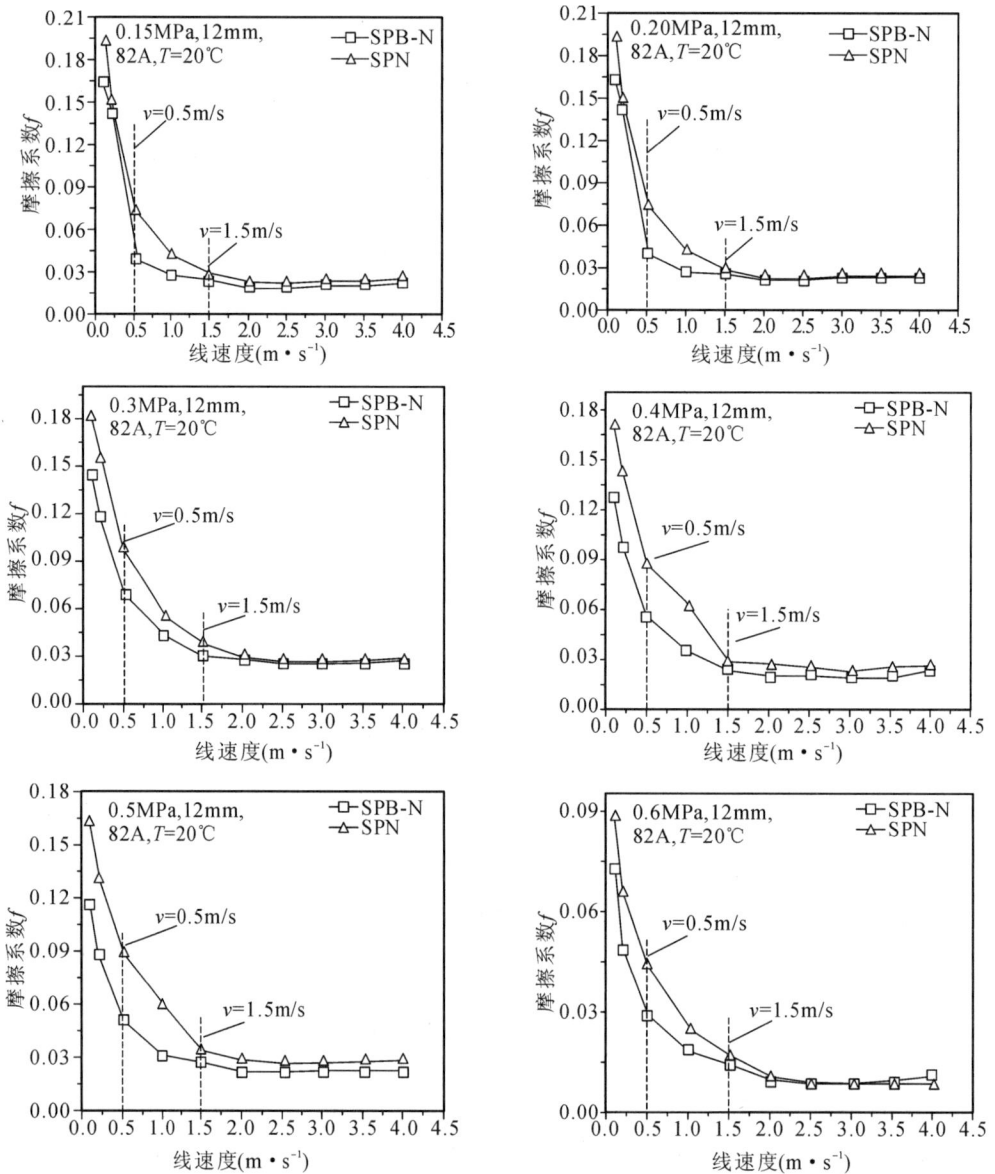

图 4-11　各比压下的 SPB-N 和 SPN 轴承试块的速度特性曲线

随着摩擦磨损的进行,即线速度 0.5m/s < v < 1.5m/s 时,UHMWPE 逐渐暴露于试块表面(因为单位时间内橡塑的磨损量大于 UHMWPE),与轴颈表面发生直接接触。轴颈表面的粗糙峰对橡塑基体中 UHMWPE 反复刮削,而部分被刮削下的 UHMWPE 磨粒在摩擦热的作用下,于轴颈表面的粗糙峰之间熔化成具有超滑表面的转移膜,见图 4-12(b)。因此,SPB-N 的摩擦磨损特性明显优于 SPN。

当 v > 1.5m/s 时,单位时间内被卷入摩擦副之间的润滑水足够多,轴承试块与轴之间的表面被润滑水膜/水囊隔开,润滑方式主要以流体动压润滑为主,见图 4-12(c)。此时,摩擦系数主要由润滑水内部摩擦阻力决定。因此,两种轴承试块的摩擦系数趋于一致。

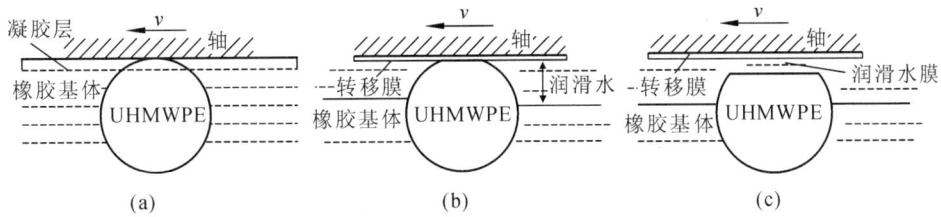

图 4-12　不同润滑状态下 SPB-N 的摩擦磨损形式

（a）边界润滑；（b）混合润滑；（c）动压润滑

综上所述,与 SPN 相比,SPB-N 具有较好的摩擦学特性低速性能更为优异。

4.5　表面形貌分析

4.5.1　磨痕直径

美国海军军标 MIL-DTL-17901C(SH) 对轴承试块的磨斑规定如下:摩擦磨损试验之后,应对每一个试块在其磨损最严重的区域测量径向直径,精确到 0.001in(约 0.0254mm),以表示试块与轴之间真实的接触面积。

利用 Image Pro Plus 对两种试块的磨斑直径进行测量(三次测量结果求平均值),以此表征试块与轴之间的真实接触区域。

由图 4-13 可见,SPB-N 和 SPN 两种材料的试块磨痕,其宽度都随着比压的增大而逐渐增大,即水润滑尾轴承试块的弹性变形量增加,则主轴表面的真实接触面积增大,单位面积的实际比压就会减小,摩擦系数也会相应减小。因此,该分析结果也从侧面印证了轴承材料的 f-p 特性曲线的变化规律。

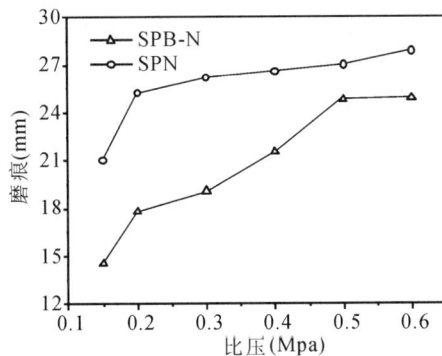

图 4-13　磨痕随比压的变化曲线

同时由图 4-13 还可以看出,SPB-N 的磨痕与 SPN 的相比整体较小,即相同比压和硬度条件下,SPB-N 的弹性变形比 SPN 的要小,又由 $f\text{-}v$ 曲线可知,SPB-N 的摩擦系数也较小。这似乎有悖于上述分析中的磨痕增大,摩擦系数减小。根据两种材料的 $f\text{-}v$ 特性曲线可知,线速度 $v > 1.5\text{m/s}$ 以后,其润滑状态都为弹塑流体动压润滑,试块表面与轴表面完全由润滑水膜隔开。因此,磨痕的大小主要是由线速度为 $0.1 \sim 1.5\text{m/s}$ 时的边界润滑和混合润滑阶段试块与轴的摩擦磨损所决定。而此阶段由于 SPB-N 在轴颈表面形成的转移膜对润滑的贡献,远远大于 SPN 弹性变形增大对润滑的贡献,因此,与 SPN 相比,SPB-N 摩擦系数较小,且磨痕也较小,即 SPB-N 的减摩耐磨性能较优越。

4.5.2 磨痕表面粗糙度

以下所测得的粗糙度值均为 3 个随机部位的粗糙度的平均值(3 次测量值相差不大于 10%;如大于 10%,重新选择位置测量)。

1. 试验前试块表面粗糙度

美国海军军标 MIL-DTL-17901C(SH) 中对水润滑尾橡塑轴承粗糙度的规定: $R_a \leqslant 1.6256\mu\text{m}$。因此,由图 4-14 可以看出 SPB-N 和 SPN 试块的初始表面粗糙度均符合军标。而两种材质的试块初始粗糙度以及试验后的粗糙度均不一致:SPB-N 的粗糙度均小于 SPN 的。

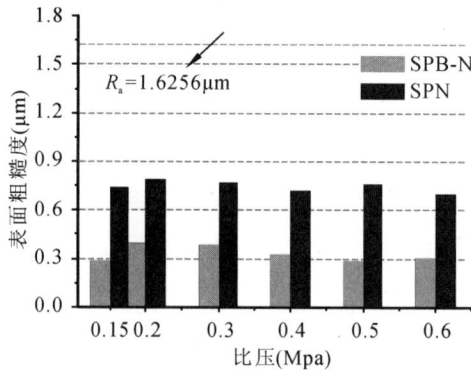

图 4-14 试验前表面粗糙度随比压的变化

在工艺和模具一致的前提下,两种材质的试块初始粗糙度的不同是因为其材料的组分不同。由第 2 章分析可知,UHMWPE 的熔点为 135℃,而本试验中的丁腈橡胶的硫化温度为 $160 \sim 170\text{℃}$,因此 UHMWPE 在模具表面温度的作用下部分发生了熔化,与橡塑、石墨等形成了表面极为光滑的凝胶层,因此试验前后 SPB-N 表面的粗糙度小于 SPN 的粗糙度。这也正是各工况条件下试验初始阶段

SPB-N 的摩擦系数均小于 SPN 的摩擦系数的原因。

2. 试验后试块表面粗糙度

由图 4-15 可见,两种材料的试块试验后表面粗糙度随着比压的增大逐渐减小,且各比压条件下,SPB-N 的粗糙度均小于 SPN。

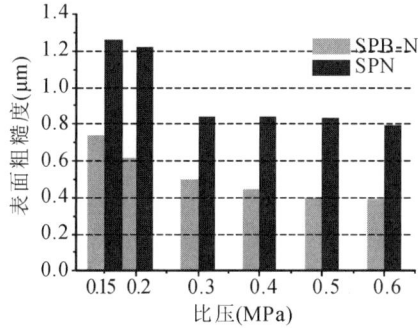

图 4-15　试验后表面粗糙度随比压的变化

由前面分析可知,比压增大,润滑性能得到改善,轴颈对试块的刮削作用减小,粗糙度减小。而由于在磨损初期,SPB-N 中的 UHMWPE 磨粒在轴颈形成转移膜,减少了对 SPB-N 表面的摩擦磨损。因此,在各比压条件下,与 SPN 相比,SPB-N 的粗糙度均较小。

4.5.3　磨痕表面形貌

试块表面的磨痕宽度能较为直观地反映其真实的接触区域。图 4-16 为各比压条件下两种试块磨痕的微观形貌图(5.00mm × 5.00mm)。

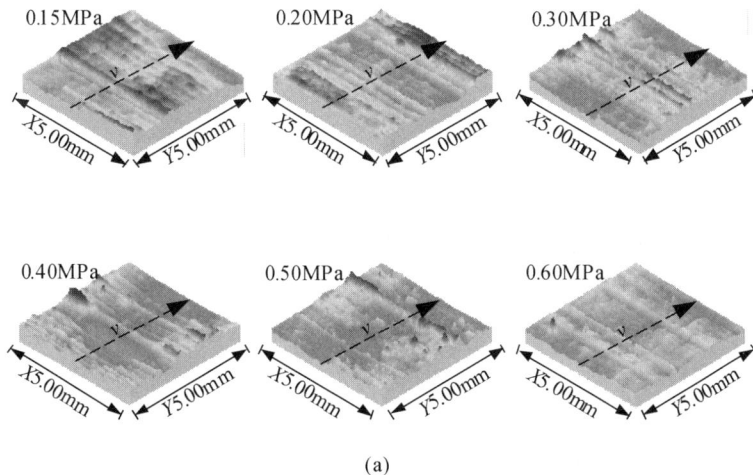

(a)

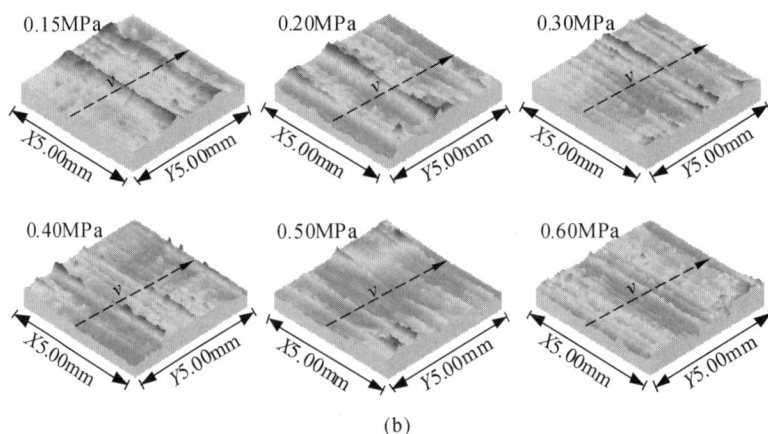

图 4-16　各比压下两种试块磨痕的表面形貌

(a)SPB-N；(b)SPN

由图 4-16 可见，磨痕在 SPB-N 和 SPN 轴承试块的表面形成了垂直于摩擦方向的山脊状突起，且呈周期性均匀分布，并伴随着局部撕裂的现象。这种山脊状突起即所谓的磨损斑纹。同时随着比压的增大，磨损斑纹的高度和间距都逐渐减小。

研究表明，橡塑的黏滑振动和微振是周期性磨损斑纹形成的驱动力。其低频的微振是导致山脊状突起产生的本质原因，而黏滑振动使斑纹间距扩展。初始阶段的斑纹间距等于平均滑动速度与橡塑固有频率之比，而最终的斑纹间距等于平均滑动速度与黏滑运动频率之比。

由前面分析可知：随着比压的增大，弹性变形增大，局部比压减小，单位时间内橡塑轴承试块与轴颈之间的润滑水逐渐增多。而润滑水的存在可阻止橡塑与轴颈表面的直接接触，由黏着摩擦引起的黏滑振动明显减弱，橡塑磨粒磨损斑纹的间距减小，磨损率也显著降低。

在比压为 0.15MPa 和 0.20MPa 时，SPB-N 和 SPN 磨痕的表面都存在着较高的突起，而随着比压的增大，突起部分逐渐消失，且间距减小。说明比压低时，润滑水较少，摩擦产生的热量促使试块表面产生塑性变形，磨损形式主要是疲劳磨损。比压增大，润滑水增多，疲劳磨损逐渐由磨料磨损代替，直至润滑水膜将试块与轴颈表面完全隔开，进入动压润滑期，磨损消失。

4.6　NUG 网络结构

由第 2 章对 SPB-N 水润滑尾轴承材料的内部结构分析可知，UHMWPE 的分布形态是以物理相的颗粒状嵌在橡塑之中。图 4-17 所示为激光共聚焦显微镜，$100\mu m$ 放大倍数下的 SPB-N 和 SPN 轴承试块的磨损表面形貌。

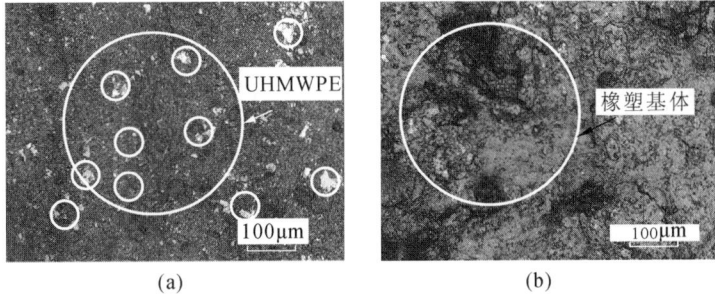

图 4-17   两种试块的磨损表面形貌

(a)SPB-N；(b)SPN

根据激光共聚焦显微镜的成像原理以及两种试块轴承材料组成可知，图 4-17(a) 中高亮部分为 UHMWPE 颗粒，周围黑色部分为由橡塑／炭黑／石墨等组成的黑色橡塑基体，而 SPN 只有橡塑基体。这与第 2 章中对 SPB-N 水润滑尾轴承材料内部结构以及成分的分析结果是一致的。

UHMWPE 以物理相的颗粒状均匀分布在胶体之中，结构形式如图 4-18 所示。其摩擦磨损的过程主要分为以下几个阶段：

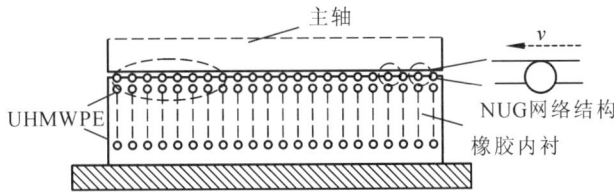

图 4-18   SPB-N 水润滑橡塑尾轴承材料的 NUG 网络结构

第一阶段(图 4-19)：SPB-N 试块的表面具有一层光滑的凝胶层。在试验的初始阶段，由于转速较低，单位时间内被卷入摩擦副之间的润滑水较少，试块与轴表面发生直接接触，光滑的凝胶层逐渐被轴表面的粗糙峰所犁削。

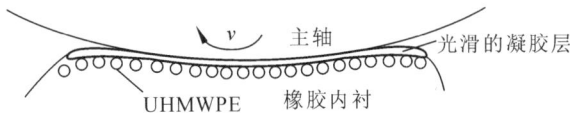

图 4-19   第一阶段：凝胶层的摩擦磨损

第二阶段(图 4-20)：由第 2 章对 SPB-N 结构的微观分析可知，UHMWPE 颗粒均匀地分散于橡塑基体之中,所以随着试验的进行,轴表面的粗糙峰对试块表面光滑的凝胶层反复犁削,直至凝胶层逐渐消失,使得分布在橡塑基体中的颗粒状 UHMWPE 暴露于试块表面(橡塑的磨损速率大于 UHMWPE)。当试块与轴之间的润滑水膜遭到破坏而发生直接接触因而产生磨削时,实际上是轴表面的粗糙峰对 UHMWPE 颗粒进行刮削。此时,UHMWPE 与橡塑基体形成了无数个 NUG 网络结构。该结构不但起到了一定的支撑作用,增加了名义上的接触面积,减小了局部比压,而且由于粗糙峰对 UHMWPE 的刮削,在轴颈表面形成 UHMWPE 转移膜,其良好的自润滑耐磨性能极大降低了 SPB-N 轴承试块的摩擦磨损。同时由于其嵌入在橡塑基体中,还起到了一定的吸振效果。

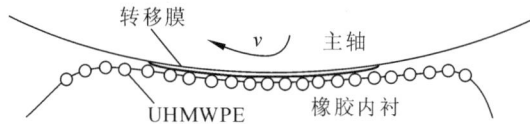

图 4-20　第二阶段:转移膜的形成

第三阶段(图 4-21):随着转速的提高,单位时间内进入试块与轴之间的润滑水逐渐增多。所形成的润滑水膜将试块与轴逐渐隔开,此时摩擦副之间的润滑状态由混合润滑转变为完全的动压润滑。

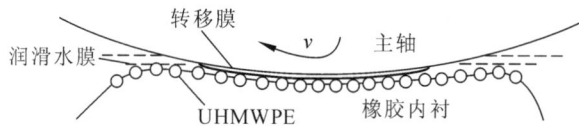

图 4-21　第三阶段:动压润滑

4.7　机理分析

由上述试验结果分析可知,水润滑橡塑尾轴承材料的润滑机理与其他较硬的非金属与金属材料轴承的润滑机理是不同的。

橡塑轴承材料的润滑机理可以归结为以下几个主要方面。

(1)橡塑轴承试块的静载荷分布比较均匀。由于其弹性模量低,容易变形,与轴颈沿全长都有比较均匀的接触,从而造成接触压力的最大幅值比其他材料轴承的呈几分之一至几十分之一的降低。

(2)橡塑轴承中的润滑压力水膜不容易破裂,水膜修复能力很强。最小水膜很薄,厚度一般只有 $1 \sim 3\mu m$,但它确实存在,而且在正常运转条件下不容易破裂。假设某一处轴颈和橡塑内衬发生了直接接触,接触部位的前部的压力将会增大,使橡塑内衬发生压缩变形而产生新的间隙。

当然,水膜压力的增大是有限度的,如试块和轴承表面过于粗糙,或没有良好的楔形空间所形成的足够大的初压力,润滑水将不足以使橡塑内衬产生足够大的变形,这将会造成水膜破坏和轴承试块与轴颈的直接接触,产生磨损,如图4-22 所示。

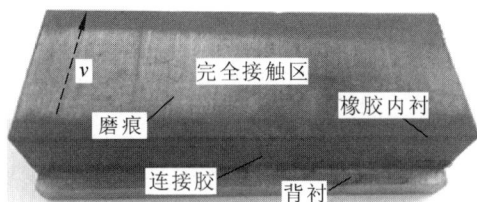

图 4-22　直接接触时的试块表面

(3) 橡塑轴承试块中的润滑方式具有弹－塑性流体动压润滑的特点。润滑水膜很薄,显然只有有限的润滑水能够被吸入轴颈和轴承试块表面之间,这部分润滑水扩散在整个接触区域上。如果接触区域很大,水膜压力就会很小,这使橡塑轴承的水膜修复能力下降,从而导致多点表面接触,产生较大的摩擦和磨损。润滑水的动态压力大于相同轴心下沉量时橡塑静态变形的接触压力,这样才能形成水膜隔开两个表面,不然将造成直接接触。两者压力差越大,水膜越厚。压力差大的情况一般存在于中心附近,因为若在两边,高压就会在橡塑面上挤出一条通道而使得润滑水泄漏掉。条件满足时,中心附近将形成一个闭合良好的压力水囊,如图 4-23 所示。

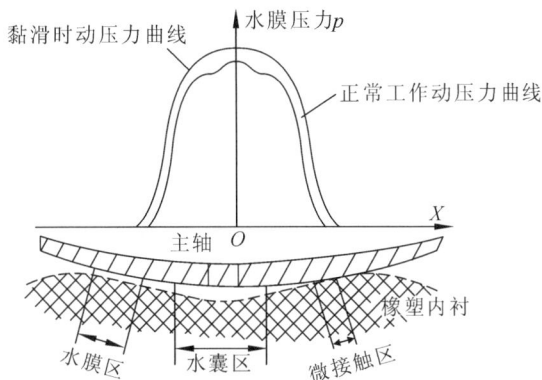

图 4-23　压力水囊／水膜的形成

开始时,这个水囊是弹性的,当载荷去除时水囊就会消失。由于橡塑材料的压缩永久变形特性,应力长期作用的结果就是在高压力区产生压缩永久变形,而低应力区并不产生压缩永久变形。这就形成一个四周闭合（或半封闭）的水膜／水囊，它将有压力的润滑剂封在里面。正常运转时，水膜／水囊提供的液体压力承担了绝大部分载荷，但水膜／水囊处的摩擦力较小，这是因为水的黏度很低，而较厚的水膜把两个表面完全隔开了。图 4-24 所示为压力水囊／水膜存在时试块表面的照片。

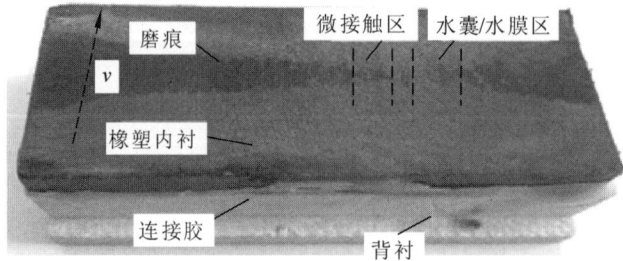

图 4-24　压力水囊／水膜存在时试块的表面

由图 4-24 可以看出，橡塑内衬主要的接触摩擦区域不是接触压力最大处的中心，而是前部中心处，其磨痕较大。

中间处的接触压力远高于摩擦区域的压力，可是磨痕较小，显然是因为流体动压承担了大部分载荷。试块试验结束后的磨损试样也证明了压力水囊的存在。由此证明了动压润滑确实存在。

动压润滑存在的另一个有力证据是实际轴承试验所得摩擦系数的变化曲线。橡塑与金属在干状态下的静摩擦系数通常是 $f > 0.5$，而表面湿润时的 $f = 0.1 \sim 0.2$。但在试验中，当轴承比压为 0.6MPa，线速度为 $2.0 \sim 4.0$m/s 时，摩擦系数仅为 $0.015 \sim 0.02$，约为表面湿润时 f 的 1/10。所以可以确定，在橡塑轴承内存在良好的动压润滑，液体动压力至少承担了绝大部分的载荷。当然，实际摩擦系数要稍大于完全液体摩擦的理论摩擦系数，这是因为轴的粗糙度和橡塑表面的粗糙度都比较大，它们之间可能有轻微的接触。

参考文献

[1]　DAUGHERTY R L,SIDES N T.Frictional characteristics of water-lubricated compliant-surface stave bearing[J]. ASLE Transactions,1981,24:293-301.

[2]　LAHMAR M,NICOLAS D.Effects des déformations élastiques sur le compor tement des paliers multi-couches[J]. Mecanique & Industries,2000(1):499-510.

[3] 戴明城,刘正林,樊发孝.Sf-1 材料水润滑尾轴承摩擦性能研究[J].武汉理工大学学报,2011(3):58-61.

[4] 梁强,刘正林,周建辉,等.华龙水润滑尾轴承综合性能研究[J].船海工程,2009(04):63-65.

[5] 朱汉华,刘焰明,刘正林,等.船舶尾轴承变形对其承载能力影响的理论及试验研究[J].润滑与密封,2007(6):12-14,36.

[6] 吴铸新,刘正林,王隽,等.水润滑轴承推力瓦块材料摩擦磨损试验研究[J].兵工学报,2011(1):118-123.

[7] WU Zhuxin,LIU Zhenglin,WANG Jun,et al. Research on friction and wear testing of pad materials of water-lubricated thrust bearings[J].Binggong Xuebao/Acta Armamentarii,2011,32(Compendex):118-123.

[8] 周建辉,刘正林,朱汉华,等.船舶水润滑橡胶尾轴承摩擦性能试验研究[J].武汉理工大学学报(交通科学与工程版),2008(5):842-844,860.

[9] WU Zhuxin,LIU Zhenglin. Analysis of properties of thrust bearing in ship propulsion system[J]. Journal of Marine Science and Application,2010(02):220-222.

[10] 金勇.计入螺旋桨流体激振力的船舶尾轴承润滑特性计算[D].武汉:武汉理工大学,2002.

[11] 刘正林,周建辉,刘宇,等.计入尾轴倾角的船舶尾轴承液膜压力分布计算[J].武汉理工大学学报,2009(9):111-113,131.

[12] 彭晋民,王家序,杨明波.水润滑塑料合金轴承材料力学性能改性[J].润滑与密封,2004(06):80-82.

[13] 彭晋民,王家序,余江波,等.水润滑塑料合金轴承摩擦性能实验[J].重庆大学学报(自然科学版),2001(6):9-11,35.

[14] 王家序,彭晋民,吴光杰,等.丙烯酸酯对丁腈橡胶力学性能的影响[J].润滑与密封,2003(2):64-65.

[15] 陈战,王家序,秦大同.超高分子量聚乙烯复合材料的摩擦磨损性能[J].重庆大学学报(自然科学版),2001(5):135-138.

[16] 何剑雄,郭源君,陈友明,等.纳米 SiO_2 颗粒和玻璃微珠共混改性超高分子量聚乙烯复合材料的摩擦磨损性能[J].机械工程材料,2012(6):72-75.

[17] 雷毅,郭建良,张雁翔.纳米氧化锌填充超高分子量聚乙烯复合材料的摩擦磨损性能研究[J].摩擦学学报,2006(3):234-237.

[18] 王家序,陈战,秦大同.聚四氟乙烯复合材料的摩擦磨损性能研究[J].农业机械学报,2002(4):99-101.

[19] 陈战,王家序,秦大同.纳米 Al_2O_3 对聚四氟乙烯工程材料性能的影响[J].机械工程材料,2002(9):31-33.

[20] 余江波,王家序,彭晋民.长径比对水润滑塑料合金轴承摩擦系数的影响[J].润滑与

密封,2002(3):23,27.

[21] 余江波,王家序,肖科,等. 弹性模量对水润滑轴承的性能影响[J]. 润滑与密封, 2006(11):69-70.

[22] 王家序,余江波,田凡,等. 周向安装位置对水润滑塑料合金轴承摩擦因数的影响[J]. 润滑与密封,2005(4):22-23.

[23] 邹丞,王家序,余江波,等. 橡胶层厚度和硬度对水润滑整体式轴承摩擦因数的影响 [J]. 润滑与密封,2006(2):40-41,45.

[24] 王优强,林秀娟,李志文. 水润滑橡胶／镀镍钢配副摩擦磨损机理研究[J]. 机械工程 材料,2006(1):63-65.

[25] 林秀娟,王优强. 水润滑橡胶轴瓦／钢摩擦磨损机理的研究进展[J]. 青岛建筑工程学 院学报,2004(2):86-89,96.

[26] 孙文丽,王优强,时高伟. 海水润滑赛龙径向轴承流体润滑分析[J]. 润滑与密封, 2010(11):65-68.

[27] 林彬,程学艳,陆卫娟. 水润滑陶瓷滑动轴承的研究与发展[J]. 轴承,2005(3):37-38.

[28] MIL-DTL-17901C(SH). Detail specification bearing components,bonded synthetic rubber, water lubricated[S]. America:the Naval Sea Systems Command,Department of the Navy, 2005.

第5章 厚度和硬度对水润滑复合橡胶轴承摩擦性能的影响

有的舰船水润滑尾轴承的内衬材料为橡胶,其邵氏硬度 A 在 65～90 之间,弹性模量很低。即使在轻载的时候,橡胶层也会产生弹塑性变形,使轴颈和轴承间水楔的形状发生改变,进而影响摩擦学系统的摩擦性能。影响橡胶层变形量的主要性能参数为橡胶层的硬度和厚度。本章拟通过试验的方法分析橡胶层的厚度、硬度对水润滑尾轴承用橡胶材料试块摩擦性能的影响,并通过有交互作用的方差分析法,研究橡胶层的厚度、硬度及其交互作用三者对水润滑尾轴承摩擦性能影响的显著程度,并进一步探讨作用机理。从而确定对水润滑轴承摩擦性能影响最显著的因素,在设计时予以优先保证,为设计提供理论依据。

需说明的是,表征橡胶的刚度时,有些文献用硬度,有些文献用弹性模量,这是由行业背景的不同所带来的差异。橡胶工业一般使用硬度来表征橡胶的刚度。但在进行设计和理论计算时,设计人员广泛使用弹性模量和泊松比来表征橡胶的特性,两者正相关。目前关于橡胶的硬度和弹性模量的换算关系,学术界并没有统一的定论。出现分歧的原因在于橡胶的应力／应变关系是一种非线性的关系,橡胶的弹性模量没有精确定义。美国军标 MIL-DTL-17901C(SH),中华人民共和国船舶行业标准 CB/T 769—2008 等都采用硬度来表征橡胶的刚度,且硬度检测方便,故本书也采用硬度来表征橡胶的刚度。

5.1 试验设计与方法

通过材料试块试验来研究橡胶层的厚度和硬度对材料摩擦性能的影响。

5.1.1 试验设计

依据美国军标 MIL-DTL-17901C(SH),取橡胶尾轴承板条的一部分制成试块(图 5-1),进行试块试验。试块的背衬为铜 H62,橡胶层为复合橡胶 SPB-N 和某公司提供的目前船舶尾轴承所使用的橡胶。该公司提供的目前船舶尾轴承所使用的橡胶以丁腈为基体,为了便于标识,以代号 SBR(ship bearing rubber) 表示。试块模压成型,模具内腔高度一定,通过改变铜背衬的高度来改变橡胶层的厚度;通过改变原胶中炭黑和硫化剂的含量来改变橡胶层的硬度。试验涉及试块橡胶层的两个因素:厚度和硬度,分别记为因素 A 和 B,其交互作用记为 $A \times B$。因素 A 共有三个水平:12mm、8mm、4mm,分别记为 A_1、A_2、A_3。因素 B 共有两个水平:邵氏硬度 A 70 和 A 82,分别记为 B_1、B_2。

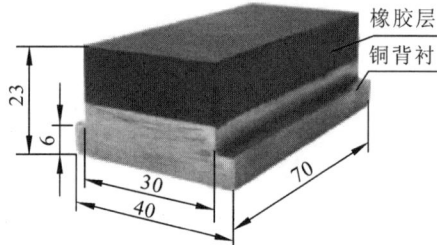

图 5-1　试验试块(单位:mm)

5.1.2　试验条件

本试验中,分别在比压为 0.15MPa、0.2MPa、0.3MPa、0.4MPa、0.5MPa、0.6MPa 的条件下,按 0.1m/s、0.5m/s、1.0m/s、1.5m/s、2.0m/s、2.5m/s、3.0m/s、3.5m/s、4.0m/s 的转速分级要求,每隔 15min 改变转速一次,把轴的转速从 0.1m/s 逐渐提高到 4.0m/s,然后再从 4.0m/s 降到 0.1m/s。在此过程中,记录每个转速下的试块的摩擦力矩,如此反复 2 次,结果取 4 次试验值的平均值。每种工况用 2 块同样的试块重复试验 2 次,2 次试验的平均值即为最终的结果。摩擦副采用自来水润滑。试验时室温在 20 ～ 25℃ 之间。

5.2　试验结果与分析

5.2.1　橡胶层厚度对摩擦学性能的影响

此组试验研究了不同橡胶层厚度(4mm、8mm、12mm)对试块的摩擦系数的影响。同时,为考察不同的工况条件可能对试验结果带来影响,选取三种比压条件(0.2MPa、0.4MPa、0.6MPa),试验结果见图 5-2。可见,随着橡胶层厚度的增加,摩擦系数有增大的趋势,这与 ROY 的观察结果一致。

(a)

(b)

(c)

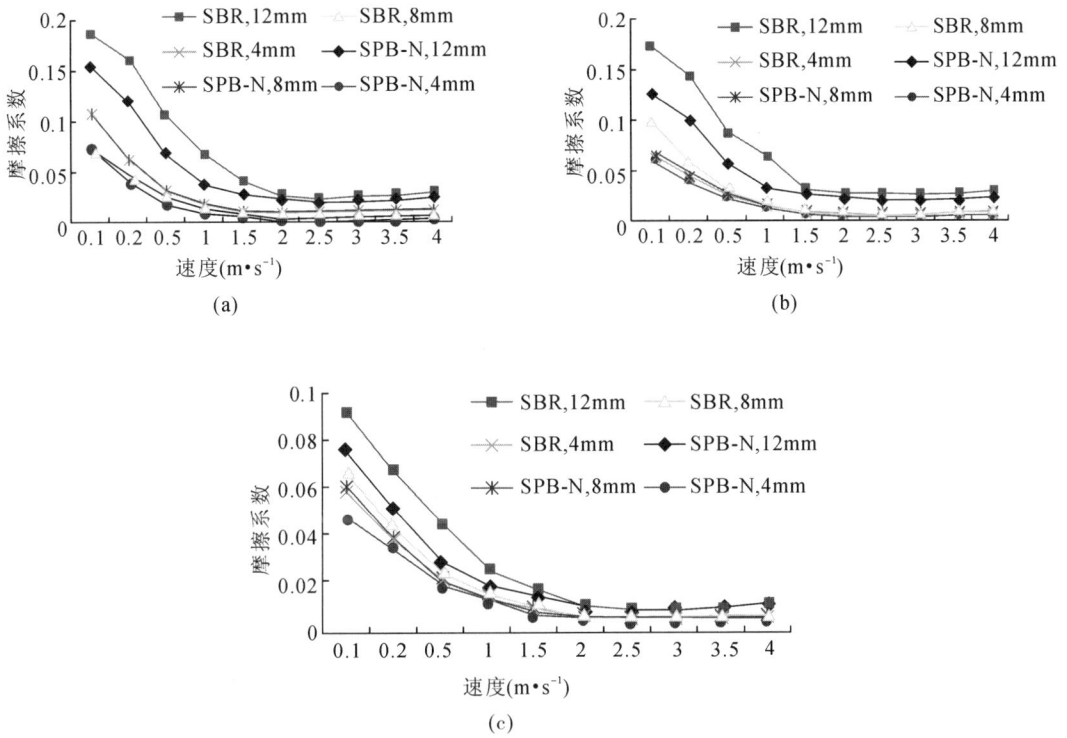

图 5-2　橡胶层厚度对摩擦系数的影响

(a) 比压 0.2MPa，邵氏硬度 A82；(b) 比压 0.4MPa，邵氏硬度 A82；(c) 比压 0.6MPa，邵氏硬度 A82

5.2.2　橡胶层硬度对摩擦学性能的影响

为研究橡胶层硬度对其摩擦特性的影响，选择橡胶层邵氏硬度 A 分别为 82 和 70 的 SBR 和 SPB-N 进行试验，试验比压为 0.2MPa、0.4MPa、0.6MPa，试块的橡胶层厚度均为 12mm，试验结果如图 5-3 所示。

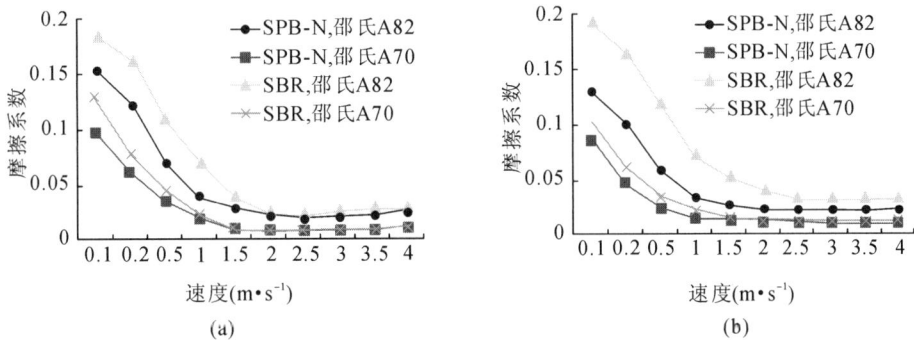

(a)

(b)

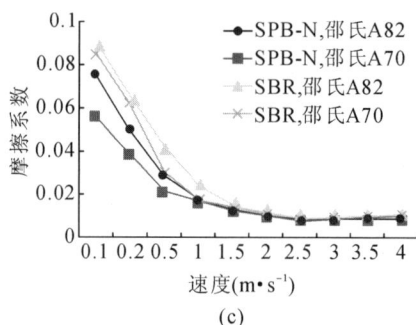

图 5-3　材料硬度对摩擦系数的影响

(a) 比压 0.2MPa；(b) 比压 0.4MPa；(c) 比压 0.6MPa

从图 5-3 中可以看出，SBR 和 SPB-N 在各种比压下，随着硬度的增加，摩擦系数都出现增大的趋势。在比压为 0.4MPa 时，邵氏硬度 A 为 70 的 SBR 试块的摩擦系数在整个试验转速范围内的平均值仅为邵氏硬度 A 82 的 SBR 试块的摩擦系数的 44.5%。同样地，SPB-N 试块的仅为 65%。这是因为用水作为润滑剂，摩擦副多处于混合润滑状态，润滑水膜即便形成也很薄，硬的橡胶表面更易刺穿水膜。同时，低硬度的橡胶在负载下更易产生变形，形成水囊，弹 - 塑流体动压润滑作用更加显著。此外，在受同样比压的情况下，硬度越低，橡胶层的变形越大，试块与轴的实际接触面积就越大，而单位面积上的压力就越小，这也导致摩擦系数减小。这种情况在中低负载（0.2MPa、0.4MPa）的情况下非常明显。在比压为 0.6MPa 时，两种材料的区别开始变小，这是因为在重载作用下，两种硬度的橡胶材料变形都非常严重，过大的变形量使得两种橡胶试块与轴的实际接触面积都很大，此时摩擦系数主要取决于摩擦副所处的润滑状态。

5.3　试验结果讨论分析

试块的摩擦系数随着速度的增加先减小，然后趋于平稳，最后略有增加，这是因为随着速度的增加摩擦副的润滑状态发生变化。速度较低（约小于2.0m/s）时，摩擦副处于混合或边界润滑状态，故摩擦系数较大。但速度的增大使得单位时间内卷入摩擦副表面的润滑水增多，润滑条件得以改善，故摩擦系数随着速度的增加快速下降。随着速度的增大（约大于 2.0m/s），由于弹 - 塑流体动压润滑效应逐渐加强，因此摩擦系数逐步减小，然后趋于稳定。转速继续增大（约大于3.5m/s）时，液体的内摩擦增大，且速度增大使单位时间内两摩擦表面间的液体接触次数增多，表面温度上升导致部分润滑膜破裂，使摩擦系数略有增加。

橡胶层的硬度及厚度增加时，摩擦系数增加，但难以确定两者对摩擦系数独立的影响水平以及两者相互作用的影响水平,现对试验数据进行双因素有交互作用的方差分析。鉴于橡胶轴承的摩擦系数受速度影响较大,现选 0.5m/s、1.5m/s、3.5m/s 三个代表性速度点的试验数据分别进行分析。

5.3.1　SBR

该组分析针对 SBR 试块的系列试验数据。对于因素 A、B,A 有 3 个水平:A_1、A_2、A_3,B 有 2 个水平:B_1,B_2。为研究有交互作用的影响,每种组合 (A_i,B_j) 重复做 2 次试验,测定摩擦系数值,每个观察值记为 x_{ijk},如表 5-1 所列。设每一种转速下测得的摩擦系数值 x_{ijk} 服从正态分布,即 $x_{ijk} \sim N(\mu_{ij},\sigma)$,其中,$i=1,2,3;j=1,2;k=1,2$,且各 x_{ijk} 相互独立。

表 5-1　SBR 试块摩擦系数测定试验数据表

	0.5m/s				1.5m/s				3.5m/s			
	B_1		B_2		B_1		B_2		B_1		B_2	
A_1	0.0448	0.0469	0.0767	0.0802	0.0129	0.0149	0.0187	0.0241	0.0125	0.0110	0.0126	0.0134
A_2	0.0325	0.0346	0.0701	0.0680	0.0119	0.0120	0.0167	0.0159	0.0081	0.0093	0.0085	0.0117
A_3	0.0282	0.0266	0.0364	0.0383	0.0078	0.0080	0.0087	0.0114	0.0057	0.0065	0.0067	0.0076

考虑交互作用,取下列线性统计模型:

$$x_{ijk} = \mu + \alpha_i + \beta_j + \gamma_{ij} + \varepsilon_{ijk},\varepsilon_{ijk} \sim N(0,\sigma),各 \varepsilon_{ijk} 相互独立$$

$$\sum_{i=1}^{3}\sigma_i = 0, \sum_{j=1}^{2}\beta_j = 0, \sum_{i=1}^{3}\gamma_{ij} = 0$$

式中　　α_i——因素 A 的 A_i 水平的效应;

　　　　β_j——因素 B 的 B_j 水平的效应;

　　　　γ_{ij}——因素 A 的 A_i 水平与因素 B 的 B_j 水平的交互效应。

对于这个线性模型,检验下列假设:

原假设 $H_{A0}:\alpha_1 = \alpha_2 = \alpha_3 = 0$;

　　　　$H_{B0}:\beta_1 = \beta_2 = 0$;

　　　　$H_{AB0}:\gamma_{ij} = 0,i=1,2,3,j=1,2$。

备择假设 $H_{A1}:\alpha_i \neq 0$,至少存在一个 i;

　　　　$H_{R1}:\beta_j \neq 0$,至少存在一个 i;

　　　　$H_{AB1}:\gamma_{ij} \neq 0$,至少存在一对 i,j。

如果原假设成立,则各因素的各水平对试块的摩擦系数没有显著影响。否则接受备择假设,即至少有一个水平对试块的摩擦系数有显著影响。

1.总离差平方和的分解

记

$$\overline{x} = \frac{x_{...}}{abn} = \frac{1}{abn} \sum_{i=1}^{a} \sum_{j=1}^{b} \sum_{k=1}^{n} x_{ijk}$$

$$\overline{x_{ij.}} = \frac{1}{n} x_{ij.} = \frac{1}{2} \sum_{k=1}^{n} x_{ijk}, i = 1,2,3, j = 1,2$$

$$\overline{x_{i..}} = \frac{1}{bn} x_{i..} = \frac{1}{bn} \sum_{j=1}^{b} \sum_{k=1}^{n} x_{ijk}, i = 1,2,3$$

$$\overline{x_{.j.}} = \frac{1}{an} x_{.j.} = \frac{1}{an} \sum_{i=1}^{a} \sum_{k=1}^{n} x_{ijk}, j = 1,2$$

$$S_T = \sum_{i=1}^{a} \sum_{j=1}^{b} \sum_{k=1}^{n} (x_{ijk} - \overline{x})^2$$

将 S_T 分解得:

$$S_T = \sum_{i=1}^{a} \sum_{j=1}^{b} \sum_{k=1}^{n} [(\overline{x_{i..}} - \overline{x}) + (\overline{x_{.j.}} - \overline{x}) +$$
$$(\overline{x_{ij}} - \overline{x_{i..}} - \overline{x_{.j.}} + \overline{x}) + (x_{ijk} - \overline{x_{ij.}})]^2$$
$$= bn \sum_{i=1}^{a} (\overline{x_{i..}} - \overline{x})^2 + an \sum_{j=1}^{b} (\overline{x_{.j.}} - \overline{x})^2 +$$
$$n \sum_{i=1}^{a} \sum_{j=1}^{b} (\overline{x_{ij.}} - \overline{x_{i..}} - \overline{x_{.j.}} + \overline{x})^2 + \sum_{i=1}^{a} \sum_{j=1}^{b} \sum_{k=1}^{n} (x_{ijk} - \overline{x_{ij.}})^2$$

简记为:
$$S_T = S_A + S_B + S_{A \times B} + S_E$$

式中
$$S_A = bn \sum_{i=1}^{a} (\overline{x_{i..}} - \overline{x})^2$$

$$S_B = an \sum_{j=1}^{b} (\overline{x_{.j.}} - \overline{x})^2$$

$$S_{A \times B} = n \sum_{i=1}^{a} \sum_{j=1}^{b} (\overline{x_{ij.}} - \overline{x_{i..}} - \overline{x_{.j.}} + \overline{x})^2$$

$$S_E = \sum_{i=1}^{a} \sum_{j=1}^{b} \sum_{k=1}^{n} (x_{ijk} - \overline{x_{ij.}})^2$$

其中,S_A、S_B 分别为因素 A、因素 B 效应的平方和;$S_{A \times B}$ 为因素 A、B 交互效应的平方和;S_E 为误差平方和。

2.统计分析

首先,这里 S_T 的自由度为$(abn-1)=11$,S_A 的自由度为$(a-1)=2$,S_B 的自由度为$(b-1)=1$,$S_{A \times B}$ 的自由度为$(a-1)(b-1)=2$,S_E 的自由度为

$ab(n-1)=6$。相应的有下列均方：

$$MS_A = \frac{S_A}{a-1}$$

$$MS_B = \frac{S_B}{b-1}$$

$$MS_{A\times B} = \frac{S_{A\times B}}{(a-1)(b-1)}$$

$$MS_E = \frac{S_E}{ab(n-1)}$$

它们的数学期望分别为：

$$E(MS_A) = \sigma^2 + \frac{bn}{a-1}\sum_{i=1}^{a}\alpha_i^2$$

$$E(MS_B) = \sigma^2 + \frac{an}{b-1}\sum_{j=1}^{b}\beta_i^2$$

$$E(MS_{A\times B}) = \sigma^2 + \frac{n}{(a-1)(b-1)}\sum_{i=1}^{a}\sum_{j=1}^{b}\gamma_{ij}^2$$

$$E(MS_E) = \sigma^2$$

当原假设各个 H_0 都成立时，MS_A，MS_B，$MS_{A\times B}$，MS_E 都是 σ^2 的无偏估计量。在 H_{A0} 成立的情况下，取统计量：

$$F_1 = \frac{MS_A}{MS_E} \sim F(a-1, ab(n-1))$$

即

$$F_1 = \frac{MS_A}{MS_E} \sim F(2,6)$$

同理，在 H_{B0} 成立的情况下，取统计量：

$$F_2 = \frac{MS_B}{MS_E} \sim F(1,6)$$

在 H_{AB0} 成立的情况下，取统计量：

$$F_3 = \frac{MS_{A\times B}}{MS_E} \sim F(2,6)$$

根据试验数据计算 F_1、F_2、F_3，得方差分析计算结果如表 5-2 所列。取置信度为 95%，即 $\alpha=0.05$，查 F 分布表得：$F_{0.05}(2,6)=19.33$，$F_{0.05}(1,6)=234$。若 $F_1 > F_{0.05}(2,6)$，则拒绝 H_{A0}，认为因素 A 对试块的摩擦性能有显著影响，且两者数值相差越大，则说明影响越显著。若 $F_1 < F_{0.05}(2,6)$，则接受 H_{A0}，认为因素 A 对试块的摩擦性能没有显著影响，且 F_1 越小，说明影响越不显著。同理可以判断因

素 B,因素 A 和 B 的交互作用对试块的摩擦性能影响的显著程度。

根据表 5-2 的计算结果,可做出如下判断:在速度为 0.5m/s 时,若 $F_1 > F_{0.05}(2,6)$,$F_2 > F_{0.05}(1,6)$,$F_3 > F_{0.05}(2,6)$,则拒绝 H_{A0}、H_{B0}、H_{AB0},接受 H_{A1}、H_{B1}、H_{AB1},认为厚度、硬度及厚度和硬度的交互作用对试块的摩擦性能均有显著影响,其中厚度对摩擦性能的影响最为显著。

表 5-2　SBR 试块摩擦系数双因素有交互作用方差分析表

方差来源	自由度	0.5(m/s)		1.5(m/s)		3.5(m/s)	
		均方(MS)	F 比(F)	均方(MS)	F 比(F)	均方(MS)	F 比(F)
因素 A	2	$MS_A = 9.08 \times 10^4$	$F_1 = 343.35$	$MS_A = 7.59 \times 10^{-5}$	$F_1 = 21.99$	$MS_A = 3.26 \times 10^{-5}$	$F_1 = 24.56$
因素 B	1	$MS_B = 2.04 \times 10^3$	$F_2 = 770.72$	$MS_B = 6.48 \times 10^{-5}$	$F_2 = 18.77$	$MS_B = 4.32 \times 10^{-6}$	$F_2 = 3.26$
交互作用 $A \times B$	2	$MS_{A \times B} = 1.95 \times 10^4$	$F_3 = 73.96$	$MS_{A \times B} = 7.48 \times 10^{-6}$	$F_3 = 2.17$	$MS_{A \times B} = 2.98 \times 10^{-8}$	$F_3 = 0.022$
误差 E	6	$MS_E = 2.64 \times 10^{-6}$		$MS_E = 3.45 \times 10^{-6}$		$MS_E = 1.33 \times 10^{-6}$	

在速度为 1.5m/s、3.5m/s 时,若 $F_1 > F_{0.05}(2,6)$,则拒绝 H_{A0},接受 H_{A1},认为厚度对试块的摩擦性能有显著影响;若 $F_2 < F_{0.05}(1,6)$,$F_3 < F_{0.05}(2,6)$,则接受 H_{B0}、H_{AB0},拒绝 H_{B1}、H_{AB1},认为硬度及厚度和硬度的交互作用对试块的摩擦性能无显著影响。

另外,横向比较因素 A、B、$A \times B$,表 5-2 中计算出的 F_1、F_2、F_3 三者中相对于置信度为 0.95 时相应的 F 分布值,F_1 最大,说明因素 A 即橡胶层的厚度对试块摩擦性能的影响最大,因素 B 次之,因素 $A \times B$ 最小。

纵向比较发现,随着速度的增大,表 5-2 中计算出的 F_1 在计算的速度范围内比 $F_{0.05}(2,6)$ 大,在速度为 0.5m/s 时最大,然后骤减,再略上升。说明橡胶厚度对试块的摩擦性能的影响在低速的时候最大,随着速度的增加影响逐渐减小,在高速时又略有增加。F_2、F_3 在计算的速度范围内随速度的增大逐渐减小,且只在速度为 0.5m/s 时分别比 $F_{0.05}(1,6)$、$F_{0.05}(2,6)$ 大。说明橡胶层的硬度及厚度和硬度的交互作用对试块的摩擦系数只在低速的时候有显著影响,且其影响随着速度的增加而逐渐减小。

5.3.2　SPB-N

同样地,对 SPB-N 试块的试验结果进行双因素有交互作用的方差分析。分别记录重复试验中两 SPB-N 试块的摩擦系数,如表 5-3 所列,分析结果如表 5-4 所列。

仍取置信度为 95%,即 $\alpha = 0.05$,查 F 分布表得:$F_{0.05}(2,6) = 19.33$,$F_{0.05}(1,6) = 234$。得出的结论与 SBR 的基本一致。对两种材料的试验结果进行横向比较发现,当速度为 0.5m/s 时,橡胶层的硬度和厚度对 SPB-N 试块摩擦系数的影响比对 SBR 的小,说明 SPB-N 良好的自润滑性能使之具有更优越、稳定的低速性能。

表 5-3　SPB-N 试块摩擦系数测定试验数据表

	0.5m/s				1.5m/s				3.5m/s			
	B_1		B_2		B_1		B_2		B_1		B_2	
A_1	0.046	0.045	0.075	0.081	0.013	0.014	0.020	0.022	0.011	0.012	0.012	0.013
A_2	0.044	0.047	0.070	0.067	0.011	0.012	0.016	0.015	0.008	0.008	0.009	0.010
A_3	0.025	0.029	0.037	0.037	0.008	0.007	0.009	0.010	0.006	0.006	0.007	0.007

表 5-4　SPB-N 试块摩擦系数双因素有交互作用方差分析表

方差来源	自由度	0.5m/s		1.5m/s		3.5m/s	
		均方(MS)	F 比(F)	均方(MS)	F 比(F)	均方(MS)	F 比(F)
因素 A	2	$MS_A = 1.02 \times 10^{-3}$	$F_1 = 182.94$	$MS_A = 7.59 \times 10^{-5}$	$F_1 = 155.38$	$MS_A = 3.26 \times 10^{-5}$	$F_1 = 62.44$
因素 B	1	$MS_B = 1.44 \times 10^{-3}$	$F_2 = 258.49$	$MS_B = 6.48 \times 10^{-5}$	$F_2 = 132.66$	$MS_B = 4.32 \times 10^{-6}$	$F_2 = 8.28$
交互作用 $A \times B$	2	$MS_{A \times B} = 1.29 \times 10^{-4}$	$F_3 = 23.12$	$MS_{A \times B} = 7.5 \times 10^{-6}$	$F_3 = 15.31$	$MS_{A \times B} = 2.97 \times 10^{-8}$	$F_3 = 0.06$
误差 E	6	$MS_E = 5.60 \times 10^{-6}$		$MS_E = 4.88 \times 10^{-7}$		$MS_E = 5.22 \times 10^{-7}$	

5.4　机理分析

理论上,橡胶轴承与轴颈组成的摩擦副在高速下,能形成弹 – 塑流体动压润滑,但在实际工况中,多处于混合润滑状态。此时,橡胶轴承与轴颈组成的摩擦副的摩擦性能主要取决于系统的润滑状态和摩擦副表面的状况。系统的摩擦系数将取决于边界摩擦和弹-塑流体动压润滑效应共同作用的效果。

尾管轴承和旋转轴颈表面之间的楔形空间越大,单位时间内卷入摩擦副的液体越多,润滑及冷却效果越好,摩擦系数越低。橡胶尾轴承受力后,橡胶层会产生变形,使轴颈向下凹陷,同时伴随着颈缩现象的产生,使轴颈与轴承间的楔形空间大幅缩小,如图 5-4 所示。

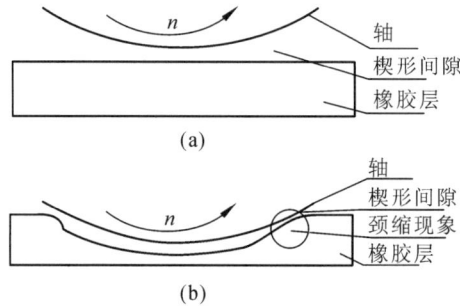

图 5-4　橡胶层的变形对轴颈与轴承间的楔形间隙的影响

(a) 橡胶层变形之前;(b) 橡胶层变形之后

在同样的比压下,增加试块橡胶层的厚度,橡胶层的变形量会增加,轴颈下陷位移增大,使轴颈与轴承间的楔形空间减小。在边界及混合状态下单位时间内卷入摩擦副的液体减少,润滑及冷却效果减弱,摩擦系数增加。但随着速度的增大,弹-塑流体动压润滑效应逐渐增强,边界润滑区域逐渐减小,摩擦副水膜内摩擦的贡献逐渐增加,摩擦系数受水楔形状的影响逐渐减小,故随着速度的增加,橡胶层厚度对摩擦副摩擦性能的影响逐渐减小。但高速时,轴颈与轴承间较小的楔形间隙会使摩擦副的冷却效果降低,故高速时,橡胶层厚度对摩擦副摩擦性能的影响又略有增加。

橡胶层硬度的增加虽然会减小试块橡胶层的变形,但是会使橡胶层表面的突起更易刺破水膜。水的黏度低,在同样载荷情况下,常温下水膜的厚度只有油膜的 $1/10 \sim 1/8$,故橡胶层表面的突起对水膜的撕裂作用不容忽视。此双向的作用减小了橡胶层硬度对摩擦副摩擦性能的影响。橡胶层硬度的增加,使突起对水膜的撕裂作用更显著,润滑状况恶化,摩擦系数增加。随着速度的增加,水膜厚度若增加,该作用将逐渐减弱,随着速度的增加,橡胶层硬度对摩擦副的摩擦性能的影响逐渐减小。

参考文献

[1]　　MIL-DTL-17901C(SH). Detail specification bearing components, bonded synthetic rubber, water lubricated[S]. America: the Naval Sea Systems Command, Department of the Navy, 2005.

[2]　　陈魁. 实验设计与分析[M]. 北京: 清华大学出版社, 1996.

[3]　　彭晋民, 王家序, 余江波, 等. 水润滑塑料合金轴承的弹性变形及其影响[J]. 农业机械学报, 2002(3): 102-105.

[4]　　王家序, 余江波, 杨成云, 等. 水润滑塑料合金轴承摩擦性能实验[J]. 重庆大学学报(自然科学版), 2001, 24(6): 9-11.

[5]　　CABRERA D L, WOOLLEY N H, ALLANSON D R, et al. Film pressure distribution in water-lubricated rubber journal bearings[J]. Proceedings of the Institution of Mechanical Engineers, Part J: Journal of Engineering Tribology, 2005, 219(2): 125-132.

[6]　　LITWIN W. Influence of surface roughness topography on properties of water-lubricated polymer bearings: Experimental research [J]. Tribology Transactions, 2011, 54: 351-361.

第6章　水润滑复合橡胶轴承摩擦振动分析模型

水润滑橡胶尾轴承在启动、停机,低速、重载等工况下,会产生摩擦振动甚至噪声,严重影响舰船的隐蔽性、生存能力以及乘员的舒适性。目前的研究显示,水润滑橡胶尾轴承摩擦振动主要由黏-滑现象引起,黏-滑现象是弹性体材料的本质属性之一。黏-滑现象的产生与摩擦学系统的摩擦系数有密切关系。本章结合摩擦系数的非线性特征,建立了一个四自由度水润滑橡胶尾轴承摩擦振动非线性数学模型,分析了比压、温度、橡胶层的硬度、厚度等因素对模型稳定性的影响,并且用龙格-库塔法对模型进行了求解。

6.1　水润滑尾轴承振动特性

舰船螺旋桨轴和尾轴承摩擦副在低速、重载、启动、停机等工况下,会出现异常噪声,影响舰船的乘坐舒适性,尤其会降低水下航行器的隐蔽性。许多著名企业、高校和研究机构投入大量人力、物力、财力开展研发,但是目前还不能在设计阶段对尾轴承振鸣音进行有效、准确的评估,在问题发生后也不能很快予以解决。因此,研究尾轴承振鸣音的产生机理,在尾轴承设计开发阶段进行振鸣音预估,并提出抑制措施,对于减少噪声污染、满足船主要求、提高产品竞争力乃至国防军备能力都具有十分重要的意义。

对舰船尾轴承振鸣音的研究可以追溯到20世纪60年代,目前已经收获了大量的研究成果,但是由于问题的复杂性,大部分问题目前仍处于研究阶段,是我们舰船行业迫切需要解决的问题。

6.1.1　舰船尾轴承振鸣音的定义及分类

Bharat Bhushan 认为尾轴承的振鸣音就是"audible vibration or bearing squeal",振鸣音根据频率一般分为2种,高频率的为 squeal,低频率的为 chatter。国内的学者对轴承产生的振鸣音叫法不统一。王家序团队称之为摩擦噪声,刘正林团队称之为鸣音。张殿昌等学者称高频的噪声为尖叫声。姚世卫等将橡胶尾轴承产生的振鸣音称为轴承啸声、轴承鸣音或振动噪声,并根据产生机理的不同,将其分为摩擦振动产生的尖叫声及黏着／滑动噪声。

鉴于此,为了便于研究及学术交流,建议将水润滑尾轴承中摩擦引起的振动或噪声(audible vibration or bearing squeal)定义为振鸣音,不但贴合大多数学者的称呼,而且也可反映该噪声产生的机理。如果根据频率来分类,就将振鸣音分为尖叫(squeal)和颤振(chatter)两种。

6.1.2　舰船尾轴承振鸣音产生机理研究现状

目前关于振鸣音产生机理的研究主要集中在汽车制动器方面,提出了摩擦特性理论、自锁 - 滑动(sprag-slip)理论、模态耦合机理和统一理论。而舰船尾轴承振鸣音产生机理的研究主要集中在现在使用甚广的橡胶轴承方面。摩擦系数随相对滑动速度变化,引起系统黏 - 滑(stick-slip)自激振动,被认为是橡胶轴承产生振鸣音的根本原因。近年来,一些研究人员基于不同的摩擦特性,分析了多自由度系统的不稳定性,以解释橡胶尾轴承振鸣音的产生机理。

1980 年,Bharat Bhushan 采用透明玻璃滑块与橡胶试块配副摩擦的试验方法,考察载荷,速度,橡胶板条的硬度、厚度及玻璃滑块的表面粗糙度以及相对运动表面间的润滑剂的含量等因素对振鸣音形成的影响。他认为尖叫是橡胶与轴表面接触时由橡胶表面的黏 - 滑运动导致的一种振动噪声现象,同时明确表明,这种不连续的黏 - 滑运动是橡胶等弹性体的本质属性。颤振是一种和橡胶板条及背衬材料有关的较低频率的振动,颤振的频率与支持系统的共振频率相关。张嗣伟等对丁腈橡胶在摩擦磨损过程中出现的振动进行了测量,发现其振幅随着转速的增大而逐渐增大,但达到某一临界转速后,振幅随转速增大而减小。理论分析结果表明该振动现象的实质是橡胶对销子作用力的周期性变化引起销子的振动。该现象与摩擦力密切相关,同时还造成橡胶磨损不均匀。

姚世卫等认为当负荷过高或水温度过高时,水槽边缘与旋转轴之间的相互作用相当于汽车上刮水器与玻璃之间的刮水作用,会产生摩擦振动,从而发出尖叫。当橡胶轴承与轴的相对滑动速度很低时,静摩擦系数大于动摩擦系数,黏着与滑动交替出现,形成间歇的不平稳运动,引起自激振动,即所谓黏 - 滑运动。

田宇忠、彭恩高等通过试验研究,认为水润滑橡胶尾轴承鸣音出现与否,主要取决于工作过程中轴承与轴颈的直接接触面积以及摩擦系数 - 速度曲线负斜率,与 A. J. Krauter 的结论一致。

尽管以上学者通过大量的试验和仿真研究证实,在低速重载或舰船启、停时,尾轴承系统因为摩擦特性的变化会产生振鸣音。但是,试验及实船测试发现船舶在恒定转速为 140r/min 左右的情况下仍然会产生振鸣音,说明上述摩擦特性还不足以全面解释水润滑尾轴承振鸣音产生的机理。

6.1.3　水润滑尾轴承振鸣音的影响因素

早在二战期间,美国军方就发现潜艇尾部均会不同程度地出现异常噪声问题,潜艇噪声级增大十几分贝,潜艇辐射噪声严重恶化,威胁潜艇生存,因此美国海军率先在舰艇上将油润滑巴氏合金轴承全部改为水润滑橡胶轴承,随后对潜艇水润滑轴承的结构及轴瓦材料开展了系统研究。经过大量的试验和研究,美国海军在尾轴承的结构、轴瓦材料等关键技术方面取得了重大进展,并于 1963 年形成舰用尾部水润滑轴承军用标准 MIL-B-17901A(SH)。随着技术的发展,美国海军不断研究、改进和完善潜艇尾部轴承技术,根据研究结果,分别于 1983 年和 2005 年对该军标进行了修订,形成了 MIL-B-17901B(SH),MIL-DTL-17901C(SH),使其舰艇的声隐身技术处于领先地位。我国也在 2008 年制定了《船用整体式橡胶轴承》(CB/T 769—2008),另外还有苏联的 JOCT 7199-54、日本的 JISK 6301 等标准。

Bharat Bhushan 认为尖叫的频率与橡胶的弹性模量、剪切模量、厚度有关,尖叫的强度及产生尖叫的可能性与橡胶表面摩擦系数有关,摩擦表面越粗糙,越干净,产生振鸣音的可能性越大。

陈明通过台架试验对不同硬度橡胶轴承材料对轴系振动的影响进行了研究。结果表明,橡胶轴承材料的硬度,对轴系振动影响较大,选择硬度合适的橡胶轴承材料可以有效抑制轴系的振动。姚世卫等的实测数据显示,橡胶轴承比铁梨木具有更好的降噪效果。但当线速度小于 0.5m/s 时,橡胶轴承会产生振鸣音,这是橡胶这种弹性体的固有属性,只能减少,不能完全消除。进一步的试验显示:橡胶轴承出现噪声与轴承载荷和转速有密切关系,在低转速重载荷的情况下易出现噪声。轴承冷却水在一定流量的基础上对轴承噪声无太大影响,当流量小于此值时轴承润滑性能会急剧下降;轴承冷却水温度对轴承振动噪声影响较大,随着冷却水温度升高,轴承振动噪声临界点转速升高,噪声出现的转速范围扩大。轴承局部受力对轴承噪声影响较大,受力增大时噪声出现的转速范围扩大。

吴晓金建立了水润滑橡胶轴承三维动力学模型,用有限元的方法分析轴承结构和材料对激励的振动响应。结构模态分析表明:对运行于高速或超高速工况下的水润滑轴承,其自由模态特征频率较低,尤其在低阶时,其响应频率处于结构发生共振的频率范围内,并有可能产生较大的振动响应;而约束模态的频率相对较高,转动载荷的振动频率将不可能达到结构的特征频率,因而产生共振的可能性较小,对于实际使用工况来说,整个结构不会发生共振响应。谐响应分析表明,内层橡胶和外层复合材料对振动的响应是一致的,这个结论对研究整体结构的稳定性具有重要意义。Zhou Yi、Wang Jiaxu 等利用有限元复特征值分析方法,依据复特征值实部的正负判断轴承系统噪声的可能性,如果有实部为正的特征值,则可判断系统有产生噪声的可能性。分别研究了水润滑轴承不同结构,包括水润滑轴承过渡圆弧半径、水道槽半径、水道槽数量及橡胶厚度对摩擦噪声的产生的影响。研究表明,对于中小规格水润滑轴承,轴承的过渡圆弧半径、水道槽半径、水道槽数量及轴承橡胶厚度对摩擦噪声的产生有重要影响。

　　金勇基于 Pulse 的测试结果,对其尾轴承试验台架进行了试验模态分析。结果表明,尾轴承采用橡胶轴承材料时,其低速下由自身特性导致的水平和垂直方向上的振动主要集中在 2kHz 以下;他还分析了橡胶层硬度对振鸣音的影响,认为在低速重载工况下橡胶层邵氏硬度 A 宜为 80 左右,中高速工况下,硬度则可稍微增大一些。田宇忠、彭恩高通过试验的方法研究了载荷、速度、温度对水润滑橡胶轴承振鸣音的影响,认为速度和温度对振鸣音的影响较大,对载荷影响较小。

6.2　水润滑橡胶尾轴承摩擦振动分析模型的建立

　　因水润滑橡胶尾轴承的摩擦振动皆发生在速度极低的工况下,故本研究只考虑轴相对轴承产生微小位移的工况。建立四自由度水润滑橡胶尾轴承非线性分析模型如图 6-1 所示。

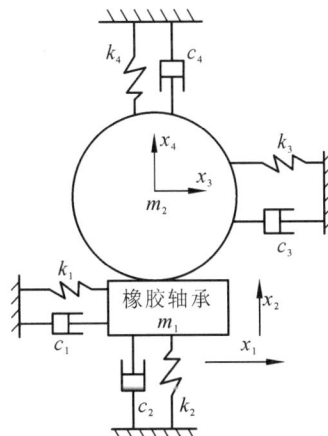

图 6-1　水润滑橡胶尾轴承摩擦振动分析模型

　　轴具有两个自由度,即具有两个方向的位移:水平位移 x_3,竖直位移 x_4。水润滑橡胶轴承简化为质量块,具有两个自由度,即具有两个方向的位移:水平位移 x_1,竖直位移 x_2。m_1,m_2 分别为水润滑橡胶轴承和轴的质量。c_1,k_1 分别为水润滑橡胶轴承在摩擦力方向(切向)的阻尼系数、刚度系数。c_2,k_2 分别为水润滑橡胶轴承在径向(法向)的阻尼系数、刚度系数。c_3,k_3 分别为轴在摩擦力方向(切向)的阻尼系数、刚度系数。c_4,k_4 分别为轴在径向(法向)的阻尼系数、刚度系数。F_f,N 分别为摩擦界面的摩擦力、正压力。

　　模型的非线性由摩擦系数的非线性引入。水润滑橡胶轴承的摩擦系数一般有两个特征:一是摩擦系数在一定区间随相对滑动速度的增大而减小,二是静摩擦系数大于动摩擦系数。前者可能导致摩擦学系统的负阻尼效应,后者则可能导致摩擦学系统出现黏-滑现象,引起系统振动。当系统本身阻尼不太大时,系统振动就有可能发散,从而产生振动噪声。考虑到摩擦副界面摩擦力随界面相对速度变化的非线性,令:

$$F_f = F_f(u) = u\frac{\mathrm{d}F}{\mathrm{d}u} = uF' \tag{6-1}$$

式中　　F_f——摩擦界面的摩擦力;

　　　　u——两摩擦副的相对速度(m/s),表达式为:$u = \dot{x}_3 - \dot{x}_1$;

　　　　F——摩擦力经验公式,取:

$$F = N[f_1 + (f_0 - f_1)\mathrm{Exp}(-au)] \tag{6-2}$$

式中　　a——常数(s/m);

　　　　f_0——摩擦副的最大静摩擦系数;

　　　　f_1——摩擦副的最小动摩擦系数;

　　　　N——正压力(N)。

　　对 m_1,m_2 分别使用隔离体法进行受力分析,如图 6-2 所示,得到如下力学平衡方程,即水润滑尾轴承分析模型的数学表达式:

$$m_1\ddot{x}_1 + c_1\dot{x}_1 + k_1x_1 = F_f \tag{6-3a}$$

$$m_2\ddot{x}_3 + c_3\dot{x}_3 + k_3x_3 = -F_f \tag{6-3b}$$

$$m_1\ddot{x}_2 + c_2\dot{x}_2 + k_2x_2 = -N \tag{6-3c}$$

$$m_2\ddot{x}_4 + c_4\dot{x}_4 + k_4x_4 = N - G_2 \tag{6-3d}$$

因:
$$F' = \frac{\mathrm{d}F}{\mathrm{d}u} = -aN(f_0 - f_1)\mathrm{Exp}(-au) \tag{6-4}$$

则
$$F_f = -aN(f_0 - f_1)\mathrm{Exp}(-au)u \tag{6-5}$$

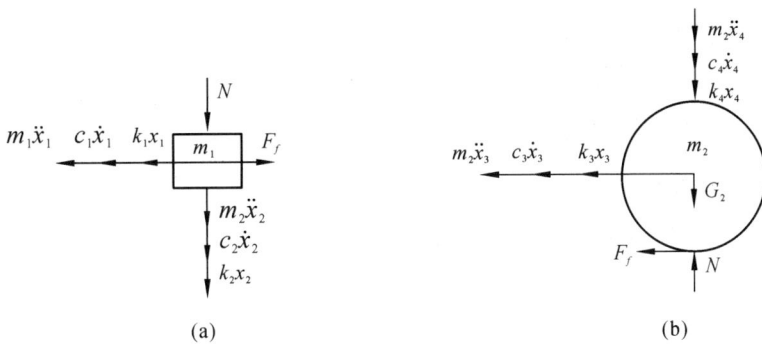

图 6-2　水润滑橡胶轴承系统中隔离体的力平衡图

6.3　分析模型中主要参数确定

水润滑橡胶尾轴承分析模型中的待定参数包括质量、刚度、阻尼。本研究没有实测模型中的刚度和阻尼,而借鉴了相关文献中的经验公式。质量等参数则是依据水润滑尾轴承试验台架 SSB-100 的相关参数进行计算的。由此求得的参数与实际系统可能会有差异,但本研究仅做趋势分析,只须知道参数数量级。在方程化为量纲一的量后,由此推算量纲一的量的取值范围。

1. c_1、k_1、c_3 的确定

A. I. Krauter 认为 k_1、c_1 分别是比压和温度的函数,并通过试验给出了经验公式:

$$k_1 = 116.52N + 10535.4 \quad (\text{at } 96{}^\circ\text{F}, k_1 \text{ 单位为 lb/in}, N \text{ 单位为 lb})$$

$$c_1 = -0.618T + 8.474 \quad (T \text{ 为华氏温度}, c_1 \text{ 单位为 lb} \cdot \text{s/in})$$

$$c_3 = \frac{m_1 \omega_2 \ln 2}{\pi N} \quad (N \text{ 单位为 lb}, c_3 \text{ 单位为 lb} \cdot \text{s/in})$$

上述 3 式的单位皆为英制,为进行单位统一,现都化为法定计量单位,结果如下:

$$k_1 = 4587.4N + 1844847.2 \tag{6-6}$$

式中　　k_1——轴承切向刚度系数(N/m, at 36℃)。

$$c_1 = -108.2T + 1484.0 \tag{6-7}$$

式中　　c_1——轴承切向阻化系数(N · s/m);

　　　　T——集式温度(℉)。

$$c_3 = 0.023 \frac{m_1 \omega_2}{N} \tag{6-8}$$

式中　　c_3——轴切向阻化系数$(\mathrm{N \cdot s/m})$；

　　　　m_1——水润滑橡胶轴承质量(kg)；

　　　　ω_2——水润滑橡胶轴质量(kg)。

2. m_2, k_3, k_4 的确定

图 6-3 为试验主轴的结构图，在与尾轴承配副的轴段红套黄铜。质量计算如下：

$$m_2 = \frac{1}{4} \times 3.14 \times (0.065^2 \times 0.345 + 0.01 \times 0.35 + 0.0025 \times 0.175)$$

$$\times 7.85 \times 10^3 + \frac{1}{4} \times 3.14 \times (0.171^2 - 0.01) \times 0.175 \times 8.8 \times 10^3$$

$$= 56.4 \mathrm{kg}$$

k_3 为轴抵抗水润滑尾轴承摩擦力的扭转刚度，可视直径为 65mm、100mm、171mm 的三同心轴段扭转刚度的串联，则有：

$$\frac{1}{k_3} = \frac{1}{k_{\phi 65}} + \frac{1}{k_{\phi 100}} + \frac{1}{k_{\phi 171}} \tag{6-9}$$

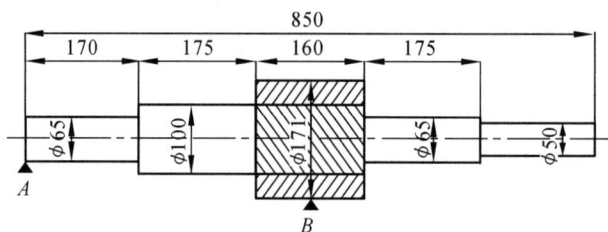

图 6-3　试验主轴的结构图

45 钢的剪切模量取：$G = 79\mathrm{GPa}$

ZQSn10-2 的剪切模量取：$G = 41\mathrm{GPa}$

则有：$k_{\phi 65} = \dfrac{\pi G D^4}{32l} = \dfrac{3.14 \times 79 \times 0.065^4}{32 \times 0.17} \times 10^9 = 8.14 \times 10^5 \mathrm{N/m}$

$k_{\phi 100} = \dfrac{\pi G D^4}{32l} = \dfrac{3.14 \times 79 \times 0.1^4}{32 \times 0.175} \times 10^9 = 4.43 \times 10^6 \mathrm{N/m}$

与水润滑橡胶尾轴承配副的轴段红套黄铜，其刚度相当于直径为 100mm 的轴与环的刚度之和，计算如下：

$$k_{\phi 171} = \frac{3.14 \times 79 \times 0.1^4}{32 \times 0.16} \times 10^9 + (\frac{3.14 \times 41 \times 0.171^4}{32 \times 0.16} -$$

$$\frac{3.14 \times 41 \times 0.1^4}{32 \times 0.16}) \times 10^9 = 2.38 \times 10^7 \mathrm{N/m}$$

将 $k_{\phi 65}$，$k_{\phi 100}$，$k_{\phi 171}$ 代入式(6-18)，可求得：

$$k_3 = 6.68 \times 10^5 \, \text{N/m}$$

k_4 为轴抵抗水润滑尾轴径向作用力的弯曲刚度，根据材料力学知识，可求得：

$$k_4 = 1.71 \times 10^5 \, \text{N/m}$$

3. k_2 的确定

根据橡胶体不可压缩的假定，可以求得橡胶压缩状态的总弹性压缩模量 E_C，表达式如下：

$$E_C = E_0(1 + 2kS_1^2)$$

则橡胶层的压缩刚度系数为：

$$k_2 = E_0 A(1 + 2kS_1^2) \tag{6-10}$$

式中　E_0—— 橡胶材料压缩模量；

　　　A—— 橡胶层横截面积，对于矩形橡胶体：$A = ab$，a 为橡胶层的长度，b 为橡胶层的宽度；

　　　k—— 硬度修正系数；

　　　S_1—— 第一形状系数，对于矩形橡胶体：$S_1 = \dfrac{ab}{2t_r(a+b)}$，其中：$t_r$ 为橡胶层厚度。

则对于矩形橡胶试块：

$$k_2 = E_0 ab + \frac{a^3 b^3 E_0 k}{2t_r^2(a+b)^2}$$

橡胶轴承试块的形状参数如下：$a = 0.07$，$b = 0.03$。取橡胶材料的压缩模量 $E_0 = 7\text{MPa}$，则：

$$k_2 = 14700 + 3.2415\,\frac{k}{t_r^2} \tag{6-11}$$

水润滑橡胶轴承的橡胶层的邵氏硬度 A 一般为 $65 \sim 90$，相对于邵氏硬度 D $20 \sim 40$。根据文献，可得 k 的取值范围约在区间 $[0.85, 1]$。

4. m_1 的确定

m_1 按照试件橡胶层质量的 1/3 来计算。若采用丁腈橡胶，轴颈 171mm 橡胶层厚度 t_r 分别为 4mm，8mm，12mm 时，m_1 分别约为 0.8kg，1.6kg，6.4kg。

分析上述参数之一对系统稳定性的影响时，其余参数取典型参数，按下列情况选取：

取 $T = 96\text{℉}$（约 36℃），则 $c_1 = -50.854$；$k_1 = 1286316847.2\text{N} \cdot \text{s/m}$，$\omega_2 = 3.14\text{rad/s}$，$t_r = 12\text{mm}$，$m_1 = 6.4\text{kg}$，$c_3 = 6.2 \times 10^{-7}$，$k = 0.89$，$k_2 = 34734.3\text{N} \cdot \text{s/m}$，$k_3 = 6.68 \times 10^5\text{N/m}$，$k_4 = 1.71 \times 10^5\text{N/m}$，$a = 3$，$f_0 = 0.6$，$f_1 = 0.001$

6.4　方程的量纲一的量

将式(6-13)F' 的表达式用泰勒公式展开，忽略三阶以上的高次项，有：

$$F' = -aN(f_0 - f_1)\left[1 - a(\dot{x}_3 - \dot{x}_1) + \frac{1}{2}a^2(\dot{x}_3 - \dot{x}_1)^2\right] \quad (6\text{-}12)$$

将式(6-12) 代入式(6-3a)，式(6-3b) 得：

$$m_1\ddot{x}_1 + c_1\dot{x}_1 + k_1 x_1 = -aN(f_0 - f_1)\left[1 - a(\dot{x}_3 - \dot{x}_1) + \right.$$
$$\left. \frac{1}{2}a^2(\dot{x}_3 - \dot{x}_1)^2\right](\dot{x}_3 - \dot{x}_1) \quad (6\text{-}13a)$$

$$m_2\ddot{x}_3 + c_3\dot{x}_3 + k_3 x_3 = aN(f_0 - f_1)\left[1 - a(\dot{x}_3 - \dot{x}_1) + \frac{1}{2}a^2(\dot{x}_3 - \dot{x}_1)^2\right](\dot{x}_3 - \dot{x}_1)$$

$$(6\text{-}13b)$$

令 $\tau = \omega_1 t$，则：

$$\dot{x}_1 = \frac{\mathrm{d}x_1}{\mathrm{d}t} = \omega_1\frac{\mathrm{d}x_1}{\mathrm{d}(\omega_1 t)} = \omega_1\frac{\mathrm{d}x_1}{\mathrm{d}(\tau)} = \omega_1 x_1''$$

$$\ddot{x}_1 = \frac{\mathrm{d}}{\mathrm{d}t}\left(\frac{\mathrm{d}x_1}{\mathrm{d}t}\right) = \omega_1^2\frac{\mathrm{d}}{\mathrm{d}(\omega_1 t)}\left[\frac{\mathrm{d}x_1}{\mathrm{d}(\omega_1 t)}\right]$$

$$= \omega_1^2\frac{\mathrm{d}}{\mathrm{d}(\tau)}\left[\frac{\mathrm{d}x_1}{\mathrm{d}(\tau)}\right] = \omega_1^2 x_1''$$

同理：

$$\dot{x}_2 = \omega_1 x_2', \ddot{x}_2 = \omega_1^2 x_2''; \dot{x}_3 = \omega_1 x_3', \ddot{x}_3 = \omega_1^2 x_3''; \dot{x}_4 = \omega_1 x_4', \ddot{x}_4 = \omega_1^2 x_4''$$

令 $y_i = \dfrac{x_i}{R}$，则：

$$y_5 = y_1', y_6 = y_2', y_7 = y_3', y_8 = y_4'$$

则：

$$y_1' = \frac{x_1'}{R}, x_1' = Ry_1' = Ry_5, x_1'' = Ry_5'$$

$$y_2' = \frac{x_2'}{R}, x_2' = Ry_2' = Ry_6, x_2'' = Ry_6'$$

$$y_3' = \frac{x_3'}{R}, x_3' = Ry_3' = Ry_7, x_3'' = Ry_7'$$

$$y_4' = \frac{x_4'}{R}, x_4' = Ry_4' = Ry_8, x_4'' = Ry_8'$$

则有：

$$\dot{x}_1 = \omega_1 x_1' = \omega_1 Ry_5, \dot{x}_2 = \omega_1 x_2' = \omega_1 Ry_6, \dot{x}_3 = \omega_1 x_3' = \omega_1 Ry_7, \dot{x}_4 = \omega_1 x_4' = \omega_1 Ry_8$$

$$\ddot{x}_1 = \omega_1^2 Ry_5', \ddot{x}_2 = \omega_1^2 Ry_6', \ddot{x}_3 = \omega_1^2 Ry_7', \ddot{x}_4 = \omega_1^2 Ry_8'$$

由此，则式(6-14a)，(6-14b)，(6-14c)，(6-14d) 可化为：

$$y_5' = -\frac{c_1}{m_1\omega_1}y_5 - \frac{k_1}{m_1\omega_1^2}y_1 - \frac{aN}{m_1\omega_1}(f_0 - f_1)[1 - aR\omega_1(y_7 - y_5) +$$

$$\frac{1}{2}a^2 R^2 \omega_1^2 (y_7 - y_5)^2](y_7 - y_5) \qquad (6\text{-}14a)$$

$$y_7' = -\frac{c_3}{m_2\omega_1}y_7 - \frac{k_3}{m_2\omega_1^2}y_3 + \frac{aN}{m_2\omega_1}(f_0 - f_1)[1 - aR\omega_1(y_7 - y_5) +$$

$$\frac{1}{2}a^2 R^2 \omega_1^2 (y_7 - y_5)^2](y_7 - y_5) \qquad (6\text{-}14b)$$

$$y_6' = -\frac{c_2}{m_1\omega_1}y_6 - \frac{k_2}{m_1\omega_1^2}y_2 - \frac{N}{m_1\omega_1^2 R} \qquad (6\text{-}14c)$$

$$y_8' = -\frac{c_4}{m_2\omega_1}y_8 - \frac{k_4}{m_2\omega_1^2}y_4 + \frac{N - G_2}{m_2\omega_1^2 R} \qquad (6\text{-}14d)$$

取如下无量纲参数：

$$\zeta_1 = \frac{c_1}{2\sqrt{k_1 m_1}}, \omega_1 = \sqrt{\frac{k_1}{m_1}}, \zeta_2 = \frac{c_3}{2\sqrt{k_3 m_2}}, \omega_2 = \sqrt{\frac{k_3}{m_2}}, \nu_{21} = \frac{\omega_2}{\omega_1}, \eta_{12} = \frac{m_1}{m_2}, \beta =$$

$$\frac{m_1\omega_1^2 R}{N}, \alpha = \frac{Na}{m_1\omega_1}, \mu_{01} = \mu_0 - \mu_1, c_{21} = \frac{c_2}{c_1}, k_{21} = \frac{k_2}{k_1}, c_{41} = \frac{c_4}{c_1}, k_{41} = \frac{k_4}{k_1}, \varphi = \frac{G_2}{N}$$

则式(6-14) 化为：

$$y_5' = -y_1 - 2\zeta_1 y_5 + \alpha\mu_{01}[-1 + \alpha\beta(y_7 - y_5) - \frac{1}{2}\alpha^2\beta^2(y_7 - y_5)^2](y_7 - y_5)$$

$$y_7' = -\nu_{21}^2 y_3 - 2\nu_{21}\zeta_2 y_7 - \alpha\eta_{12}\mu_{01}[-1 + \alpha\beta(y_7 - y_5) -$$

$$\frac{1}{2}\alpha^2\beta^2(y_7 - y_5)^2](y_7 - y_5)$$

$$y_6' = -k_{21}y_2 - 2c_{21}\zeta_1 y_6 - \frac{1}{\beta}$$

$$y_8' = -\eta_{12}k_{41}y_4 - 2\eta_{12}c_{41}\zeta_1 y_8 - \frac{\eta_{12}}{\beta}(1 - \varphi)$$

则有方程组：

$$y_1' = y_5, y_2' = y_6, y_3' = y_7, y_4' = y_8 \qquad (6\text{-}15\text{a,b,c,d})$$

$$y_5' = - y_1 - 2\zeta_1 y_5 + \alpha\mu_{01}\left[-1 + \alpha\beta(y_7 - y_5) - \frac{1}{2}\alpha^2\beta^2(y_7 - y_5)^2\right](y_7 - y_5)$$

$$(6\text{-}15\text{e})$$

$$y_7' = -\nu_{21}^2 y_3 - 2\nu_{21}\zeta_2 y_7 - \alpha\eta_{12}\mu_{01}\left[-1 + \alpha\beta(y_7 - y_5) - \frac{1}{2}\alpha^2\beta^2(y_7 - y_5)^2\right](y_7 - y_5)$$

$$(6\text{-}15\text{f})$$

$$y_6' = - k_{21} y_2 - 2c_{21}\zeta_1 y_6 - \frac{1}{\beta} \qquad (6\text{-}15\text{g})$$

$$y_8' = - \eta_{12}k_{41} y_4 - 2\eta_{12}c_{41}\zeta_1 y_8 - \frac{\eta_{12}}{\beta}(1 - \varphi) \qquad (6\text{-}15\text{h})$$

该非线性微分方程组(6-15)有固定解：

$$y_1 = y_2 = y_3 = y_4 = y_5 = y_6 = y_7 = y_8 = 0$$

6.5　系统稳定性分析

摩擦学系统中的黏滑运动会导致系统产生自激振动,因而稳定性是水润滑橡胶尾轴承系统最重要的问题,也是对系统最基本的要求。水润滑橡胶尾轴承系统在实际运行中,总会受到外界和内部一些因素的扰动,例如比压、润滑状态等工况条件的变化。如果系统不稳定,当它受到扰动时,系统中各物理量就会偏离其平衡工作点,并随时间推移而发散,最终导致系统产生异常振动或噪声。因此,如何分析系统的稳定性并提出保证系统稳定的措施,是判断系统是否易产生摩擦噪声的重要手段。

在分析模型的振动方程组中,假定水平方向和垂直方向不存在耦合作用,故在做稳定性分析时,分别从两个方向进行分析,以简化计算。

6.5.1　模型在水平方向的稳定性

模型在水平方向上的稳定性可以从以下方程组的特征值来判断。

$$y_1' = y_5 \qquad (6\text{-}15\text{a})$$

$$y_3' = y_7 \qquad (6\text{-}15\text{c})$$

$$y_5' = - y_1 - 2\zeta_1 y_5 + \alpha\mu_{01}\left[-1 + \alpha\beta(y_7 - y_5) - \frac{1}{2}\alpha^2\beta^2(y_7 - y_5)^2\right](y_7 - y_5)$$

$$(6\text{-}15\text{e})$$

$$y_7' = -\nu_{21}^2 y_3 - 2\nu_{21}\zeta_2 y_7 - \alpha\eta_{12}\mu_{01}\left[-1 + \alpha\beta(y_7 - y_5) - \frac{1}{2}\alpha^2\beta^2(y_7 - y_5)^2\right](y_7 - y_5)$$

$$(6\text{-}15\text{f})$$

该非线性微分方程组(6-15)有固定解：$y_1 = y_3 = y_5 = y_7 = 0$。其线性部分可写成如下矩阵形式：

$$Y' = [J]Y \tag{6-16}$$

式中：

$$Y = \begin{bmatrix} y_1 \\ y_3 \\ y_5 \\ y_7 \end{bmatrix}, [J] = \begin{bmatrix} 0 & 0 & 1 & 0 \\ 0 & 0 & 0 & 1 \\ -1 & 0 & J_{33} & J_{34} \\ 0 & -\nu_{21}^2 & J_{43} & J_{44} \end{bmatrix}, 为上述方程组(6\text{-}15)在平衡位$$

置的 Jacobian 矩阵；

$$J_{33} = \alpha\mu_{01} - 2\zeta_1 = -J_{34} - 2\zeta_1$$

$$J_{34} = -\alpha\mu_{01}$$

$$J_{43} = -\alpha\mu_{01}\eta_{12} = J_{34}\eta_{12}$$

$$J_{44} = \alpha\mu_{01}\eta_{12} - 2\nu_{21}\zeta_2 = -J_{43} - 2\nu_{21}\zeta_2$$

对模型水平方向的稳定性的判断可以归结为求下列特征方程特征值的问题：

$$[J] - \lambda[I] = 0 \tag{6-17}$$

式中　I—— 单位矩阵。

令：

$$f(\lambda) = |[J] - \lambda I| =$$

$$\begin{vmatrix} -\lambda & 0 & 1 & 0 \\ 0 & -\lambda & 0 & 1 \\ -1 & 0 & J_{33}-\lambda & J_{34} \\ 0 & -\nu_{21}^2 & J_{43} & J_{44}-\lambda \end{vmatrix} = \begin{vmatrix} 0 & 0 & 1 & 0 \\ 0 & 0 & 0 & 1 \\ \lambda J_{33}-1-\lambda^2 & \lambda J_{34} & J_{33}-\lambda & J_{34} \\ \lambda J_{43} & \lambda J_{44}-\lambda^2-\nu_{21}^2 & J_{43} & J_{44}-\lambda \end{vmatrix}$$

$$= (\lambda^2 - \lambda J_{33} + 1)(\lambda^2 - \lambda J_{44} + \nu_{21}^2) - \lambda^2 J_{34} J_{43}$$

或：

$$f(\lambda) = (\lambda^2 - \lambda J_{33} + 1)(\lambda^2 - \lambda J_{44} + \nu_{21}^2) - \lambda^2 J_{34} J_{43}$$

$$= \lambda^4 - (J_{33} + J_{44})\lambda^3 + (1 + \nu_{21}^2 + J_{33}J_{44} - J_{34}J_{43})\lambda^2 - (1 + \nu_{21}^2)\lambda + \nu_{21}^2$$

$$(6\text{-}18)$$

由特征函数的表达式,可知特征函数为 4 次多项式,容易求出导数:

$$f'(\lambda) = (2\lambda - J_{33})(\lambda^2 - \lambda J_{44} + \nu_{21}^2) + (\lambda^2 - \lambda J_{33} + 1)(2\lambda - J_{44}) - 2\lambda J_{34}J_{43}$$

$$f''(\lambda) = 2(\lambda^2 - \lambda J_{44} + \nu_{21}^2) + 2(\lambda^2 - \lambda J_{33} + 1) + 2(2\lambda - J_{33})(2\lambda - J_{44}) - 2J_{34}J_{43}$$

有原点取值:

$$f(0) = \nu_{21}^2$$

$$f'(0) = -J_{33}\nu_{21}^2 - J_{44}$$

$$f''(0) = 2\nu_{21}^2 + 2 + 2J_{33}J_{44} - 2J_{34}J_{43}$$

利用特征方程的特征根来判断系统稳定性的方法有两种:

(1)直接计算或间接得知系统特征方程式的特征根,根据特征根实部的分布来判断系统的稳定性。系统稳定的充要条件是特征根的实部均为负值,且负实部的绝对值越大,系统的稳定余量越大。如果特征根的实部中有 0 值,则系统临界稳定;如果特征根的实部中有正值,则系统不稳定。

(2)根据根与系数的关系,确定特征方程具有负实部时系统参数的特征,进而根据参数特征判断系统的稳定性,如 Routh 判据,Hurwits 判据。

本章方程中涉及的参数较多,故采用第一种方法来判断。利用 Matlab 求根函数 root() 求式 $f(\lambda) = 0$ 的特征根,研究特征根与温度,压力,橡胶层的厚度、硬度间的关系。

6.5.2　模型在竖直方向的稳定性

在垂直方向上有控制方程组:

$$y_2' = y_6, y_4' = y_8 \tag{6-15b,d}$$

$$y_6' = -k_{21}y_2 - 2c_{21}\zeta_1 y_6 - \frac{1}{\beta} \tag{6-15g}$$

$$y_8' = -\eta_{12}k_{41}y_4 - 2\eta_{12}c_{41}\zeta_1 y_8 - \frac{\eta_{12}}{\beta}(1-\varphi) \tag{6-15h}$$

1. y_4 稳定性分析

水润滑轴承在竖直方向上,响应的稳定性判别可以通过 y_2 的控制方程来进行。

由控制方程:

$$y_2' = y_6 \tag{6-15b}$$

$$y_6' = -k_{21}y_2 - 2c_{21}\zeta_1 y_6 - \frac{1}{\beta} \tag{6-15g}$$

有矩阵形式表达式：

$$\begin{bmatrix} y'_2 \\ y'_6 \end{bmatrix} = \begin{bmatrix} 0 & 1 \\ -k_{21} & -2c_{21}\zeta_1 \end{bmatrix} \begin{bmatrix} y_2 \\ y_6 \end{bmatrix} - \begin{bmatrix} 0 \\ \dfrac{1}{\beta} \end{bmatrix}$$

有特征方程：

$$\begin{vmatrix} \lambda & -1 \\ k_{21} & \lambda + 2c_{21}\zeta_1 \end{vmatrix} = 0$$

或：

$$\lambda^2 + 2c_{21}\lambda\zeta_1 + k_{21} = 0 \quad (\lambda + c_{21}\zeta_1)^2 = c_{21}^2\zeta_1^2 - k_{21} \tag{6-19}$$

它的特征根为：

$$\lambda = -c_{21}\zeta_1 \pm \sqrt{c_{21}^2\zeta_1^2 - k_{21}}$$

当 $\zeta_1 > 0$ 时，由于 $k_{21} > 0$，则根的实部：

$$\mathrm{Re}(\lambda) = -c_{21}\zeta_1 \pm \mathrm{Re}\left\{\sqrt{c_{21}^2\zeta_1^2 - k_{21}}\right\} < -c_{21}\zeta_1 \pm \mathrm{Re}\left\{\sqrt{c_{21}^2\zeta_1^2}\right\} = 0$$

即根的实部为负，系统稳定。

当 $\zeta_1 = 0$ 时，根 $\lambda = \pm\sqrt{k_{21}}i$ 实部为 0，只有虚部，模型处于临界稳定状态。此时方程的解为：

$$y_2 = \left(y_{20} + \frac{1}{\beta k_{21}}\right)\cos(t\sqrt{k_{21}}) + \frac{y'_{20}}{\sqrt{k_{21}}}\sin(t\sqrt{k_{21}}) \tag{6-20}$$

式中　　y_{20}, y'_{20}——由初始条件确定的 y_2, y'_2 的初始值。

对于式(6-20)，由于 $y_{20}, y'_{20}, \beta, \mathrm{k}_{21}$ 均为常数，不随时间变化，则 y_2 的幅值也为常数，即 y_2 的响应稳定。

综上所述，水润滑橡胶尾轴承在垂直方向的响应恒稳定。

2. y_4 稳定性分析

由控制方程：

$$y'_4 = y_8 \tag{6-15d}$$

$$y'_8 = -\eta_{12}k_{41}y_4 - 2\eta_{12}c_{41}\zeta_1 y_8 - \frac{\eta_{12}}{\beta}(1-\varphi) \tag{6-15h}$$

有矩阵形式表达式：

$$\begin{bmatrix} y'_4 \\ y'_8 \end{bmatrix} = \begin{bmatrix} 0 & 1 \\ -\eta_{12}k_{41} & -2\eta_{12}c_{41}\zeta_1 \end{bmatrix} \begin{bmatrix} y_4 \\ y_8 \end{bmatrix} - \begin{bmatrix} 0 \\ \dfrac{\eta_{12}}{\beta}(1-\varphi) \end{bmatrix}$$

有特征方程：

$$\begin{vmatrix} -\lambda & 1 \\ -\eta_{12}k_{41} & -\lambda-2\eta_{12}c_{41}\zeta_1 \end{vmatrix}=0$$

或：

$$\lambda^2+2\eta_{12}c_{41}\lambda\zeta_1+\eta_{12}k_{41}=0 \qquad (\lambda+\eta_{12}c_{41}\zeta_1)^2=(\eta_{12}c_{41}\zeta_1)^2-\eta_{12}k_{41}$$

其特征根为：

$$\lambda=-\eta_{12}c_{41}\zeta_1\pm\sqrt{(\eta_{12}c_{41}\zeta_1)^2-\eta_{12}k_{41}} \qquad (6\text{-}21)$$

当 $\zeta_1>0$ 时，由于 $\eta_{12}c_{41}\zeta_1>0$，则根的实部：

$$y_7'=-\nu_{21}^2 y_3-2\nu_{21}\zeta_2 y_7+\alpha\eta_{12}\mu_{01}y_{71}$$

即根的实部为负，系统稳定。

当 $\zeta_1=0$ 时，根 $\lambda=\pm\sqrt{\eta_{12}k_{41}}i$ 实部为 0。此时方程的解为：

$$y_4=(y_{40}+\frac{1}{\beta\eta_{12}k_{41}})\cos(t\sqrt{\eta_{12}k_{41}})+\frac{y_{40}'}{\sqrt{\eta_{12}k_{41}}}\sin(t\sqrt{\eta_{12}k_{41}}) \qquad (6\text{-}22)$$

式中： y_{40},y_{40}' —— 由初始条件确定的 y_4,y_4' 的初始值。

对于式(6-22)，由于 $y_{40},y_{40}',\beta,\eta_{12},k_{41}$ 均为常数，不随时间变化，则 y_4 的幅值也为常数，即 y_4 的响应稳定。

综上所述，轴在竖直方向的响应恒稳定。

6.6 线性解

记 $y_{71}=y_7-y_5$

则方程组(6-15)的线性部分可化为：

$$y_1'=y_5,y_2'=y_6,y_3'=y_7,y_4'=y_8 \qquad (6\text{-}23\text{a,b,c,d})$$

$$y_5'=-y_1-2\zeta_1 y_5-\alpha\mu_{01}y_{71} \qquad (6\text{-}23\text{e})$$

$$y_7'=-\nu_{21}^2 y_3-2\nu_{21}\zeta_2 y_7+\alpha\eta_{12}\mu_{01}y_{71} \qquad (6\text{-}23\text{f})$$

$$y_6'=-k_{21}y_2-2c_{21}\zeta_1 y_6-\frac{1}{\beta} \qquad (6\text{-}23\text{g})$$

$$y_8'=-\eta_{12}k_{41}y_4-2\eta_{12}c_{41}\zeta_1 y_8-\frac{\eta_{12}}{\beta}(1-\varphi) \qquad (6\text{-}23\text{h})$$

当 $y_{71}=0$ 时，有 $y_7=y_5,y_3=y_1+c_{31}$，这里 c_{31} 为常数，由上式可得：

$$y_7'=\nu_{21}^2 y_5'-\nu_{21}^2 c_{31} \qquad (6\text{-}24)$$

式(6-24)为加速度满足的关系式。取 6.3 节所给定的典型参数，并令初始位移值为0,初始速度为0.1m/s,求得轴承和轴在水平和竖直方向上的量纲一的量位移随量纲一的量时间的变化关系。

参考文献

[1]　BHUSHAN B. Stick-slip induced noise generation in water-lubricated compliant rubber bearings[J]. Journal of Lubrication Technology,1980,102(Compendex):201-212.

[2]　王家序,刘静,肖科,等.水润滑橡胶轴承不同结构的摩擦噪声分析[J].机械传动, 2011(9):12-14,29.

[3]　田宇忠,刘正林,金勇,等.水润滑橡胶尾轴承鸣音试验研究[J].武汉理工大学学报, 2011(1):130-133.

[4]　张殿昌,蓝军,张俊红,等.船舶尾轴部尖叫声诊断[J].天津大学学报(自然科学与工程技术版),2001(2):277-280.

[5]　姚世卫,胡宗成,马斌,等.橡胶轴承研究进展及在舰艇上的应用分析[J].舰船科学技术,2005(S1):28-30.

[6]　姚世卫,杨俊,张雪冰,等.水润滑橡胶轴承振动噪声机理分析与试验研究[J].振动与冲击,2011,30:215-218.

[7]　吕红明,张立军,余卓平.汽车盘式制动器尖叫研究进展[J].振动与冲击,2011, 30(4):1-7.

[8]　黄学文,张金换,董光能,等.摩擦制动噪声防治研究进展[J].润滑与密封,2006(11): 194-197,202.

[9]　陈光雄,周仲荣,谢友柏.摩擦噪声研究的现状和进展[J].摩擦学学报,2000(6):478-481.

[10]　徐风信,张嗣伟,杨兆春.橡胶摩擦磨损过程中振动现象的研究[J].润滑与密封, 2000(6):17-18.

[11]　KRAUTER A I. Generation of squeal/chatter in water-lubricated elastomeric bearings[J]. Journal of Lubrication Technology,1981,103:406-413.

[12]　IBRAHIM R A. Friction-induced vibration,chatter,squeal,and chaos:Part Ⅱ-dynamics and modeling[C]. Winter Annual Meeting of the American Society of Mechanical Engineering, 1992.

[13]　SIMPSON T A,IBRAHIMR A. Nonlinear friction-induced vibration in water-lubricated bearings[J]. Journal of Vibration and Control,1996,2:87-113.

[14]　陈明,陈泽智,彭旭,等,橡胶轴承材料硬度对轴系振动影响的试验研究[J],武汉造船,2000(3):8-10.

[15]　WU Xiaojin,WANG Jiaxu,XIAO Ke,et al. Numerical simulation study on water-lubricated

rubber bearing[J]. Journal of Advanced Manufacturing Systems,2008,7(1):111-114.

[16]　吴晓金,王家序,肖科,等.水润滑轴承的动态特性研究[J].润滑与密封,2008(2):21-25.

[17]　吴晓金,王家序,肖科,等.水润滑轴承的动态仿真分析[J].系统仿真学报,2009(13):4167-4170.

[18]　ZHOU Yi,LI Gongxun,WANG Jiaxu. Analysis of frictional noise for water lubricated rubber bearings system[C]. 2010 International Conference on Advances in Materials and Manufacturing Processes,2011.

[19]　金勇,刘正林,田宇忠,等.基于Pulse的船舶尾轴承振动监测[J].武汉理工大学学报,2010(6):84-87.

[20]　金勇,田宇忠,刘正林.橡胶尾轴承的试验模态分析[J].噪声与振动控制,2012,32(1):34-38.

第7章 水润滑复合橡胶轴承黏滑现象的试验研究

　　黏-滑运动的发生主要与系统摩擦系数的特性有关,受比压,速度,橡胶层的硬度、厚度,材料的物理力学性能等诸多因素的影响。当黏-滑运动导致的摩擦振动的振幅和频率处于一定范围内时,便会产生摩擦噪声。因此研究黏-滑运动的产生机理对潜艇的减振降噪有重要的意义。1980 年,Bhushan 为了研究黏-滑现象产生的机理,采用了透明的平面型玻璃滑块与橡胶试块配副摩擦的试验方法。该方法的优点在于透过透明的玻璃滑块,可以清楚地观察并测量橡胶层表面的变形。缺点在于用平面型的玻璃滑块代替圆形截面的金属轴,与实际工况仍然存在差异。本章将水润滑橡胶轴承的板条制成试块(图 5-1),在舰船尾轴承试验台架上进行模拟试验,采用机器视觉的相关技术,借助高速相机,用直观的方法测试试验轴转动时橡胶层的振动情况,研究黏-滑现象的产生与速度,比压,润滑条件,橡胶层硬度、厚度等要素间的关系,进而探讨水润滑橡胶轴承中黏-滑现象产生的机理。

7.1　试验设计与方法

　　为了进一步研究各种润滑因素与弹性变形试验结果之间的复杂关系,对水润滑橡塑尾轴承内衬材料的摩擦振动现象进行测量分析。本研究以水润滑橡塑轴承试块为试样,通过改变润滑条件(水润滑、半干摩擦,以及干摩擦来模拟弹塑流体动压润滑、混合润滑和边界润滑状态),并借助于高速摄影机,同时应用图像处理及振动测试技术提取橡塑材料试块的振动信息,计算其振动参数(振幅),研究其弹性变形与速度和比压之间的关系,以探讨水润滑橡塑尾轴承试块的润滑特性对其弹性变形的影响机理。探究橡胶层厚度、硬度、速度等对黏-滑现象的影响规律及显著程度,从而为实际工况中,避免轴在临界工况下运转或停留,提供理论依据。

7.2　试验原理与方法

7.2.1　试验原理

为了观察并测量试块橡胶层在试验轴转动过程中的振动情况，在试块端面用白色的记号笔画上竖直等间距线条，如图 7-1 所示。试验中可以观察到：加载后试块上的橡胶层产生凹陷变形；试验轴转动起来后，橡胶层上的白线随橡胶层的变形朝轴的圆周方向产生明显的偏斜，并在偏斜位置附近做小幅振动。

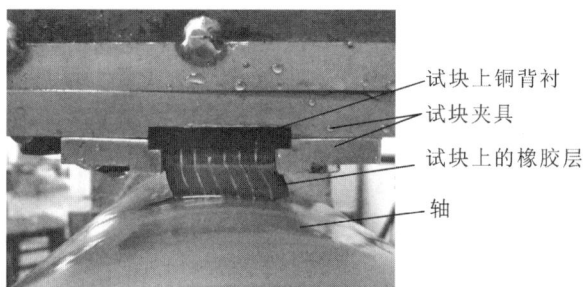

图 7-1　试验方案一（单位：mm）

高速相机可以清楚记录白色线条的振动情况。通过对比各帧照片上白线的位置，可计算出白线的振幅和频率。但是手动处理数据效率低，误差大，且白色线条也不便于机器视觉软件的位置追踪。故而在进行数据测量时将白线变成白点，如图 7-2 所示。

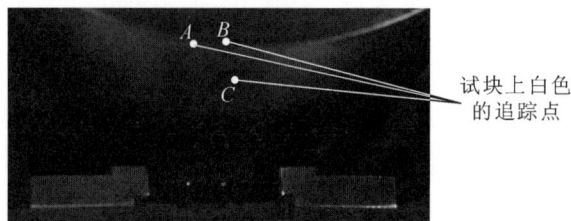

图 7-2　试验方案二

理论上，在试验轴转动起来后，橡胶层上各点的振幅都是不同的。由于振动的幅度很小，橡胶的变形处在弹性变形范围内，各点的振幅间存在一定的对应关系。故而本试验中，只计算各试块上同位置的点 C 的振动情况。C 点距离橡胶层表面轮廓线约 1mm，距离试块左边缘约 19mm，如图 7-3 所示。同时，为了求得橡胶层上 C 点相对试验台架的相对位移，在试块铜背衬与橡胶的结合界面上，取 A、B 两个参考点。图中 t_r 为橡胶层的厚度。

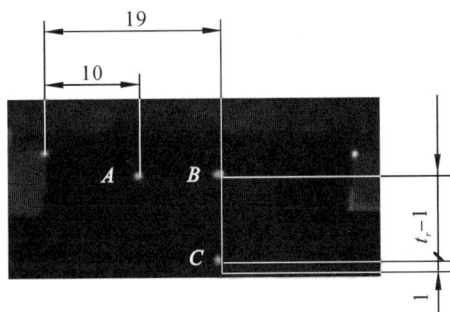

图 7-3　观测点的位置（单位：mm）

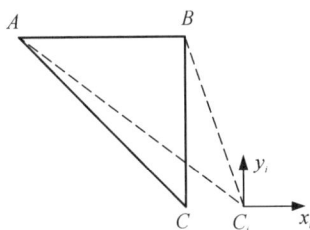

图 7-4　C 点实时位移的求解

为动态追踪 A、B、C 三点的实时位移，编制了相应的图像处理程序，可以得到 A、B、C 三点实时的坐标值。假设 C_i 点为 C 点某时刻的位置（图 7-4）。在空间选定一参考坐标系，假设 C 点在参考系中的初始位置为 (x_0, y_0)，C_i 点在 t_i 时刻的位置为 $(x_i\ y_i)$，则 t_i 时刻 C_i 点在水平和竖直方向的位移分别为：

$$P_{xi} = x_i - x_0$$
$$P_{yi} = y_i - y_0$$

此即在直角坐标系中求解 C_i 点的位移，该位移为 C_i 点的绝对位移。为便于横向比较，引入统计量 A_x、A_y 表征 C 点位移在水平和竖直方向振动幅度的大小，其计算方法如下：

$$A_x = \frac{1}{10} \sum_{i=1}^{10} \widetilde{P}_{xi} - \frac{1}{1000} \sum_{i=1}^{1000} P_{xi}$$

$$A_y = \frac{1}{10} \sum_{i=1}^{10} \widetilde{P}_{yi} - \frac{1}{1000} \sum_{i=1}^{1000} P_{yi}$$

式中 $\widetilde{P}_{xi}$——P_{xi} 中前 10 个极大值；

　　　　$\widetilde{P}_{yi}$——P_{yi} 中前 10 个极大值。

7.2.2　试验方法

　　识别水润滑橡塑尾轴承摩擦振动的方法通常是利用黏-滑现象引起的可听见的振鸣音，并辅以振动频谱进行人工的综合判断。但振动在刚体传递过程中，其振幅会衰减，即测得的振动频谱的振幅不是实际值，且频谱工程现场或者试验平台的背景噪声极大程度地影响该识别方法的精度。目前在控制和预测水润滑尾轴承振动噪声方面的研究资料较少，还不能准确控制和预测轴承发生黏滑现象的具体工况。因此，水润滑尾轴承的摩擦振动的识别方法对于黏滑现象的机理研究以及防范措施的制定具有重要的意义。

　　由以上结果分析可知：首先利用加速度传感器确定各振动噪声源的频谱，由单因素排除法确定轴承试块的频段（频率 $< f$），从而判断出高速摄影机的采集帧数 $1/f$；利用图像处理程序识别处理各工况下的图像源，计算出轴承试块的振幅值变化情况；最后结合轴承试块的频段，得出水润滑尾轴承材料的振幅和频段，如图 7-5 所示。

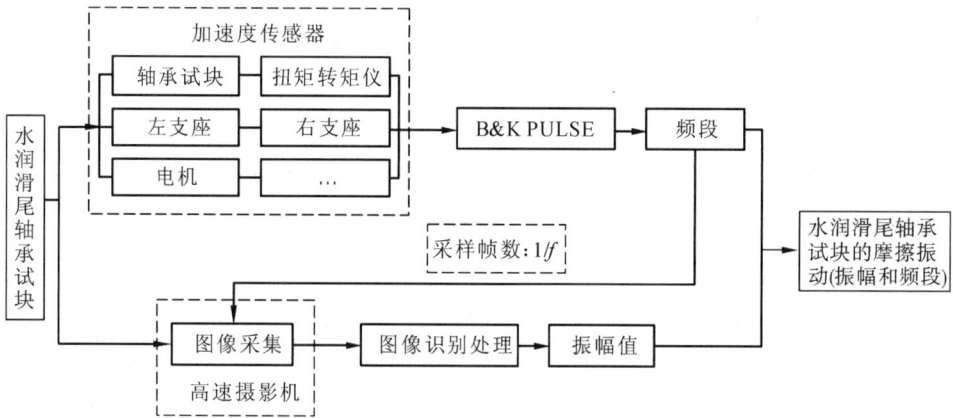

图 7-5　水润滑尾轴承试块摩擦振动的识别

　　如前几章所述，影响水润滑橡胶轴承黏-滑运动的主要因素有比压、速度、橡胶层厚度、橡胶层硬度、润滑条件等。本试验先通过全试验法研究 SPB-N 和丁腈 40 材料黏-滑运动的振幅随比压、速度、橡胶层硬度、橡胶层厚度的变化趋势。然后采用正交试验法研究比压、橡胶层的厚度、橡胶层硬度、润滑条件等因素对黏-滑运动振幅影响的显著程度。

　　正交试验涉及 4 个因素，各因素有 3 个水平，如表 7-1 所列。采用 $L_9(3^4)$ 标准正交表进行试验安排,如表 7-2 所列。试验共分 9 组,为了保证数据的重复性,每组重复 2 次,结果取两次试验的平均值。

表 7-1　正交试验所涉及的因素和水平

	水平 1	水平 2	水平 3
橡胶层厚度(mm)	4	8	12
橡胶层硬度(邵氏 A)	70	75	85
比压(MPa)	0.28	0.56	0.70
润滑条件	水润滑	干摩擦	半干摩擦

表 7-2　正交试验表

试验号	硬度(邵氏 A)	比压(MPa)	润滑条件	橡胶层厚度(mm)
1	85	0.56	水润滑	12
2	85	0.70	干摩擦	8
3	85	0.28	半干摩擦	4
4	75	0.56	干摩擦	4
5	75	0.70	半干摩擦	12
6	75	0.28	水润滑	8
7	70	0.56	半干摩擦	8
8	70	0.70	水润滑	4
9	70	0.28	干摩擦	12

7.2.3　试验条件

试验在室温下进行,试验时室温为 20 ～ 25℃。水润滑及半干摩擦工况下的润滑液为自来水。高速相机的拍摄速度为 500fps。试验程序如下:

(1)用丙酮擦拭试块及试验轴轴颈表面后,用自来水冲洗,除去试块及轴颈表面的浮灰和污物。在干摩擦和半干摩擦的试验工况下,清洗完后,还需用电吹风将试块及轴颈表面吹干。

(2)将试块安装到固定在杠杆上的夹具中,按要求加载,然后用水平仪检查杠杆加载装置是否保持水平,否则调整杠杆加载装置至水平,以保证试块不偏载。在水润滑试验工况下,打开润滑水系统,使摩擦副处于水润滑状态。在半干摩擦试验情况下,用医用注射器沿试块长度方向间隔滴水 4 滴,营造半干摩擦环境。

（3）杠杆加载 2min 后,启动驱动电机,在 2min 内使试验轴的转速达到 100r/min。在此转速下运行 5min 后,启动高速相机记录数据 2min,作为此试验工况下橡胶层黏 - 滑振动的原始数据。

（4）改变转速使试验轴的转速达到 60r/min,在此转速下运行 5min 后,启动高速相机记录数据 2min。

（5）改变转速使试验轴的转速分别达到 30r/min、20r/min,分别在这两个转速下运行 5min 后,启动高速相机记录数据 2min。

（6）停机,更换试块,重复步骤（1）～（5）,进行下一个试块的试验。

7.3　试验结果与分析

试验时可观察到:随着轴的转动,橡胶层因为黏 - 滑现象会产生小幅振动。但是在水润滑的条件下,基本上不会产生尖叫或颤振。在干摩擦或半干摩擦情况下,则会产生尖锐的尖叫声或剧烈的颤振。发生颤振时整个试验台都发生振动,加载杠杆甚至产生跳动。相比尖叫,颤振具有更大的破坏性。观察发现,在不同工况下,橡胶层的振动情况也会不同。记录试验结果并做如下分析。

7.3.1　速度的影响

本组试验中使用的试块橡胶层厚度为 12mm,硬度为邵氏 A70,材料为丁晴 40,试验条件为比压 0.56MPa,自来水润滑。试验分别在试验主轴转速 20r/min,30r/min,60r/min,100r/min 下进行。图 7-6 ～ 图 7-9 分别为 C 点在试验轴转速 20r/min,30r/min,60r/min,100r/min 下水平方向位移 x 和垂直方向位移 y 随时间变化的趋势图。可以看出,C 点的位移变化整体上呈现出随机性,速度对其位移变化有较大的影响。转速 20r/min 是在该试验条件下可以达到的最低转速。在该转速下,系统出现轻微"抱轴"及颤振（chatter）现象,杠杆振动也随之加剧。随着转速的升高,"抱轴"及颤振现象消失,整个过程没有测到振鸣音。因为黏 - 滑现象只发生在速度较低、润滑状况较差的情况下,故本试验的转速控制在较低的范围内。

由于轻微"抱轴"及颤振（chatter）现象的发生,20r/min 转速下 C 点的水平和竖直方向的位移峰值比其他转速下的大,且位移变动的随机性更强。在转速

30r/min、60r/min、100r/min 的情况下，C 点的水平位移振动幅度明显小于竖直位移振动幅度。

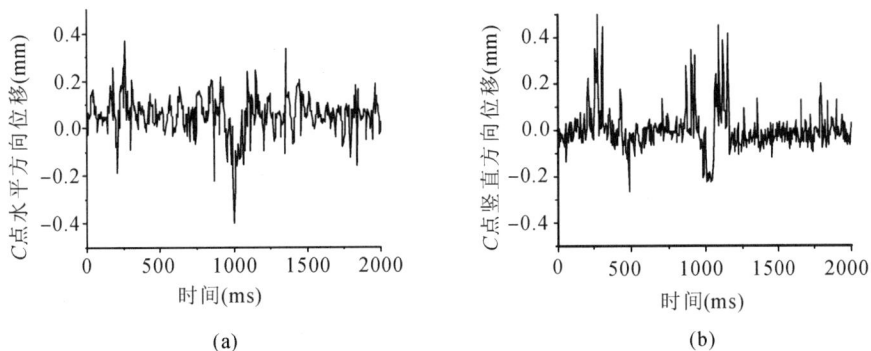

图 7-6　20r/min 时 C 点的位移随时间的变化

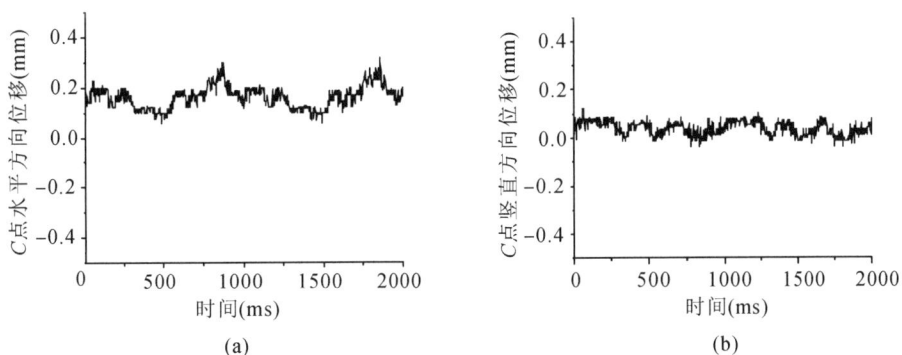

图 7-7　30r/min 时 C 点的位移随时间的变化

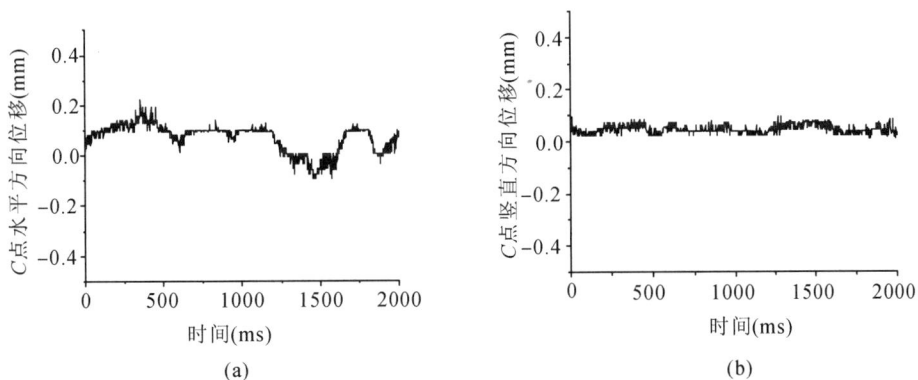

图 7-8　60r/min 时 C 点的位移随时间的变化

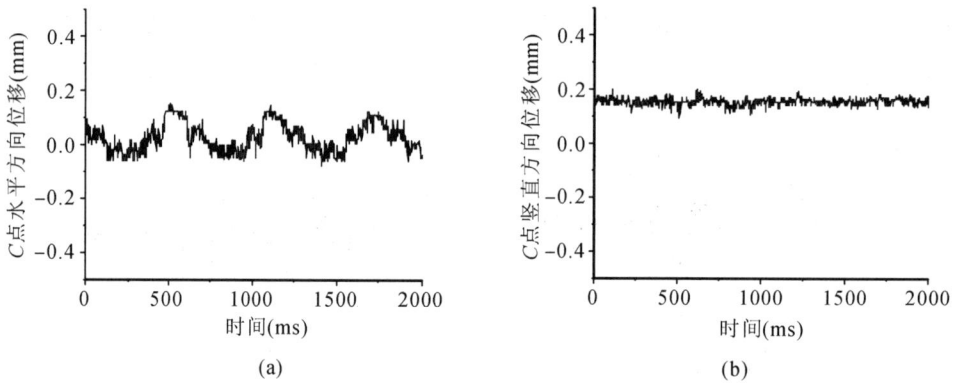

图 7-9　100r/min 时 C 点的位移随时间的变化

试块橡胶层厚度为 12mm，邵氏硬度 A 为 70，材料为丁腈 40，在比压 0.56MPa，自来水润滑的试验条件下其位移幅值的观测值如图 7-10 所示。除转速为 20r/min 的情况外，其他转速下 C 点的水平位移振动幅度高于竖直位移振动幅度，且随着速度的增加呈减小的趋势，减小幅度很小。这是因为 C 点位于试验轴正上方右偏 4mm，橡胶层因轴的转动而产生的黏-滑运动的方向总体与橡胶层和轴的相对速度方向一致。故而橡胶层上 C 点的黏-滑运动方向与水平方向的夹角较小（小于 45°），所以其在水平方向上的分量比垂直方向的大。随着转速的增加，摩擦副的润滑状况逐渐改善，黏-滑效应降低，故而 C 点的振动幅度越来越小。

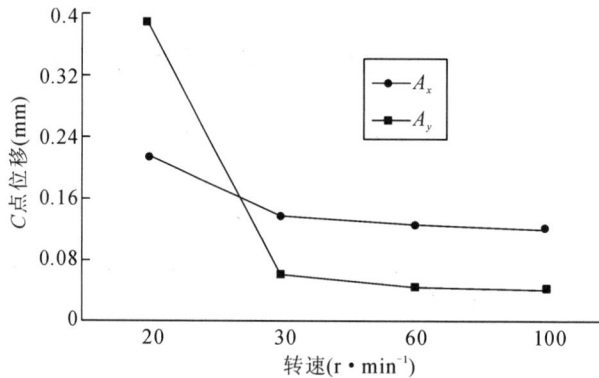

图 7-10　C 点的位移幅值随转速的变化

对图 7-6 ～ 图 7-9 中的测得 C 点的振动位移随时间变化的系列数据进行傅里叶变换，得到频谱图 7-11。其中图（a）（b）分别为试验主轴转速为 20r/min 时 C 点水平和垂直方向振动位移（对应图 7-6）经傅里叶变换后的频谱图；图（c）（d）分别为试验主轴转速为 30r/min 时 C 点水平和垂直方向振动位移（对应图 7-7）经傅里叶变换后的频谱图；图（e）（f）分别为试验主轴转速为 60r/min 时 C 点水平和垂直方向振动位移（对应图 7-8）经傅里叶变换后的频谱图；图（g）（h）分别为

试验主轴转速为 100r/min 时 C 点水平和竖直方向振动位移(对应图 7-9)经傅里叶变换后的频谱图。

由图 7-11 可以看出,C 点的振动能量主要集中在 $0\sim50\text{Hz}$ 的低频段。对其他试验工况下的 C 点水平和垂直方向振动位移进行傅里叶变换后得到同样的结论,下不赘述。在振动频率相近的情况下,振动幅值更能反映摩擦学系统的特性。故在后续的分析中,只列出 C 点振动位移幅值观测值 A_x、A_y 进行分析。

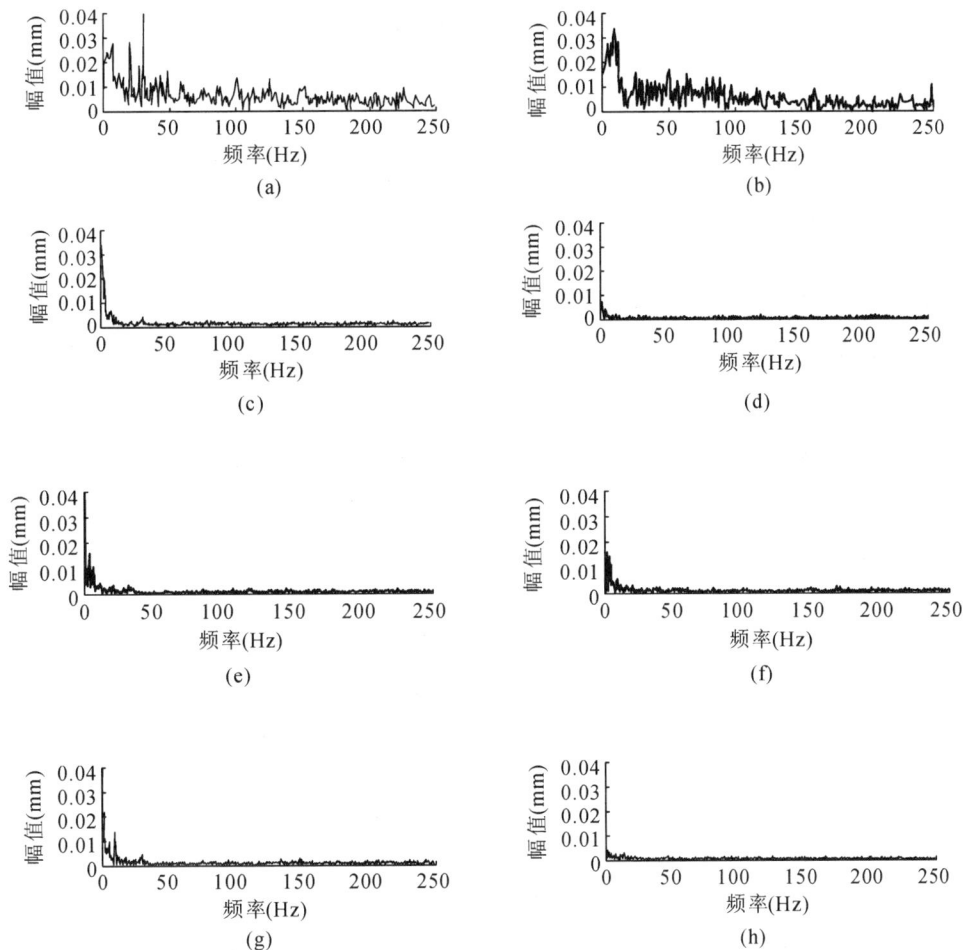

图 7-11　C 点振动位移的幅频特性

7.3.2　硬度的影响

本组试验中使用的试块橡胶层厚度为 12mm,材料为丁腈 40,邵氏硬度 A 分别为 70、75、85。试验在比压 0.56MPa,转速 30r/min,自来水润滑的条件下进行。

试验结果显示,C 点的位移变化同样呈现一定的随机性,统计统计量 A_x、A_y,结果如图 7-12 所示。由此可见,随着硬度的增加,C 点的位移振动幅度逐渐减小。这是因为硬度增加,橡胶层的弹性模量增加,在同样的黏着力下,橡胶层黏着点的变形减小,C点位移振动幅度减小。

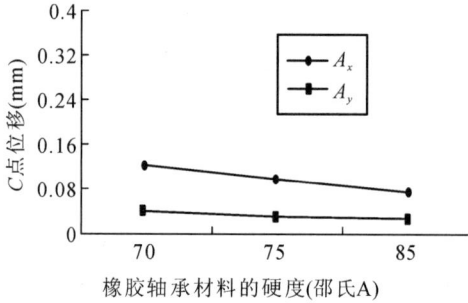

图 7-12　C点的位移幅值随橡胶轴承材料硬度的变化

7.3.3　厚度的影响

本组试验中使用的试块橡胶层材料为新型复合橡胶材料 SPB-N,邵氏硬度 A 为 80,橡胶层的厚度分别为 6mm、8mm、12mm。试验在比压 0.56MPa,转速 30r/min,自来水润滑的条件下进行。

试验结果显示,C点的位移变化同样呈现一定的随机性,统计统计量 A_x、A_y,结果如图 7-13 所示。由此可见,随着厚度的增加,C点的水平和竖直位移普遍呈现增大趋势。

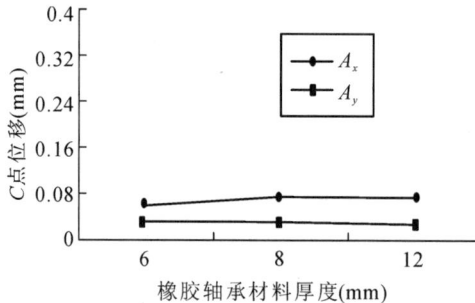

图 7-13　C点的位移幅值随橡胶轴承材料厚度的变化

7.3.4　正交试验分析

按照正交试验表 7-2 进行多次重复性试验,统计试验结果见表 7-3。该表前 9 行为正交试验的统计结果 A_x、A_y 值,后 16 行分别为分析各因素对 A_x、A_y 值影响显著程度的计算过程数据。

表 7-3　正交试验分析计算表

序号	试验号	硬度（邵氏 A）	比压（MPa）	润滑条件	橡胶层厚度（mm）	A_x（mm）	A_y（mm）
1	1	85	0.56	水润滑	12	0.55	0.45
2	2	85	0.7	干摩擦	8	0.95	0.39
3	3	85	0.28	半干摩擦	4	0.82	0.28
4	4	75	0.56	干摩擦	4	1.13	0.56
5	5	75	0.7	半干摩擦	12	2.40	1.01
6	6	75	0.28	水润滑	8	0.67	0.44
7	7	70	0.56	半干摩擦	8	2.23	1.39
8	8	70	0.7	水润滑	4	1.00	1.11
9	9	70	0.28	干摩擦	12	0.37	0.68
10	A_x K_1	2.32	3.91	2.22	3.32		
11	K_2	4.20	4.35	2.45	3.85		
12	K_3	3.61	1.86	5.45	2.95		
13	k_1	0.77	1.30	0.74	1.11		
14	k_2	1.40	1.45	0.82	1.28		
15	k_3	1.20	0.62	1.82	0.98		
16	极差	0.63	0.83	1.08	0.30		
17	最优方案	85	0.28	水润滑	4		
18	A_y K_1	1.12	2.40	2.00	2.14		
19	K_2	2.01	2.51	1.63	2.21		
20	K_3	3.17	1.39	2.68	1.95		
21	k_1	0.37	0.80	0.67	0.71		
22	k_2	0.67	0.84	0.54	0.74		
23	k_3	1.06	0.46	0.89	0.65		
24	极差	0.68	0.37	0.35	0.09		
25	最优方案	85	0.28	干摩擦	4		

在此介绍 A_x 部分计算分析过程，A_y 部分的计算方法和过程完全一致。K_1 这 1

行的 3 个数,分别是 4 个因素第 1 水平所在的试验对应的 A_x 值之和。对于第 1 个因素橡胶层硬度(第 1 列),它的第 1 水平安排在第 1、2、3 号试验中,对应的 A_x 值分别为 0.55、0.95、0.82,三者的和为 2.32,记在 K_1 这一行的第 1 列中;对于第 2 个因素比压(第 2 列),它的第 1 水平安排在第 1、4、7 号试验中,对应的 A_x 值分别为 0.55、1.13、2.23,三者的和为 3.91,记在 K_1 这一行的第 2 列中;对于第 3 个因素润滑条件(第 3 列),它的第 1 水平安排在第 1、6、8 号试验中,对应的 A_x 值分别为 0.55、0.67、1.00,三者的和为 2.22,记在 K_1 这一行的第 3 列中;对于第 4 个因素橡胶层厚度(第 4 列),它的第 1 水平安排在第 1、5、9 号试验中,对应的 A_x 值分别为 0.55、2.40、0.37,三者的和为 3.32,记在 K_1 这一行的第 4 列中。类似地,K_2 这一行的 3 个数,分别是 4 个因素的第 2 水平所在的试验中对应的 A_x 值之和;K_3 这一行的 3 个数,分别是 4 个因素的第 3 水平所在的试验中对应的 A_x 值之和。k_1、k_2、k_3 这 3 行的 3 个数,分别是 K_1、K_2、K_3 这 3 行中的 3 个数除以 3 所得的结果,也就是各水平所对应的平均值。同一列中,k_1、k_2、k_3 3 个数中的最大者减最小者所得的差叫极差。一般情况下,各列的极差是不同的,这说明各因素的水平改变对试验指标的影响是不同的,极差越大,说明这个因素的水平改变对试验指标的影响越大。极差最大的那一列,就是水平改变对试验指标的影响最大的那个因素所在的列,那个因素就是要考虑的主要因素。

针对 A_x,算出 4 列的极差分别为:0.63、0.83、1.08、0.30,显然第 3 列即因素 3 润滑条件的极差 1.08 最大。这说明润滑条件的水平改变对试验指标的影响最大,因此润滑条件是要考虑的主要因素。它的 3 个水平所对应的 k 值分别为:0.74、0.82、1.82,第 1 水平所对应的值最小,所以它的第 1 水平最好。第 2 列即因素比压的极差为 0.83,仅次于因素润滑条件。它的 3 个水平所对应的 k 值分别为:1.30、1.45、0.62,第 3 水平所对应的值最小,所以它的第 3 水平最好。第 1 列即硬度的极差为 0.63,排名第 3。它的 3 个水平所对应的 k 值分别为:0.77、1.40、1.20,第 1 水平所对应的值最小,所以它的第 1 水平最好。第 4 列即厚度的极差为 0.30,是 4 个因素中极差最小的,说明它的水平改变对试验指标的影响最小。它的 3 个水平所对应的 k 值分别为:1.11、1.28、0.98,第 3 水平所对应的值最小,所以它的第 3 水平最好。

从以上分析可以得出结论:各因素对试验指标 A_x 的影响按大小排序应当是润滑条件,比压,橡胶层硬度,橡胶层厚度。最好的方案应当是:

润滑条件:水润滑

比压:0.28MPa

硬度:85 邵氏 A

厚度:4mm

同样可以求得各因素对试验指标 A_y 的影响按大小排序应当是:橡胶层硬度,润滑条件,比压,橡胶层厚度。最好的方案应当是:

润滑条件:干摩擦

比压:0.28MPa

硬度:85 邵氏 A

厚度:4mm

可见,4 个因素对试验指标 A_x、A_y 的影响大小顺序虽然略有不同,但除润滑条件外,最佳方案基本一致。图 7-6～图 7-9 的试验结果显示,A_x 比 A_y 大,以能得到最佳的 A_x 为准,故而最佳方案为:

润滑条件:水润滑

比压:0.28MPa

硬度:85 邵氏 A

厚度:4mm

7.4 真实的工作状态

为了方便观察轴承试块内衬的工作状态,将水润滑尾轴承试块的振动分解为水平方向和垂直方向,采用荧光笔在内衬的侧面画上等距的垂线和水平线,见图 7-14,图 7-15。

7.4.1 水平方向

如图 7-14 所示,$p = 0$ 表示未加载荷,$p \neq 0$ 表示加压;$n = 0$ 表示试验主轴静止,$n \neq 0$ 表示主轴转动。水润滑橡塑尾轴承试块的橡胶层为高弹性体。p 和 n 均为 0 时,轴承试块的橡胶层几乎无变化。由图 7-14(b) 可见,在静止状态下,只要加压就会有压缩变形。当轴转动时,沿旋转方向发生明显的变形,如图 7-14(c) 所示,并且这样的变形呈高频振动状态。

高转速时,振动的频率和振幅是相对稳定的,但低转速时振动频率和振幅呈现周期性的变化。当试块处在边界润滑状态时,橡胶层的变形出现滞后现象,这种现象称为黏-滑现象,它会诱发振动和尖叫声。在实际操作中,低转速是无法避免的,每种材料发生黏-滑现象的临界转速也是不同的。因此,在实际操作中应尽

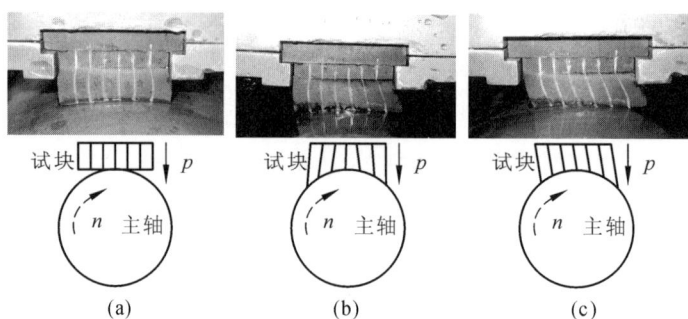

图 7-14　水润滑橡塑尾轴承试块水平方向上的变形及原理图

(a)$p=0,n=0$;(b)$p>0,n=0$;(c)$p>0,n>0$

p— 工作压力;n— 转速

量不在临界转速下停留,或者避免这种转速。

7.4.2　垂直方向

等距的水平线间距的变化代表着轴承试块垂直方向的振动,其变化幅值代表振动的强弱。由图 7-15(b)可见,当压力 p 和转速 n 变化时,水平线的间距基本上不发生变化,而且实际测量中也发现扣除系统的振动后,轴承试块垂直方向的振动幅值的数量级为 10^{-3} cm。由此可见,当润滑水充足时与水平方向的高频振动相比,垂直方向上的振动是很小的。

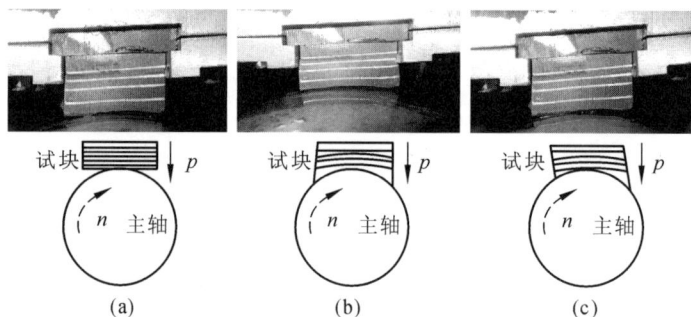

图 7-15　水润滑橡塑尾轴承试块垂直方向上的变形及原理图

(a)$p=0,n=0$;(b)$p>0,n=0$;(c)$p>0,n>0$

p— 工作压力;n— 转速

7.5　机理分析

水润滑橡胶尾轴承,如图 7-16 所示,由若干板条组成,其板条摩擦面为橡胶,具有一定的弹性自由度。

　　在润滑不良的情况下,摩擦副间的相对运动不是连续的,即产生黏-滑运动。黏-滑运动的发生分两个阶段进行,第一阶段为"黏"的阶段,摩擦副表面的微观突起相互黏结或嵌入,当摩擦副有相对运动的趋势时,相互撕拉,发生弹性变形;第二阶段为"滑"的阶段,随着运动的继续,弹性变形不断增大,当弹性力最终等于或大于最大静摩擦力时,黏着状态结束,运动副在弹性力的作用下发生分离,进入滑动阶段。与此同时,一方面,撕开的黏结点或嵌入产生与运动方向相反的回弹,另一方面新的黏结点或嵌入在运动副相对运动过程中不断地形成。如此,水润滑橡胶轴承摩擦副在润滑不良的情况下便出现了不连续的相对运动,即摩擦振动。

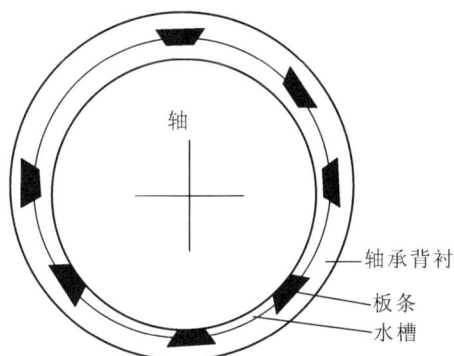

图 7-16　板条式水润滑橡胶轴承

　　目前,学术界的主要观点是摩擦学系统的摩擦振动与黏-滑现象的存在有密切关系。黏-滑现象的产生则与系统的动、静摩擦系数随速度、比压等条件的非线性变化有关。T. A. Simpson 认为动摩擦系数随相对速度的非线性变化是导致系统不稳定而产生振动的主要原因。如果系统的摩擦系数-速度曲线有负斜率,那么黏-滑取决于系统的阻尼和质量。橡胶板条的阻尼高,故水润滑轴承应该选择使用橡胶板条。因而研究黏-滑现象对探究系统摩擦振动的形成机理有重要的意义。

　　在摩擦界面上,黏着点从形成到拉到极限直至撕开需要一定时间。在这个过程中,静摩擦和最大静摩擦力(breakaway friction)随着滑动速度的增加而减小。当摩擦力的减小量超过黏着点继续发生应变所需增加的力时,黏着点断开,该情况与静摩擦和最大静摩擦力有密切关系,因为这两个表面在黏着的时候是相对静止的。

在摩擦界面上,除了有黏着点以外,还有相互嵌入的微观凸起,如图 7-17 所示。一个凸起要越过另外一个凸起继续前行,主要取决于两个因素:一是材料的弹性模量,如果一方的弹性模量很低,则凸起产生变形,越过另外一些凸起继续前行;二是界面的润滑状态,如果润滑状况很好,则凸起只需要较小的切向力便可滑过另外一些凸起继续前行。

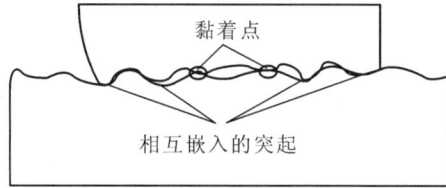

图 7-17　水润滑橡胶轴承摩擦副接触模型

摩擦界面上的黏着点和嵌入的密度则主要取决于界面的粗糙度和润滑状态。在摩擦副相对速度一定的情况下,黏着点和嵌入断开需要的时间越长,则系统因此储存的振动能量就会越高,水润滑橡胶轴承摩擦表面的振幅就越剧烈,这就是本章在进行试验结果分析时,选用振幅统计量 A_x、A_y 进行分析的原因。摩擦界面上的黏着点和嵌入的不断形成和断开便是摩擦学系统摩擦振动的振源。

Bharat Bhushan 对军用橡胶和低硬度橡胶进行了试验,结果显示,最大静摩擦系数(breakaway friction)随着滑动速度的增加、负荷的降低而降低。第 3 章的试验结果显示,在我们感兴趣的速度范围内,即速度较低的情况下,丁腈橡胶的动摩擦系数随着速度的增加而降低,且变化的负斜率很大。摩擦系数还受橡胶层硬度、厚度的影响,随着橡胶层厚度、硬度的降低呈现下降趋势。

本章通过试验研究发现 C 点的振幅统计量随着摩擦副相对速度的增加而减小。这是因为速度增加,润滑状态得到改善,动、静摩擦系数减小,摩擦界面的黏着点和嵌入易分开,系统储存的振动能量降低。

C 点的振幅统计量随着橡胶层厚度的减小、硬度的增加而减小,这与第 3 章的试验结果在一定程度上一致。橡胶层厚度减小,摩擦系数降低;橡胶层硬度增加,摩擦系数增加。但在厚度和硬度对摩擦系数的影响中,厚度为主要因素,其影响比硬度大。同样地,摩擦系数降低,则撕开黏着点和嵌入所需要的力减小,黏着的应变减小,则系统因此而储存的振动能量降低,故而橡胶层的振幅减小。

水润滑状态下,因为润滑水膜的存在,黏着和嵌入的概率降低。且摩擦系数小,黏着和嵌入更易分开,故而系统储存的振动能量低。干摩擦的摩擦系数比水润滑高,故而在干摩擦状态下,系统因为黏着点和嵌入的形成和断开而储存的振动能量较在水润滑下的高。在半干摩擦下,系统中存在一定比例的干区和湿区。从干区到湿区,从干摩擦到水润滑或混合润滑,系统的摩擦力变动范围更大,故而系统储存的振动能量更高。因为在水润滑下的摩擦系数比在干摩擦的摩擦系数小很多,在半干摩擦中对摩擦系数起决定作用的为干摩擦,故而在干摩擦和半干摩擦状态下,刚度 k 值相差不大。

参考文献

[1]　SIMPSON T A,IBRAHIM R A. Nonlinear friction-induced vibration in water-lubricated bearings[J]. Journal of Vibration and Control,1996,2:87-113.

[2]　BHUSHAN B. Stick-slip induced noise generation in water-lubricated compliant rubber bearings[J]. Journal of Lubrication Technology,1980,102(Compendex):201-212.

第8章　水润滑复合橡胶轴承摩擦振动特性试验研究

上述内容论述了新型水润滑轴承材料 SPB-N 的研制,建立了水润滑橡胶轴承摩擦振动产生机理的分析模型,并用试块试验的方法研究了比压、速度、橡胶层的硬度和厚度等因素对材料的摩擦系数及摩擦振动的产生情况的影响。为了更进一步地验证上述研究结论的正确性,还须通过全副轴承试验进行验证性研究。本章以摩擦系数、水润滑橡胶轴承系统的频率和振幅为性能指标,选取转速、比压、橡胶层的硬度等三个因素来进行验证性试验,分析其变化规律,以得出对实践更具有指导意义的结论。

8.1　试验设计与方法

8.1.1　试件

试件是材料为 SPB-N 的整体圆筒形平面轴承。该结构采用一次注压成型工艺,组织细密,启动摩擦力矩小,有利于流体动压润滑的建立。图 8-1 所示为轴承及结构示意图:轴承内表面(SPB-N)的粗糙度 < 0.2mm,橡胶层厚度为 12mm,背衬材料为铜 H62。与轴承试件配副的试验主轴由 45 钢制成,其轴颈镶有 ZQSn10-2 衬套,衬套长 147.05mm,外径为 171mm。为使轴承得到足够的水量进行冷却与润滑,轴承内部均匀分布着 12 个轴向水槽,安装时让其中的一条水槽位于试验主轴的正下方。

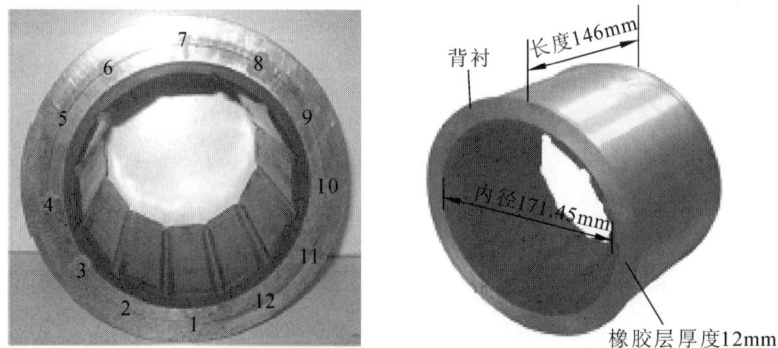

图 8-1　轴承及结构示意图

8.1.2　试验设计

参照 MIL-DTL-17901C(SH) 摩擦系数的测定大纲进行试验。转速如下：3.60m/s(400r/min)、2.25m/s(250r/min)、0.90m/s(100r/min)、0.54m/s(60r/min)、0.36m/s(40r/min)、0.27m/s(30r/min)、0.18m/s(20r/min) 和 0.09m/s(10r/min)。比压分别为：0.28MPa、0.42MPa、0.56MPa、0.70MPa 和 0.84MPa。温度：20℃、30℃、40℃、50℃。

试验步骤：① 将比压调至 0.28MPa，水温 20℃，开机；② 待系统稳定，将转速升至 3.6m/s，开始记录摩擦系数值和振动曲线，以后按 2.25m/s，0.9m/s，0.54m/s，0.36m/s，0.27m/s，0.18m/s，0.09m/s 和 0.045m/s 的线速度阶梯降速，并且每档速度稳定 15min；③ 将温度调至 30℃、40℃、50℃，重复步骤 ①、②；④ 结束后，更换新轴承，并将比压调至 0.42MPa、0.56MPa、0.70MPa 和 0.84MPa，重复步骤 ①、②、③。

为了核对第一次测量的摩擦系数值是否准确，将转速从最低升至 3.6m/s，并记下升速过程中每一时间段的摩擦系数，如果与降速测量值比较，相差不大，则降速测量的摩擦系数值是正确的，否则要换装新的试件，重新开始试验。如果因故停机，也要重新换装新的试件，重新从磨合开始测量摩擦系数值。

8.2　摩擦学特性结果与分析

根据试验记录数据，整理得表 8-1～表 8-3 的摩擦系数列表。第 1 列为试验主轴轴颈的线速度，第 2 列为美国军标 MIL-DTL-17901C(SH) 规定的当比压为0.28MPa 时试件在对应转速下摩擦系数的最大值。表中留有空格，是因为在该工况下，摩擦系数大，使系统所需要的拖动力矩超过了试验台电机的额定转矩，试验无法进行，故而没有测出摩擦系数。

表 8-1　硬度为邵氏 A75 的 SPB-N 试件在水润滑下的摩擦系数表

线速度（m/s）	美国军标摩擦系数标准	0.28MPa	0.42MPa	0.56MPa	0.70MPa	0.84MPa
0.045	0.25	0.1031				
0.09	0.16	0.0861				
0.18	0.09	0.0676	0.0626	0.0597	0.0481	0.0384

线速度 （m/s）	美国军标 摩擦系数标准	0.28MPa	0.42MPa	0.56MPa	0.70MPa	0.84MPa
0.27	0.04	0.0385	0.0376	0.0343	0.0314	0.0273
0.36	0.03	0.0298	0.0281	0.0224	0.0208	0.0197
0.54	0.02	0.0195	0.0187	0.0148	0.0125	0.0119
0.90	0.02	0.0134	0.0120	0.0116	0.0120	0.0096
2.25	0.02	0.0145	0.0070	0.0070	0.0078	0.0045
3.60	0.02	0.0145	0.0075	0.0073	0.0075	0.0049

表 8-2　硬度为邵氏 A82 的 SPB-N 试件在水润滑下的摩擦系数表

线速度 （m/s）	美国军标 摩擦系数标准	0.28MPa	0.42MPa	0.56MPa	0.70MPa	0.84MPa
0.045	0.25					
0.09	0.16					
0.18	0.09	0.0841				
0.27	0.04	0.0656	0.0499	0.0482	0.0459	
0.36	0.03	0.0483	0.0394	0.0373	0.0367	0.0249
0.54	0.02	0.0281	0.0248	0.0234	0.0238	0.0147
0.90	0.02	0.0151	0.0128	0.0118	0.0137	0.0105
2.25	0.02	0.0159	0.0144	0.0127	0.0105	0.0084
3.60	0.02	0.0163	0.0151	0.0137	0.0125	0.0091

表 8-3　硬度为邵氏 A70 的 SBR 试件在水润滑下的摩擦系数表

线速度 （m/s）	美国军标 摩擦系数标准	0.42MPa	0.56MPa	0.70MPa	0.84MPa
0.045	0.25	0.1131			
0.09	0.16	0.1001			
0.18	0.09	0.0966	0.0797	0.0676	0.0484
0.27	0.04	0.0806	0.0643	0.0485	0.0373

线速度 （m/s）	美国军标摩擦 系数标准	0.42MPa	0.56MPa	0.70MPa	0.84MPa
0.36	0.03	0.0641	0.0524	0.0398	0.0297
0.54	0.02	0.0427	0.0348	0.0238	0.0189
0.90	0.02	0.0290	0.0256	0.0144	0.0136
2.25	0.02	0.0244	0.0217	0.0155	0.0134
3.60	0.02	0.0251	0.0217	0.0165	0.0141

8.2.1　速度的影响

对图 8-2 ～ 图 8-4 进行分析,三种轴承在不同的比压条件下,当线速度从 0.045m/s 上升到 3.6m/s 时,摩擦系数总体上呈现出先减小后增大的趋势。在 0.045 ～ 0.9m/s 区段,其摩擦系数急速下降,在 0.9 ～ 2.25m/s 区段,其摩擦系数近似水平,略有下降,直到达到最小值。在 2.25 ～ 3.6m/s 区段,摩擦系数略有上升。

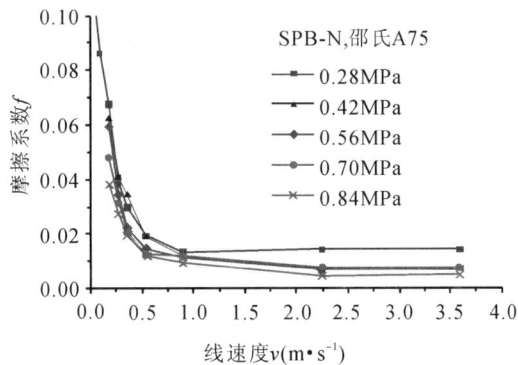

图 8-2　硬度为邵氏 A75 的 SPB-N 水润滑轴承的 f-v 曲线

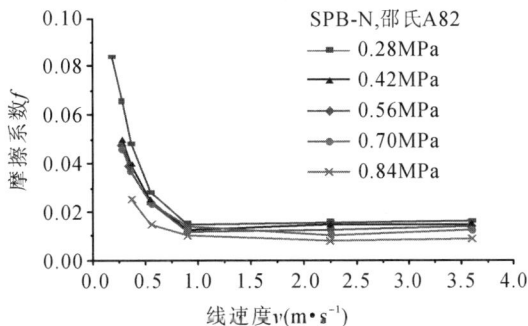

图 8-3　硬度为邵氏 A82 的 SPB-N 水润滑轴承的 f-v 曲线

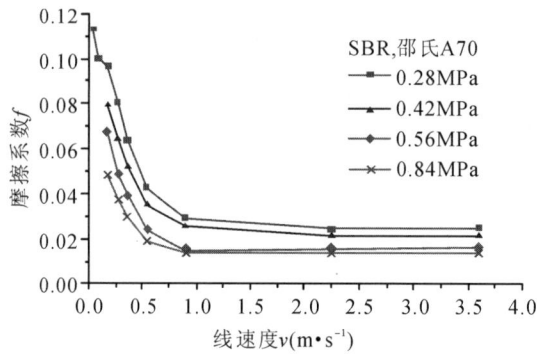

图 8-4　硬度为邵氏 A70 的 SBR 水润滑轴承的 f-v 曲线

以上结果和试块试验的结果基本一致。这表明速度对轴承的摩擦特性有较大的影响。在低速时,轴承与尾轴局部接触,轴承处于半干摩擦或边界润滑状态,两摩擦界面没有足够的润滑水来达到充分的润滑,所以摩擦系数较大。当速度逐渐增大时,更多的润滑水被卷入摩擦界面,润滑条件得到改善,摩擦系数急剧下降。而随着两摩擦表面间有了越来越多的润滑水,速度对润滑条件的改善作用就逐渐降低,系统进入弹-塑流体动压润滑状态。在弹-塑流体动压润滑条件下,随着滑动速度的增大,摩擦系数也随之略有增大,这是流体黏性引起的拖拽效应所致。

8.2.2　比压的影响

在各种线速度下,当轴承的名义比压从 0.28MPa 升到 0.84MPa 时,其摩擦系数总体上呈现减少趋势,但降幅较小,在低速阶段(0.045～0.9m/s)降幅较明显,这与试块试验的结果一致。这也说明美国军标 MIL-DTL-17901C(SH) 以 0.28MPa 下的摩擦系数作为考核材料性能的指标是有道理的。此现象可以作如下解释:在低速(0.045～0.9m/s)时,摩擦副处在边界摩擦状态。在主承压区,轴承内表面与铜套外表面的曲率半径相差较大,真实的接触面积较小,当比压增大时,轴承橡胶层的变形增大,轴承内表面与轴铜套外表面的曲率半径相差变小,轴承橡胶层在流固耦合作用下所表现的顺应性,使摩擦副真实的接触面积增大,实际接触压力反而减小,故摩擦系数减少。在速度大于 0.9m/s 时,摩擦系数减小幅度较小。可以认为,此时摩擦副中弹塑性流体动压润滑效应逐渐显著,摩擦系数受压力影响不大。因此低速时,动摩擦系数随比压的增大降幅较大,在高速时,受比压影响不明显。

另外,在电机功率一定的情况下,随着比压的增大,试验可以达到的最低转

速逐渐增大。硬度越高的材料,此种现象越明显。这是因为比压越高,最大静摩擦
(breakaway friction)系数越大,系统需要的启动力矩就越大。

8.2.3　材料的影响

横向比较 3 种轴承的摩擦系数,发现材料对摩擦系数的影响较大。作三种材料的试件在名义比压 0.28MPa 下的 $f\text{-}v$ 趋势图,并且将其与美国军标 MIL-DTL-17901C(SH)的标准进行对比,如图 8-5 所示。由此可见,硬度为邵氏 A 75 的 SPB-N 试件摩擦系数最小,达到了 MIL-DTL-17901C(SH)的要求。硬度为邵氏 A 82 的 SPB-N 轴承摩擦系数次之,硬度为邵氏 A 70 的某橡胶材料摩擦系数最大,说明新材料 SPB-N 的性能较突出。

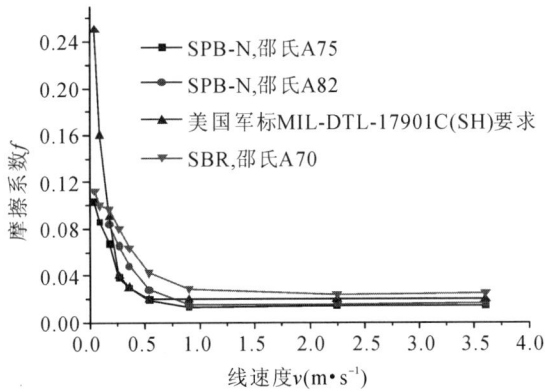

图 8-5　比压 0.28MPa 下三种试件的 $f\text{-}v$ 曲线

8.2.4　硬度的影响

硬度为邵氏 A75 和 A82 的新材料 SPB-N,基本配方相同,只是炭黑含量不同,硬度不同。图 8-6 给出了两种硬度的 SPB-N 在不同比压下的 $f\text{-}v$ 曲线,可见硬度为邵氏 A75 的 SPB-N 水润滑尾轴承的摩擦系数总体上比硬度为邵氏 A82 的小,即摩擦系数随着水润滑尾轴承橡胶层硬度的增加而增大,这与试块试验的结果一致。这是因为用水作为润滑剂,摩擦副多处于混合润滑状态,即便有润滑水膜形成,水膜也很薄,硬的橡胶表面更易刺穿水膜。同时,低硬度的橡胶在负载下更易产生变形,形成水囊,弹-塑流体动压润滑作用更加显著。此外,硬度越低,在受同样比压的情况下,橡胶层的变形越大,试块与轴界面上的实际接触面积就越大,而单位面积上的压力就越小,这也导致摩擦系数越小。

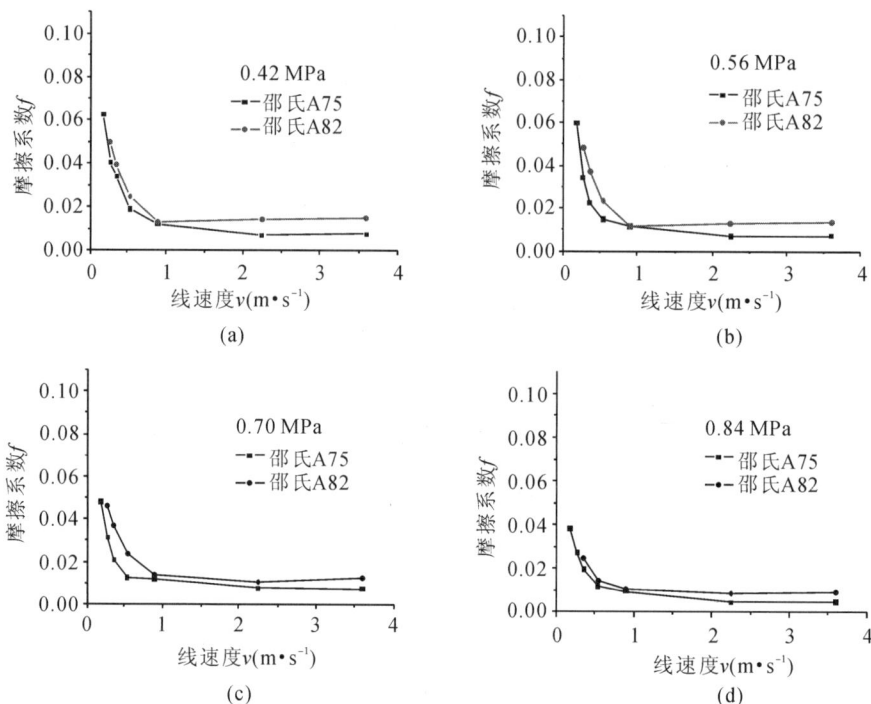

图 8-6　　不同硬度下的 SPB-N 的 f-v 曲线

8.3　振动测试结果及分析

试验中发现轴承座上的振动信号可以很好地反映尾轴承噪声。橡胶轴承在出现噪声时,振动时域信号先出现间歇式小脉冲,接着出现幅值比正常工况大很多倍的峰值,最后出现连续的大幅振动。试验现象与轴承噪声理论十分吻合,表明轴承出现噪声时先进入黏-滑摩擦状态,再出现连续的摩擦。

图 8-7 分别列出轴承在正常工况下和产生振鸣音时轴承座典型的时域和频域图谱。通过复合橡胶轴承的试验发现:在润滑水正常供应的情况下,系统几乎不会产生摩擦噪声或者颤振。但不同载荷、不同转速下轴承座水平和竖直方向的振动时域和频域图谱是不一样的,反映了轴承摩擦副实际的工作状态。振动是声波产生的根源,它们两者之间有着本质的联系。噪声强度级基本上决定于振源表面的振动速度的幅值。振动速度减少数倍时,声压也减小相同的倍数。本研究通过试验记录了轴承座壳体水平和垂直方向的振动速度的时域和频域图谱。测试系统的频率测试范围为 $0 \sim 7.4 \mathrm{kHz}$,但在正常工况下,振动幅值较大的频段主要集中在 $0 \sim 200 \mathrm{Hz}$ 的低频段。因为频域图谱能更清楚地反映振动发生的频段和幅值范围,故只取 $0 \sim 200 \mathrm{Hz}$ 范围的频域曲线图进行分析。

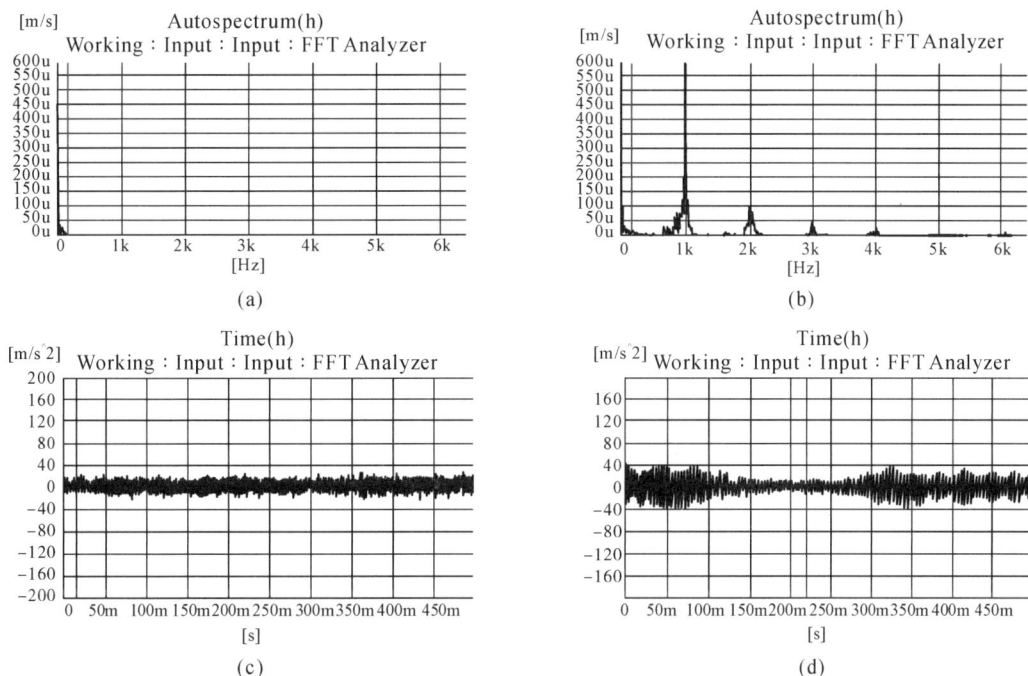

图 8-7　水润滑橡胶轴承座典型振动信号图

(a) 正常工况下频域谱线图;(b) 产生振鸣时频域谱线图;

(c) 正常工况下时域谱线图;(d) 产生振鸣时时域谱线图

8.3.1　速度的影响

图 8-8 给 出 了 在 名 义 比 压 0.28MPa、0.48MPa、0.56MPa、0.70MPa、0.84MPa 下,水润滑橡胶尾轴承座表面纵向(竖直方向)和横向(水平方向)频域曲线随速度变化的关系图。总体上说,在低速的时候,振动能量较集中,随着速度升高,而呈现出发散的趋势。转速从低速升高到中低速时,振幅呈现减小趋势,随着转速继续升高,系统的振动开始加剧。振动能量主要集中在 0 ~ 50Hz 的低频段,第 7 章中试验显示黏-滑现象发生时振动能量也主要集中在 0 ~ 50Hz 的低频段。测得试验系统的固有频率约为 250Hz,这说明本试验中出现的 5 ~ 50Hz 低频段的振动与黏-滑运动有关。在比压 0.28MPa 下,20r/min 是在试验条件下主轴可以达到的最低转速。在该转速下,振幅比转速为 30r/min 时的大,这是因为在 20r/min 的转速下黏-滑效应更显著。随着转速的升高,摩擦副的黏-滑效应降低,故而振幅呈现减小趋势。随着转速的进一步升高,由于主轴的偏心、轴承的不对中等试验台架本身所具有的制造或安装误差导致系统的振动加剧,故而系统的振幅增大。可见低速时,黏-滑现象更加严重,系统更容易产生振鸣音。舰船的行驶速度应尽量避免在较低的范围内。

横向比较发现,垂直方向的振动幅值变化范围为 $0 \sim 0.0005 \text{m/s}$,水平方向的振动幅值变化范围为 $0 \sim 0.0015 \text{m/s}$,垂直方向的振动幅值比水平方向大,这与第7章中的黏-滑现象的试验结果一致。进一步验证,黏-滑现象是导致水润滑橡胶轴承产生振动乃至噪声的原因之一。

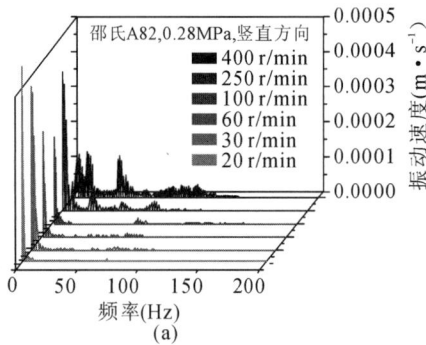

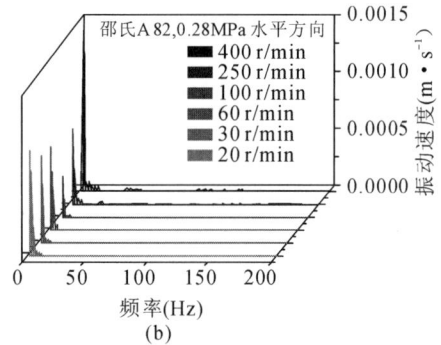

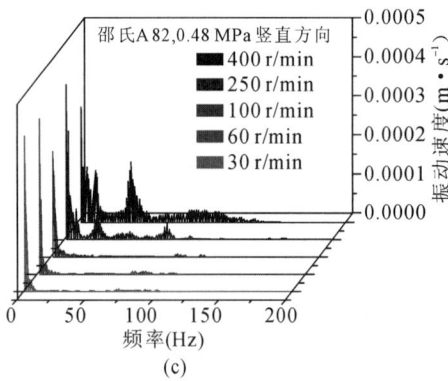

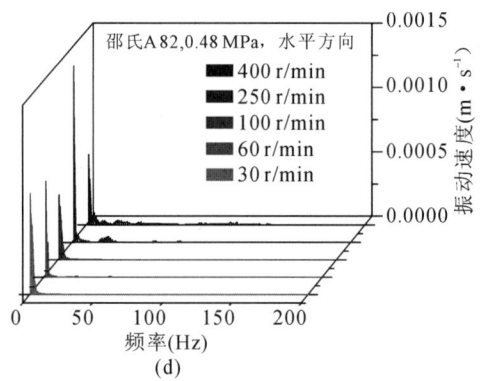

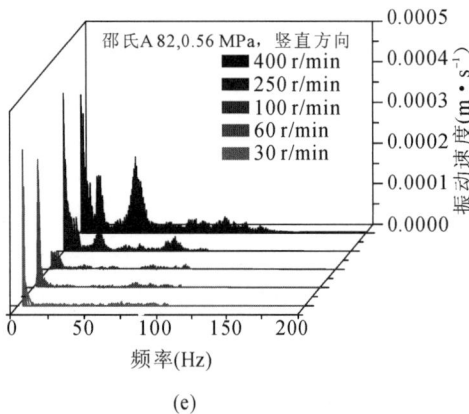

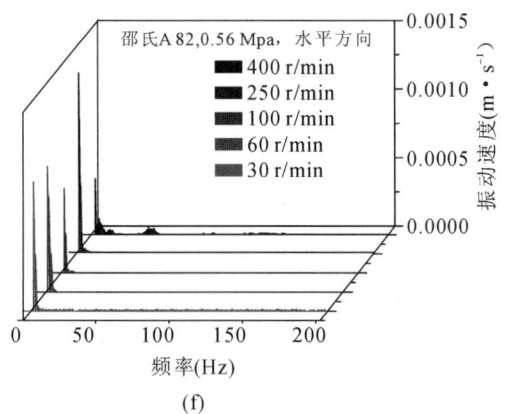

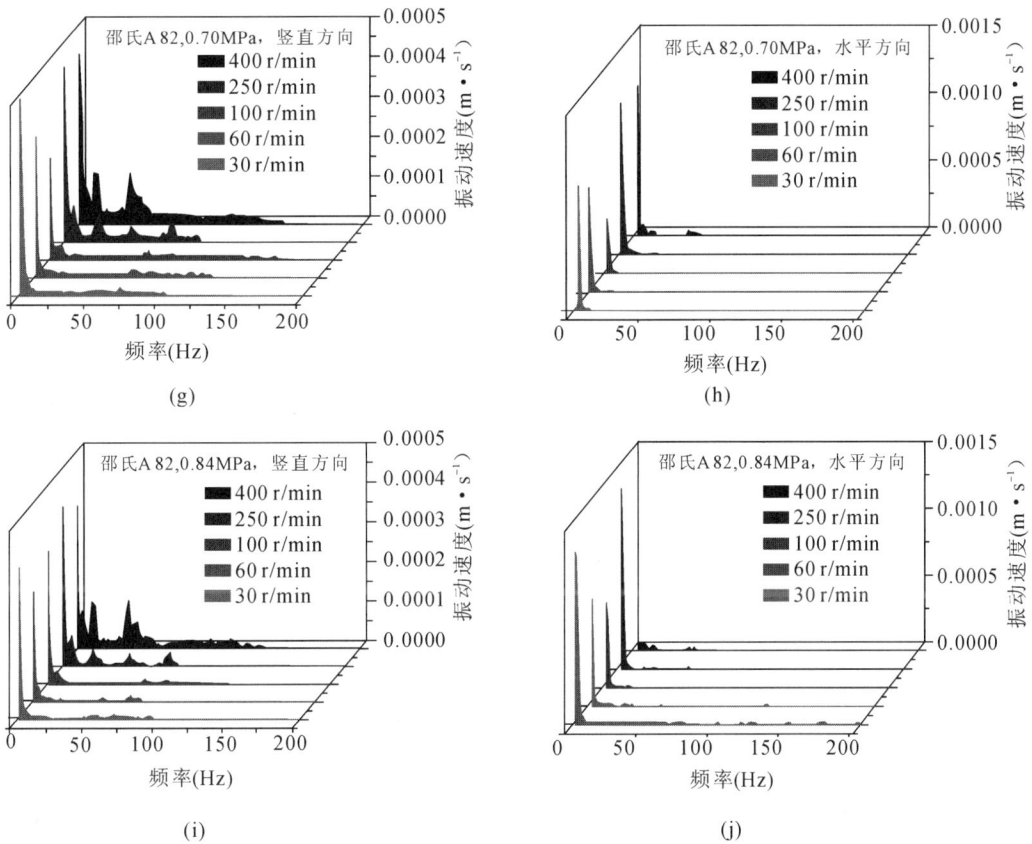

图 8-8　不同转速下,橡胶层为 SPB-N 时轴承座的振动谱线图

8.3.2　比压的影响

图 8-9 为转速为 60r/min 和 400r/min 时不同比压下硬度为邵氏 A82 的 SPB-N 试件的振动谱线图。观察发现,载荷对轴承的振动幅值的影响不明显。对硬度为邵氏 A75 的 SPB-N 试件进行分析,具有同样的现象。这说明 SPB-N 复合橡胶性能稳定,在局部比压达到 0.84MPa 的情况下,可以正常工作,但比压超过 0.84MPa 以后,轴承的振动情况会发生突变,在很大的速度范围内都会产生摩擦噪声,而且随着比压的增大,摩擦噪声渐渐由尖叫向颤振转化。

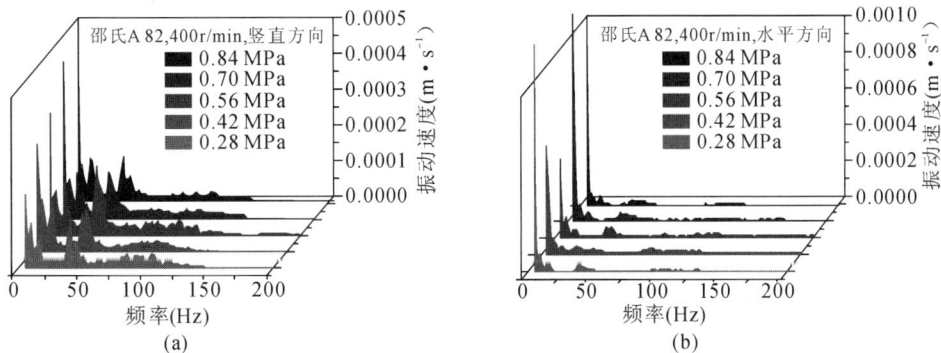

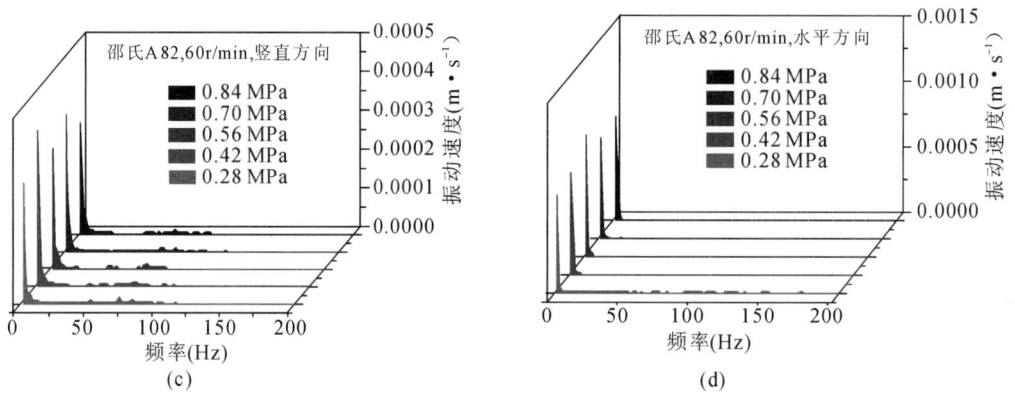

图 8-9　不同比压下，橡胶层为 SPB-N 时轴承座的振动谱线图

8.3.3　材料的影响

图 8-10 为在比压 0.28MPa，转速 60r/min 下 3 种试件轴承座的振动谱线图。可见硬度为邵氏 A82 的 SPB-N 试件轴承座的振幅最小，硬度为邵氏 A75 的 SPB-N 试件轴承座的振幅次之，硬度为邵氏 A70 的普通材料试件轴承座的振幅最大。由此说明 SPB-N 试件的抗噪性优于硬度为邵氏 A70 的普通材料。

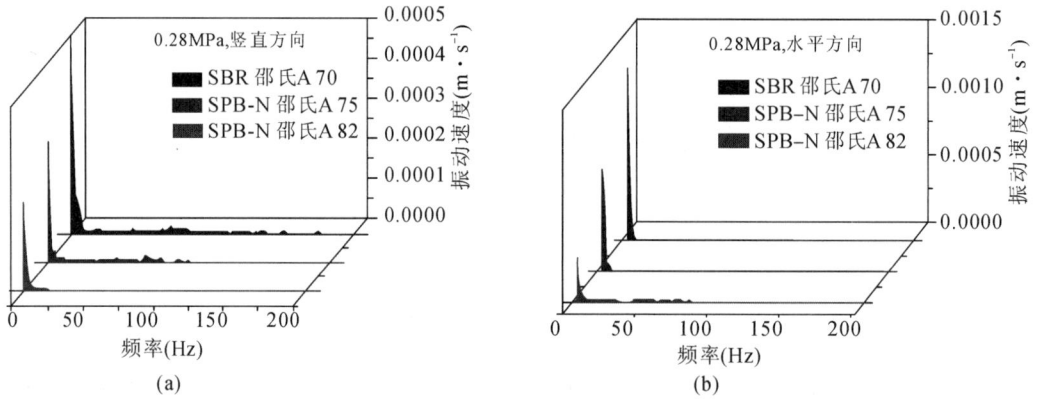

图 8-10　在比压 0.28MPa，转速 60r/min 下 3 种试件轴承座的振动谱线图

8.3.4　硬度的影响

图 8-11 为转速为 60r/min，橡胶层硬度不同时轴承座的振动谱线图。可见硬度为邵氏 A82 的 SPB-N 试件的抗噪性明显优于硬度为邵氏 A75 的 SPB-N 试件。这是因为硬度大，刚度便大，振幅自然便小。

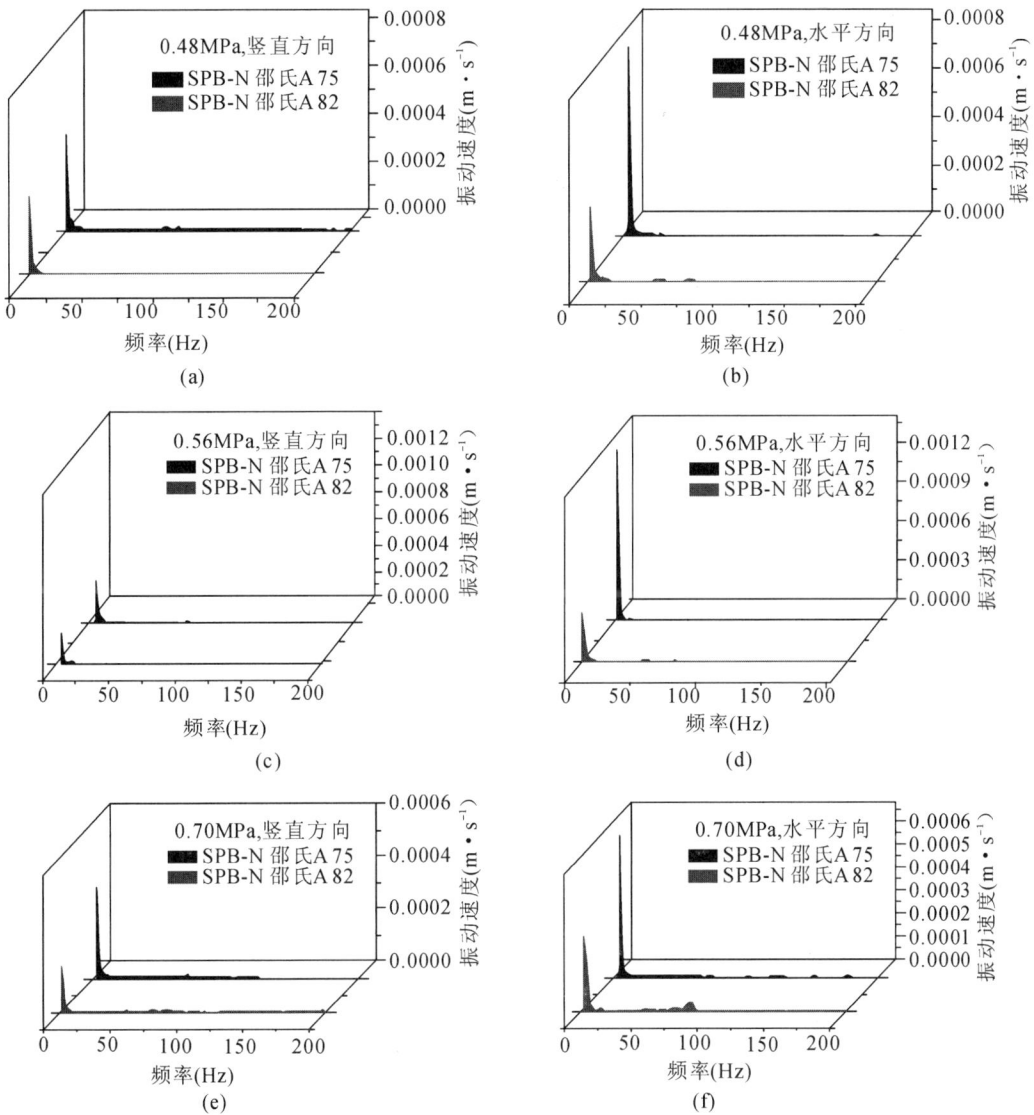

图 8-11　　转速为 60r/min,橡胶层硬度不同时轴承座的振动谱线图

8.3.5　润滑状态的影响

上述试验都是在润滑水充足的情况下进行的,润滑水循环系统的进水温度为 20 ~ 24℃,出水温度为 30 ~ 36℃,轴承试件处于良好的工作状态。减少循环水的供水量,润滑水的出水温度会逐渐升高,甚至会达到 60℃,当减少到一定量时,系统便会产生噪声。统计表明:尖叫的频段一般为 920 ~ 1834Hz,加速度振幅为 0.5 ~ 5.1mm/s²,位移振幅为 10 ~ 137pm,与转速和比压有关,在低速时最为明显。颤振主要发生在低频段,一般在 400Hz 以下,加速度振幅为 0.6 ~ 10.2mm/s²,位移振幅为 0.16 ~ 2.2nm。颤振发生时,整个试验台都开始剧烈振

动,振动幅值比尖叫时的振动幅值大了两个数量级,因此颤振破坏性大,更值得重视。

参考文献

[1]　BHUSHAN B.摩擦学导论[M].葛世荣,译.北京:机械工业出版社,2007.

第9章 氧化锌对水润滑复合橡胶材料的改性

9.1 纳米氧化锌对胶料性能的影响

9.1.1 氧化锌对胶料工艺性能的影响

纳米氧化锌粒子的比表面积和结构性对胶料加工工艺性能尤其是对混炼和硫化工艺性能有较大的影响。

氧化锌的比表面积和结构性决定了其在橡胶中混入时间的长短。胶料混炼时,氧化锌易于加入,但其在胶料中很难分散或容易产生凝结。而纳米氧化锌比表面积大,具有界面效应,使其粒子表面活性很高,易产生凝结,影响了其在胶料中的分散性。所以,纳米氧化锌的表面应进行改性处理,提高其在胶料中的分散性,而且加工过程中的混炼工艺也应合理优化,改进配合剂添加顺序,提高纳米氧化锌在胶料中的分散性。有关试验结果表明,以纳米氧化锌等量替代普通氧化锌,可使胶料的门尼黏度和最小转矩较大程度地增大,这是因为纳米氧化锌的表面结构决定了其与橡胶大分子链间有很强的吸附作用。

纳米氧化锌与普通氧化锌相比,其粒径小,比表面积大,容易吸附促进剂,延后胶料焦烧硫化的起步,提高胶料的加工安全性和性能可靠性。橡胶大分子活性大,大分子链自由度高,而纳米氧化锌分散性好,加入橡胶中会减弱橡胶大分子链的运动,降低大分子链与硫化剂的反应能力,使正硫化时间适当延长,这有助于改善橡胶的加工性能,使橡胶在加工过程中不易发生焦烧现象,特别是加工比较厚的橡胶制品时,由于橡胶导热性不好,表面热量需很长时间传到橡胶内部,橡胶内部硫化起步比较晚,为了确保内部胶料能达到硫化而不致发生欠硫化现象,胶料实际硫化工艺时间都比较长,而且有时延长正硫化时间还可以避免硫化返原现象发生,这对于产品的性能是有利的。

9.1.2 对胶料物理性能的影响

纳米氧化锌的比表面积与普通氧化锌的相比很小,其活化效率较高,对硫化胶的物理性能也产生较大影响。

比表面积作为纳米氧化锌的核心指标,对硫化胶的性能影响很大,尤其是纳米氧化锌胶料的定伸应力、耐磨性、压缩永久变形等性能较普通氧化锌胶料显著提高。于泳等所做的试验的结果也表明,纳米氧化锌对提高胶料综合性能是非常明显的,在胶料物理性能方面,能较大程度提高胶料的定伸应力。在降低磨耗量、提高耐磨性能及压缩疲劳温升降低、压缩永久变形减小方面也具有明显优势,而这种优势随比表面积的增大而更加明显。通常纳米氧化锌的比表面积达到 $80m^2 \cdot g^{-1}$ 以上时,可表现出普通氧化锌所没有的优良的综合性能。武玺的试验研究指出,胶料的物理性能与纳米氧化锌的比表面积之间关系密切,特别是胶料的定伸应力、耐磨性、压缩永久变形等性能都好于普通氧化锌胶料。这是因为纳米氧化锌比表面积大,亲合电子能力强,能有效地吸附促进剂,在胶料中能形成大量锌盐络合物,减少交联键中的多硫键,增加单硫键和双硫键数目,改变了交联键的结构形式,增大了胶料的交联密度,从而使胶料的物理性能显著提高。

纳米氧化锌比表面积越大,胶料产生一定的变形需要消耗的能量越多,反之,胶料消耗相同能量产生的变形减小,因此胶料的定伸应力和耐磨性增大。此原理区别于通过补强剂提高胶料性能的原理。通常,交联键中硫原子越少,胶料的压缩永久变形越好。但交联键的键能较高,降解耗能大,限制了压缩永久变形的增大。

总之,纳米氧化锌的比表面积大增大了交联网络密度,与橡胶分子实现了水平结合。而且,纳米氧化锌尺寸小、活性高,可以到达橡胶不饱和键周围,与橡胶分子发生反应,提高橡胶的稳定性,所以纳米氧化锌胶料的物理性能明显优于普通氧化锌胶料。

9.1.3　纳米氧化锌在橡胶中的应用

由于纳米氧化锌独特的性能,它在橡胶工业中得到广泛应用。纳米氧化锌在胶料中促进硫化反应,提高胶料的性能,且用量低。所以,作为替代氧化锌的活化剂,纳米氧化锌在橡胶工业中的应用越来越广泛,许多学者也纷纷对纳米氧化锌在橡胶中的应用做了大量研究工作。

孙霞容等对纳米氧化锌对天然橡胶(NR)性能的影响进行了研究。结果显示,纳米氧化锌延后了 NR 胶料的焦烧期,提高了其热老化性能,胶料的拉伸强度和扯断伸长率也都得到提高,并指出使 NR 胶料综合性能最好的纳米氧化锌用量为 5 份。

王振华等研究了纳米氧化锌对三元乙丙橡胶(EPDM)性能的影响,并对比了炭黑和白炭黑补强的 EPDM 胶料。结果显示,纳米氧化锌的导热性强于炭黑和白炭黑等补强剂,使胶料生热少,对橡胶具有很好的补强效果;利用偶联剂改性后的纳米氧化锌提高了纳米氧化锌粒子与橡胶分子间的界面作用,使其在胶料中分散均匀,提高了胶料的物理性能;两者组成的胶料物理性能和导热性能良好,制成的产品可在动态工况下使用。

姬志田等在橡胶止水带中加入纳米氧化锌,发现可以提高止水带的防水性能、拉伸强度和压缩永久变形等,使止水带使用寿命延长,并指出加入的纳米氧化锌为普通氧化锌的 60% 时,其使用性能仍优于普通氧化锌橡胶。

扈广法研究了纳米氧化锌对减振器胶料性能的影响。结果显示,与普通氧化锌用量相同的情况相比,纳米氧化锌缩短了胶料的硫化时间,提高了胶料的力学性能,延长了使用寿命。

马爱群等将纳米氧化锌与 SBS 混合制得纳米 SBS 改性沥青,并对比了普通沥青、纳米氧化锌改性沥青、SBS 改性沥青和纳米氧化锌 SBS 改性沥青的性能。结果显示,纳米氧化锌 SBS 改性沥青的性能更为优越。

白景美等将纳米氧化锌填充在 ABS 树脂中,发现适当添加纳米氧化锌能显著提高复合材料的各种力学性能,还可以延长复合材料的寿命。

9.2　试验试块和试验磨合过程

9.2.1　试验试块成分与物理机械性能

表 9-1　试块 1 和试块 2 中氧化锌和纳米氧化锌份数变化表

试块	氧化锌	纳米氧化锌
试块 1	5	0
试块 2	4	1

本次试验采用试块进行,普通复合橡胶试块记为试块 1,加入纳米氧化锌的复合橡胶试块记为试块 2,相关成分改变如表 9-1 所示,试块 1 和试块 2 的其他组分和分量完全相同,两者的物理机械性能参照 MIL-DTL-17901C(SH) 和 CB/T 769—2008 的要求在武汉市橡胶工业制品研究所检测,检测结果如表 9-2 所示。通过该表可以看出试块 1 和试块 2 都达到了 MIL-DTL-17901C(SH) 和 CB/T 769—2008 的要求,而且试块 2 总体上优于试块 1 的物理机械性能,说明加入纳米氧化锌可以改变胶料的物理机械性能,这与第 2 章中所述的纳米氧化锌对胶料物理机械性能的影响规律相一致。

表 9-2　　试块 1 和试块 2 的物理机械性能

性能	MIL-DTL-17901C	CB/T 769—2008	试块 1	试块 2	检测标准
硬度（邵氏 A，度）	65 ～ 90	70 ～ 85	73	73	GB/T 531.1
拉伸强度（MPa）	> 10.3	≥ 16	17.4	17.6	GB/T 528
扯断伸长率（%）	> 150	≥ 300	352	355	GB/T 528
扯断永久变形（%）		< 40	36	34	GB/T 528

9.2.2　试验磨合过程

进行台架模拟试验时，为了使试块工作表面与轴表面处于较好的配合状态，在开始试验之前都要进行磨合试验，磨合条件如下：

加载负荷：$p = 0.28\text{MPa}$

轴转动速度：$v = 0.54\text{m/s}(60\text{r/min})$

不停机连续运转时间：2h

磨合试验前，试块内表面要用自来水清洗，以去除浮灰及其他杂质。完成试块安装后，要先打开润滑水（自来水），启动驱动电机，缓慢调整主轴转速至 $0.54\text{m/s}(60\text{r/min})$，然后进行 2h 的磨合试验。

磨合试验完毕后，开始进行相关摩擦试验。

1. 不同比压下的速度特性试验及结果分析

试块 1 和试块 2 分别在比压 0.28MPa 下，按照 0.09m/s、0.18m/s、0.27m/s、0.36m/s、0.54m/s、0.90m/s、2.25m/s（对应轴的转速分别为 10r/min、20r/min、30r/min、40r/min、60r/min、100r/min、250r/min）的线速度要求，把轴的转速从 0.54m/s 提高到 2.25m/s，并运行 15min，记录稳定后的摩擦力矩值；然后再从 2.25m/s 逐渐逆向降速到 0.90m/s，运行 15min，记录稳定后的摩擦力矩值；再从 0.90m/s 逐渐逆向降速到 0.54m/s，运行 15min，记录稳定后的摩擦力矩值；按照此步骤直至降到 0.09m/s，然后再顺向每 15min 提速一次并记录摩擦力矩值，直至 2.25m/s，算出逆向和顺向两次试验值的平均值作为第一次试验的结果。

第一次试验结束后，换上另一块同样的试块按照以上的步骤在 0.28MPa 下做重复试验，得到的平均值作为第二次试验的结果。每种转速下取第一次和第二次试验结果的平均值作为该比压下每种转速的最终摩擦力矩值。

然后试块 1 和试块 2 分别在比压 0.42MPa、0.56MPa、0.70MPa、0.84MPa 下，按照以上的步骤进行试验。每种比压下都用两个相同的试块做两次重复试验，取两次试验的平均值作为每种比压下每个转速的最终摩擦力矩值，然后计算出相应的摩擦系数值。试验时采用自来水作为摩擦副的润滑剂，室温为 20 ~ 25℃。

试验结果如图 9-1 所示。

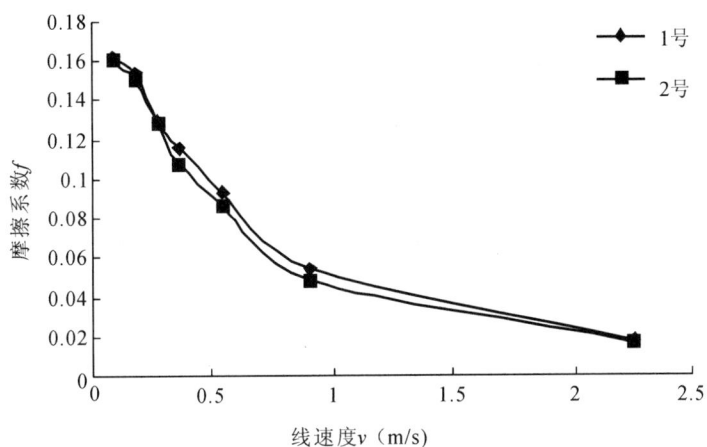

(a)

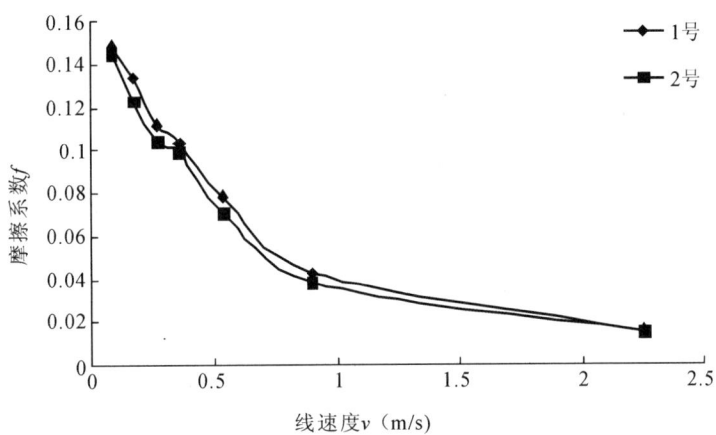

(b)

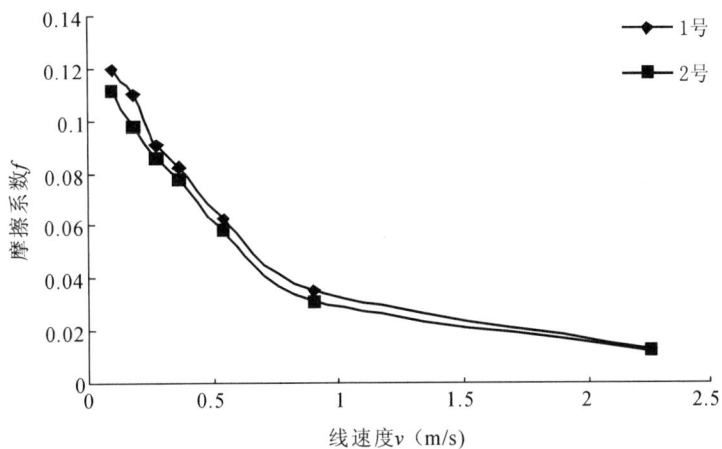

(c)

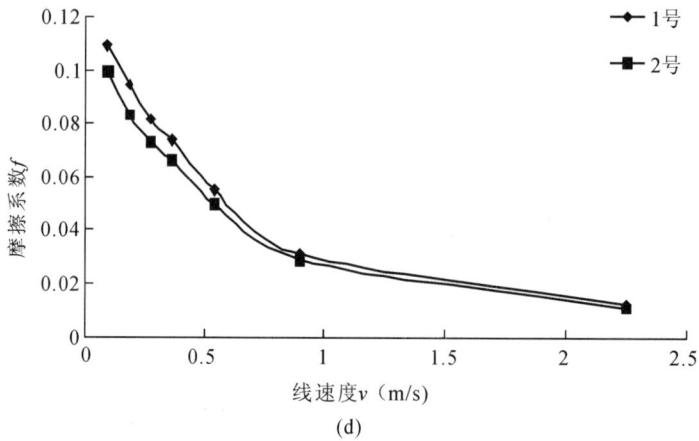

(d)

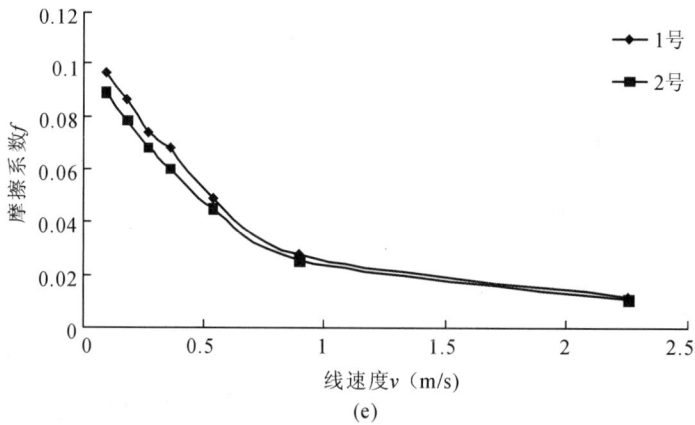

(e)

图 9-1　试块 1 和试块 2 在不同比压下的速度特性曲线

（a）比压 0.28MPa 下的速度特性曲线；（b）比压 0.42MPa 下的速度特性曲线；（c）比压 0.56MPa
下的速度特性曲线；（d）比压 0.70MPa 下的速度特性曲线；（e）比压 0.84MPa 下的速度特性曲线

　　从图 9-1 中可以看出,试块 1 和试块 2 在各种比压下,它们的摩擦系数都是随
着速度的增大而减小。在 0.09 ~ 0.90m/s 范围内,摩擦系数随速度变化降低较
快,这是因为在此范围内轴的速度较低,橡胶试块表面和轴之间产生不了足够的
水膜压力,形成不了稳定的润滑水膜,轴与橡胶试块表面只有部分直接接触,润
滑水膜厚度远小于橡胶试块表面的部分粗糙度峰值,橡胶试块表面和轴之间处
于半干摩擦或者边界润滑状态,因此摩擦系数比较大。但随着速度逐渐增大,单
位时间内润滑水进入摩擦副表面的量也增多,橡胶试块表面和轴之间形成了有
效的润滑水膜,润滑条件得到很大改善,而且由于速度上升,橡胶容易产生变形,
在橡胶试块表面和轴之间产生了水囊,摩擦副之间处于流体摩擦和流体动压润
滑状态,水膜也处于一个稳定的状态,所以摩擦系数减小的幅度变小并有逐渐趋

于稳定的趋势,此时的摩擦系数最低。

从图9-1中不仅可以看出试块1和试块2的摩擦系数都是随着速度的增大而减小,而且更重要的是试块2的摩擦系数在绝大多数情况下都低于试块1的摩擦系数,尤其是在0.56MPa、0.70MPa、0.84MPa这三个高比压工况下此现象较为明显。虽然两者相差不太大,但试块2较试块1整体上表现出了优越性,特别是低速时,两个试块的摩擦性能对比比较明显,这也说明了添加纳米氧化锌的复合橡胶尾轴承在速度特性上优于普通复合橡胶尾轴承。

2. 不同速度下的比压特性试验及结果分析

通过试验台控制器,使轴的转速保持在0.09m/s,然后开始在杠杆处添加砝码至0.28MPa,并运行15min,记录稳定后的摩擦力矩值。在杠杆处继续添加砝码至0.42MPa,并运行15min,记录稳定后的摩擦力矩值。按照以上步骤,每隔15min增加一次载荷并记录一次摩擦力矩值,直至加到最大载荷0.84MPa。然后再逆向由最大载荷0.84MPa每15min减小一次载荷,并记录摩擦力矩值,直至最小载荷0.28MPa,算出逆向和顺向两次试验值的平均值作为第一次试验的结果。

第一次试验结束后,换上另一块同样的试块按照以上的步骤在0.09m/s下做重复试验,取两次试验结果的平均值作为该转速下每种比压的最终摩擦力矩值。

然后试块1和试块2分别在速度为0.18m/s、0.27m/s、0.36m/s、0.54m/s、0.90m/s、2.25m/s下,按照以上的步骤进行试验。每种速度下都用两个相同的试块做两次重复试验,取两次试验结果的平均值作为最终的摩擦力矩值,然后计算出相应的摩擦系数值。试验时采用自来水作为摩擦副的润滑剂,室温为20~25℃。

试验结果如图9-2所示。

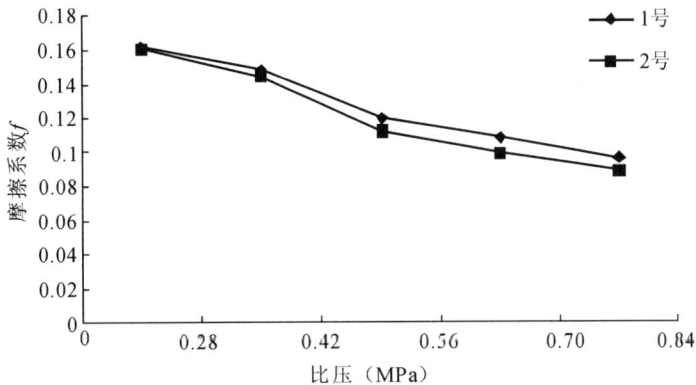

(a)

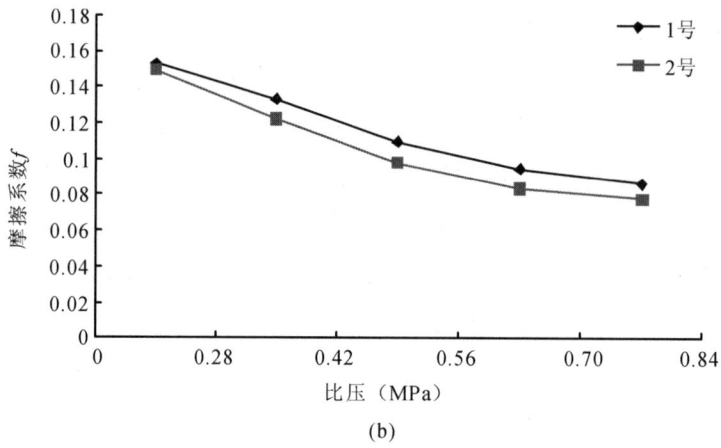

(b)

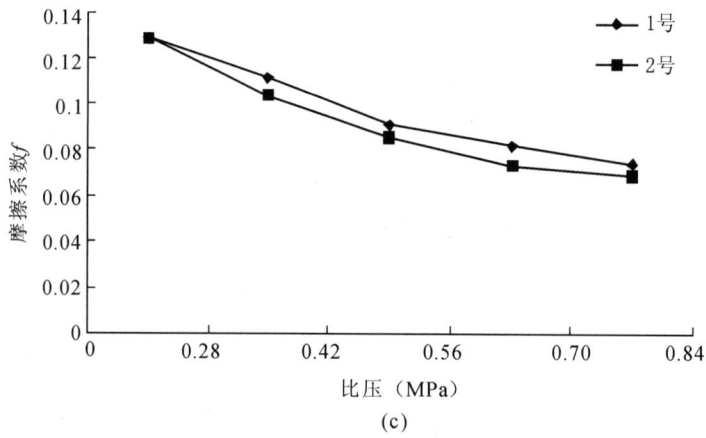

(c)

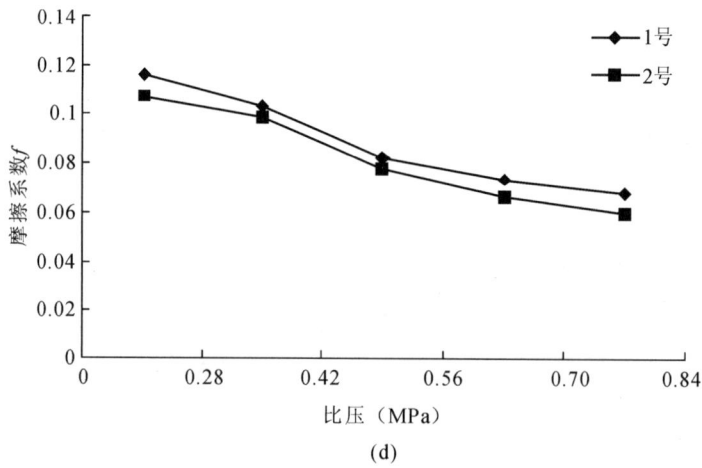

(d)

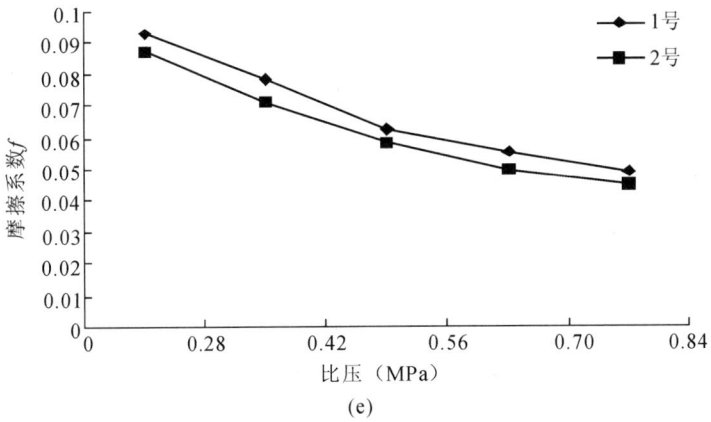

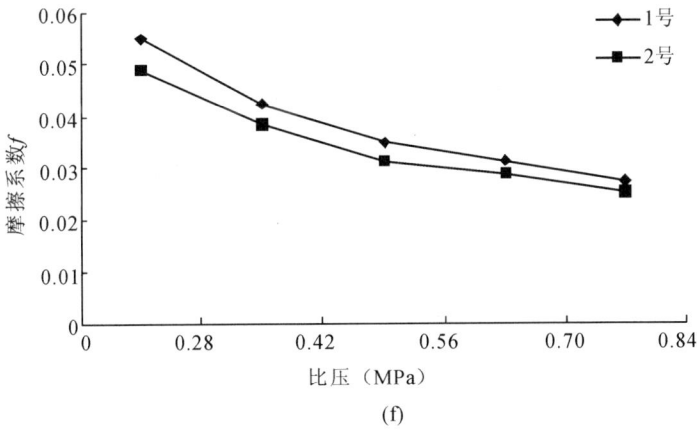

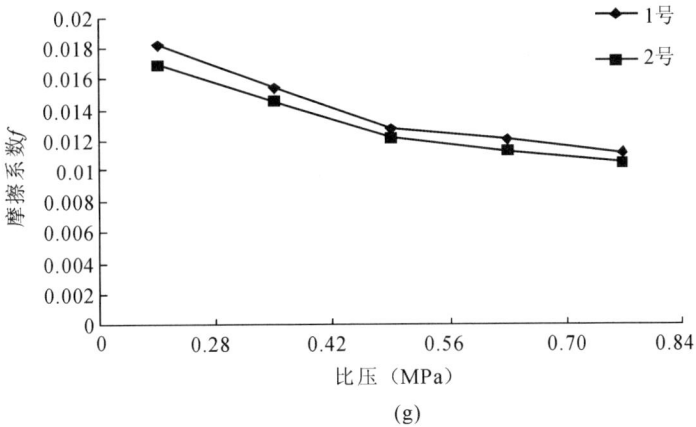

图 9-2　试块 1 和试块 2 在不同速度下的比压特性曲线

(a)0.09m/s 时的比压特性曲线;(b)0.18m/s 时的比压特性曲线;(c)0.27m/s 时的比压特性曲线;

(d)0.36m/s 时的比压特性曲线;(e)0.54m/s 时的比压特性曲线;

(f)0.90m/s 时的比压特性曲线;(g)2.25m/s 时的比压特性曲线

从图9-2中可以看出,试块1和试块2在各种转速下,它们的摩擦系数都是随着比压的增大而减小。比压较小时,橡胶试块的弹性变形较小,接触面积小,橡胶试块表面和轴之间此时处于边界润滑状态,所以试块的摩擦系数较大。但随着比压增大,橡胶试块表面和轴之间的接触面积增大,单位面积上的压力就减小,所以摩擦系数减小。比压增大到一定值后,橡胶试块的弹性变形达到最大,实际接触面积也近乎达到了极限,此时即使再增大比压,试块与轴之间的摩擦力不再增加,摩擦系数将趋于稳定。另外,从试验数据和图 9-2 可以看出,试块 2 的比压特性整体上比试块 1 优越一些,说明了添加纳米氧化锌的复合橡胶尾轴承在比压特性上要优于普通复合橡胶尾轴承,这也为下一步在复合橡胶尾轴承中添加更多份数纳米氧化锌的试验奠定了基础。

9.3　不同份数纳米氧化锌对尾轴承性能影响

9.2 节的试验说明了加入纳米氧化锌的复合橡胶尾轴承在摩擦性能上整体优于普通复合橡胶尾轴承,纳米氧化锌对复合橡胶轴承的性能有一定的影响,但是二者的差别不是很大,最初的猜测是纳米氧化锌加入量太少导致效果不明显,所以本节通过试验来探究随着纳米氧化锌比例的增加,复合橡胶尾轴承摩擦性能的变化规律,即研究不同份数纳米氧化锌对尾轴承摩擦性能的影响规律。

如前所述,本次试验也采用试块的形式进行。本次试验采用了 5 个试块,分别标记为试块 2、试块 3、试块 4、试块 5、试块 6,其中试块 2 和 9.2 节的试块 2 是同一个试块,各试块中除了氧化锌和纳米氧化锌的比例改变之外,其他组分和分量完全相同,见表 9-3。

表 9-3　各试块中氧化锌和纳米氧化锌份数变化表

试块	氧化锌	纳米氧化锌
试块 2	4	1
试块 3	3	2
试块 4	2	3
试块 5	1	4
试块 6	0	5

5 个试块的物理机械性能指标如表 9-4 所示,通过该表可以看出 5 个试块都达到了 MIL-DTL-17901C(SH) 和 CB/T 769—2008 的要求,而且随着纳米氧化锌份数的增加,试块的物理机械性能更加优越,说明加入纳米氧化锌可以提高胶料的物理机械性能,而且纳米氧化锌加入的量越多,物理机械性能提高越大。

表 9-4　各试块的物理机械性能对比表

性能	MIL-DTL-17901C	CB/T 769—2008	试块 2	试块 3	试块 4	试块 5	试块 6	检测标准
硬度(邵氏 A,度)	$65 \sim 90$	$70 \sim 85$	73	74	76	77	78	GB/T 531
拉伸强度(MPa)	> 10.3	$\geqslant 16$	17.6	17.9	18.6	19.0	19.5	GB/T 528
扯断伸长率(%)	> 150	$\geqslant 300$	354	357	366	369	373	GB/T 528
扯断永久变形(%)		< 40	34	33	29	27	26	GB/T 528

9.3.1　对尾轴承速度特性的影响

如 9.2 节所示,为了使试块工作表面与轴表面处于较好的配合状态,在开始试验之前都要进行磨合试验。磨合条件和过程见 9.2.2 节。

按照 9.2.2.1 节的试验条件和步骤分别对 5 个试块进行速度特性试验。结果如图 9-3 所示。

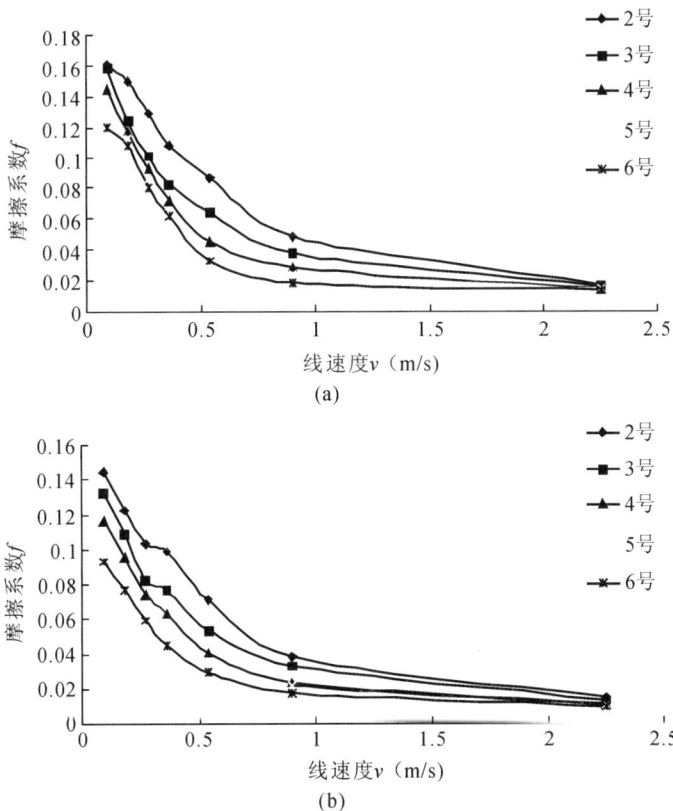

(a)

(b)

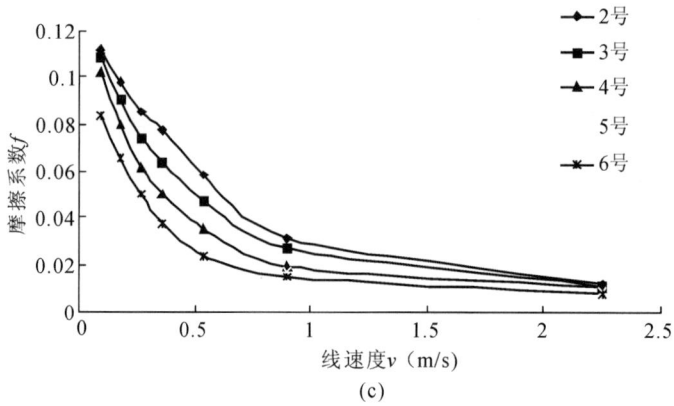

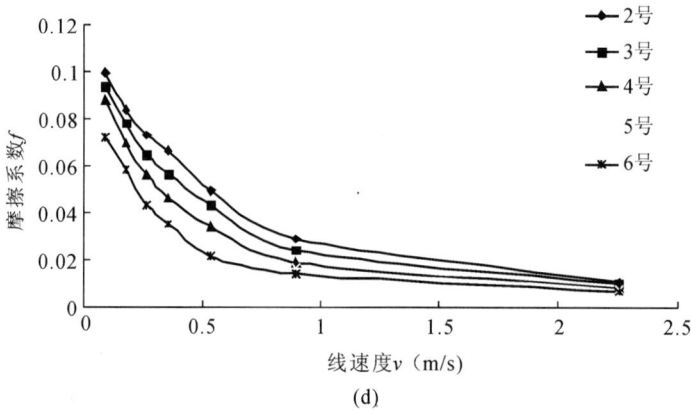

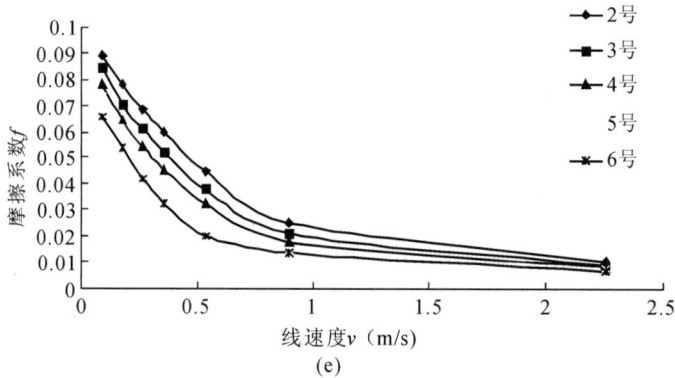

图 9-3　5 种试块在不同比压下的速度特性曲线

（a）比压 0.28MPa 下的速度特性曲线；（b）比压 0.42MPa 下的速度特性曲线；（c）比压 0.56MPa
下的速度特性曲线；（d）比压 0.70MPa 下的速度特性曲线（e）比压 0.84MPa 下的速度特性曲线

　　通过图 9-3 可以看出，5 种试块在各种比压下，速度越大，它们的摩擦系数越
小。当速度较低时，摩擦系数随速度的增加降低较快，但随着速度进一步增大，摩
擦系数降低的程度变小并有逐渐趋于稳定的趋势。

　　更重要的是，通过图 9-3 可以看出，在同一比压和同一速度下，从试块 2 到试块 6,每一个试块都较前一个试块的摩擦系数小。对于试块 2、试块 3、试块 4,它们之间的摩擦系数相差较大,试块 4、试块 5、试块 6 之间的摩擦系数差距相对试块 2、试块 3、试块 4 之间的摩擦系数差距较小,这说明了纳米氧化锌加入到 3 份时,对复合橡胶尾轴承的性能影响最大,随着纳米氧化锌的进一步增多,它对复合橡胶尾轴承的性能影响程度在降低。这 5 个试块尤其是在低速情况下,彼此之间的摩擦系数相差更加显著,说明了从试块 2 到试块 6,每一个试块都较前一个试块在速度特性上表现出了优越性,这也充分证明了纳米氧化锌对复合橡胶尾轴承的速度特性有影响,而且随着纳米氧化锌份数的增加,试块的速度特性更加优越。

9.3.2　对尾轴承比压特性的影响

按照 9.2.2 节第 2 小节的试验条件和步骤分别对 5 个试块进行比压特性试验。结果如图 9-4 所示:

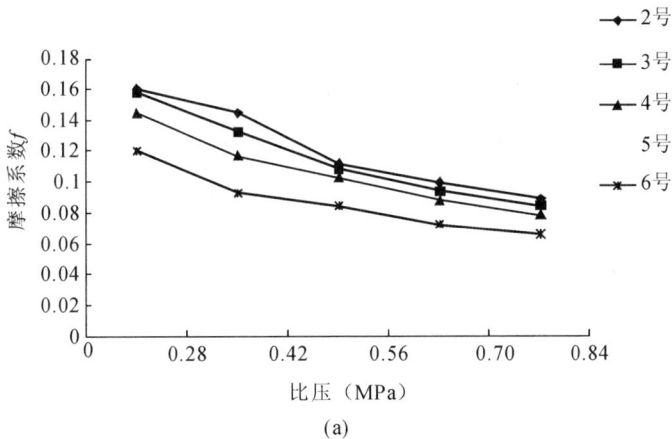

(a)

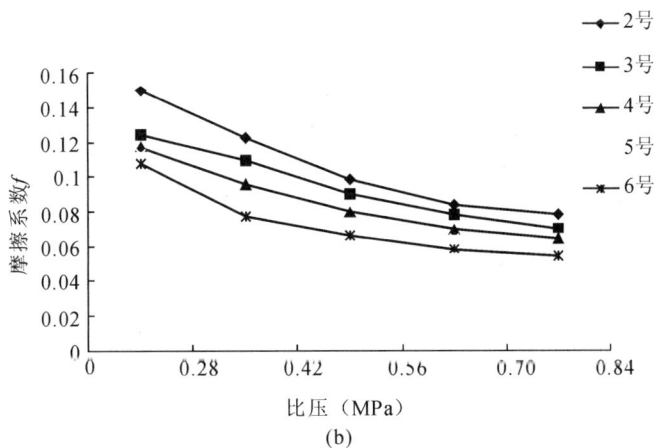

(b)

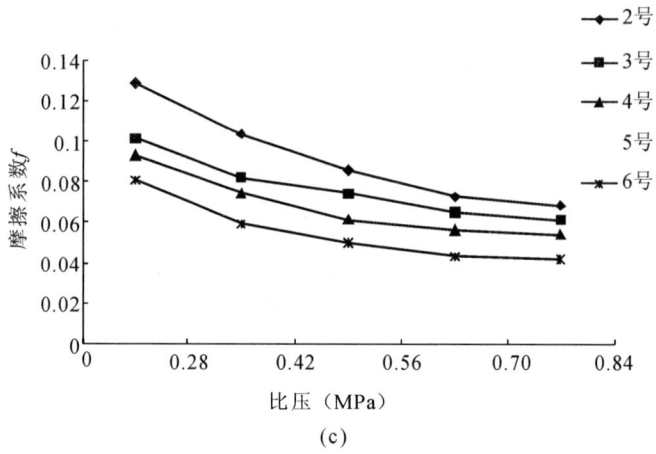

(c)

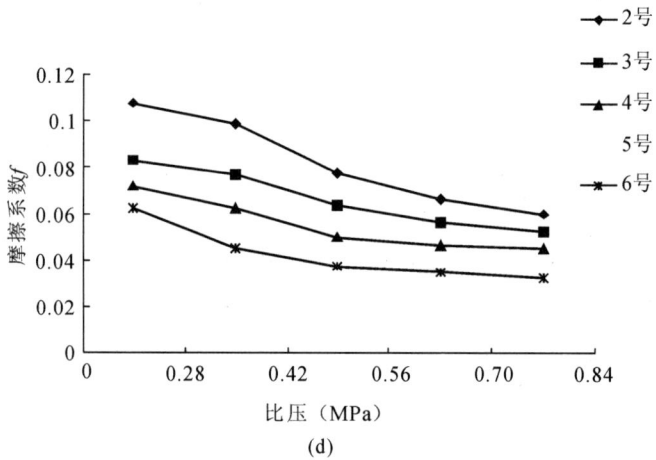

(d)

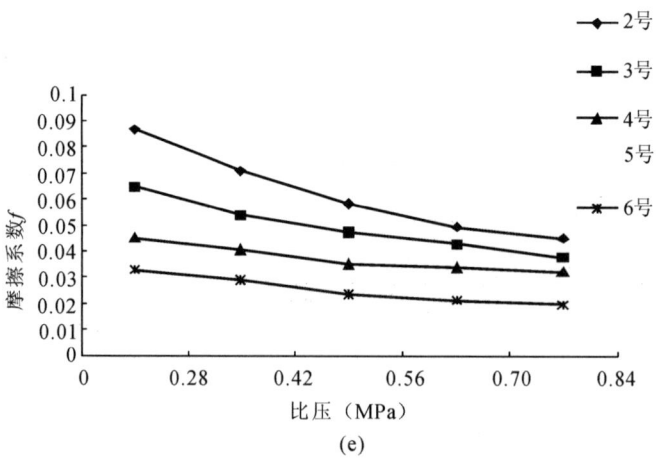

(e)

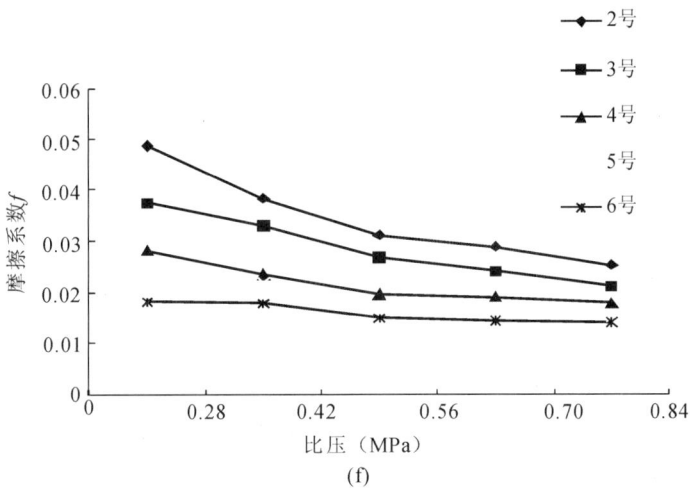

(f)

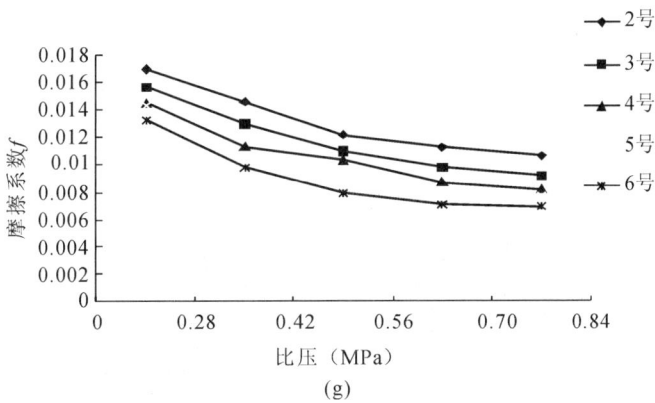

(g)

图 9-4　5 个试块在不同速度下的比压特性曲线

(a)0.09m/s 时的 5 个试块的比压特性曲线；(b)0.18m/s 时的 5 个试块的比压特性曲线；

(c)0.27m/s 时的 5 个试块的比压特性曲线；(d)0.36m/s 时的 5 个试块的比压特性曲线；

(e)0.54m/s 时的 5 个试块的比压特性曲线；(f)0.90m/s 时的 5 个试块的比压特性曲线；

(g)2.25m/s 时的 5 个试块的比压特性曲线

从图 9-4 中可以看出,5 个试块在各种转速下,它们的摩擦系数都是随着比压的增大而减小。另外,从试验数据和图 9-4 可以看出,随着纳米氧化锌含量的提高,试块在相同比压条件下的摩擦系数呈降低的趋势。整体上,对于试块 2、试块 3、试块 4,它们之间的摩擦系数相差较大,试块 4、试块 5、试块 6 之间的摩擦系数差距相对试块 2、试块 3、试块 4 之间的摩擦系数差距较小,这说明了纳米氧化锌加入到 3 份时,对复合橡胶尾轴承的性能影响最大,随着纳米氧化锌的进一步增多,其对复合橡胶尾轴承的性能影响程度在降低。这也充分证明了纳米氧化锌对复合橡胶尾轴承的比压特性有影响,而且随着纳米氧化锌份数的增加,试块的比压特性更加优越。

9.4　磨损试验

为了使试验条件更加接近实际,也为了检测试块的磨损情况和低速重载性能,先后将 6 个试块在 SSB-100 台架试验机上进行低速重载下的磨损试验,试验条件:载荷 0.84MPa,速度 0.18m/s,试验时间为 24h。磨痕测试采用 LI-3 型激光干涉金刚石触针式表面形貌测量仪进行(图 9-5),分别测量每个试块磨痕的宽度、长度和深度,各三次,然后取三次的平均值作为每个试块磨痕的宽度值、长度值和深度值,以此作为评判试块耐磨性能的标准。

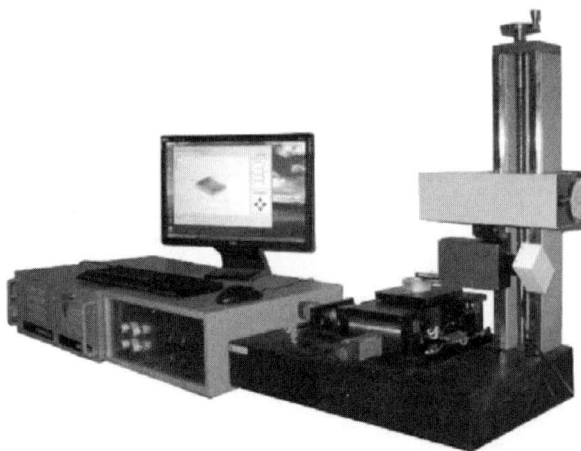

图 9-5　LI-3 型激光干涉金刚石触针式表面形貌测量仪

测量结果如表 9-5 所示。

表 9-5　各试块磨痕的相关参数

试块	1	2	3	4	5	6
最大宽度(mm)	26.62	26.62	26.64	26.67	26.68	26.70
最大长度(mm)	64.36	64.40	64.88	65.33	65.79	66.18
最大深度(mm)	0.0092	0.0090	0.0086	0.0078	0.0075	0.0072

通过表 9-5 可以看出,每个试块的磨痕宽度相差很小,但是磨痕长度却依次增加,磨痕最大深度也依次减小,说明随着纳米氧化锌不断增加,复合橡胶试块的受力面积也逐渐增大,轴向的压力分布梯度较小,磨痕深度相对较小。通过该数据也可以得到,纳米氧化锌的加入可以提高复合橡胶试块的耐磨性和低速重载性能,而且随着纳米氧化锌的份数不断增加,复合橡胶试块的耐磨性和低速重

载性能也逐渐提高。

　　所以,纳米氧化锌的加入对减少尾轴承的摩擦磨损是有利的,可以使轴承与轴之间更好地配合工作,提高功率,保证船舶的经济性和安全性。

9.5　振动性能试验

　　尾轴承的振动会对轴与轴承系统带来很大的危害,影响船舶的正常安全运输。在重载时,螺旋桨受力更大更不稳定,轴系振动更大,此时轴承的振动也最大。所以本次振动试验设置在比压为 0.84MPa、速度为 0.18m/s 的状态下,测量尾轴承的横向(H)振动加速度、纵向(V)振动加速度和对应的振动频率。试验设备采用如前所述的 BK(pulse)振动测试系统。由于频域图谱能更清楚地反映出振动发生的频段和振幅范围,因此只取振动频率在 0～2kHz 范围内的频域图谱进行分析。振动测试结果如图 9-6 所示。

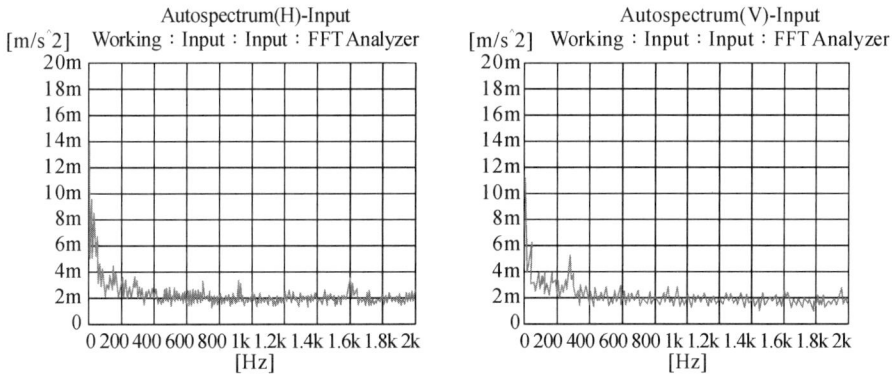

(a)

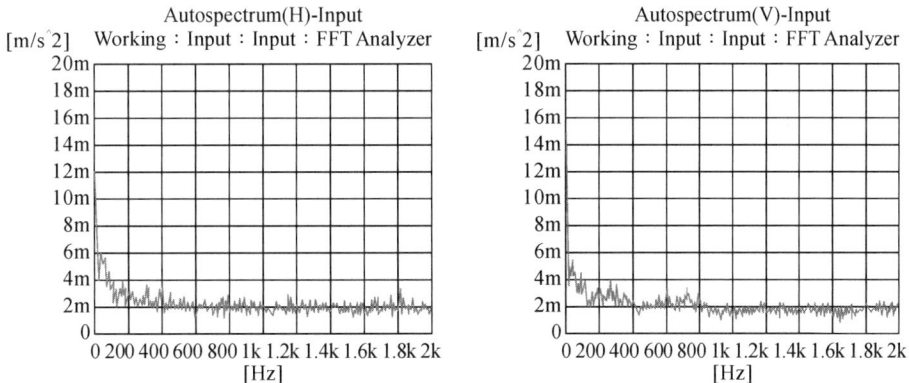

(b)

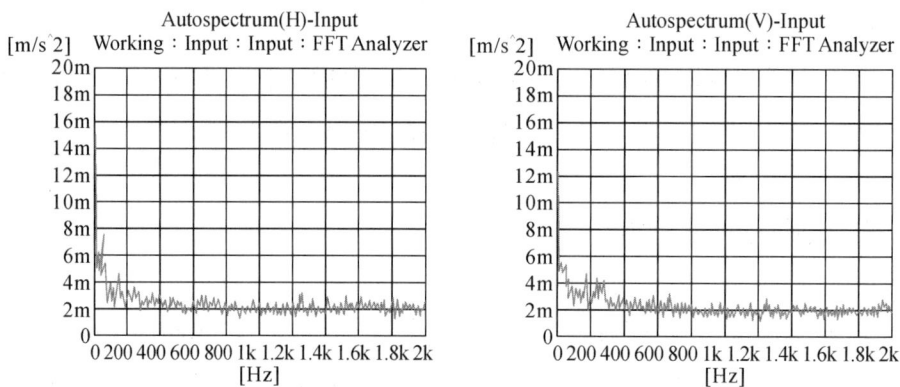

（c）

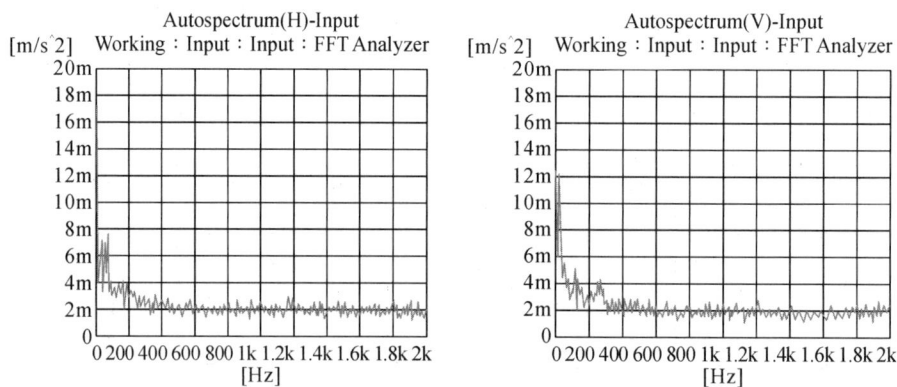

（d）

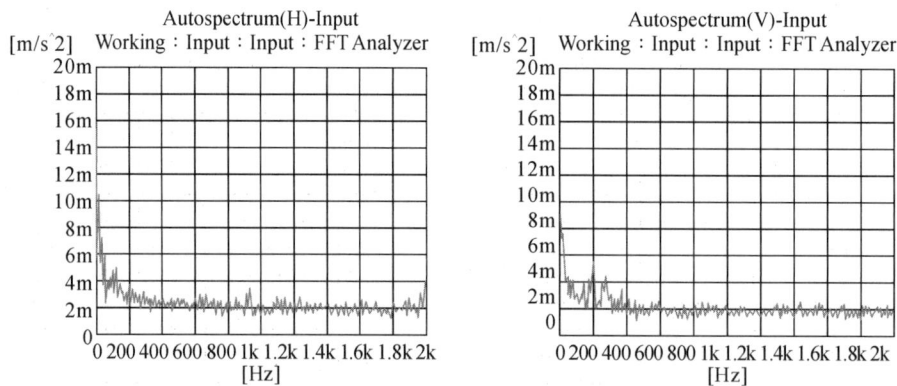

（e）

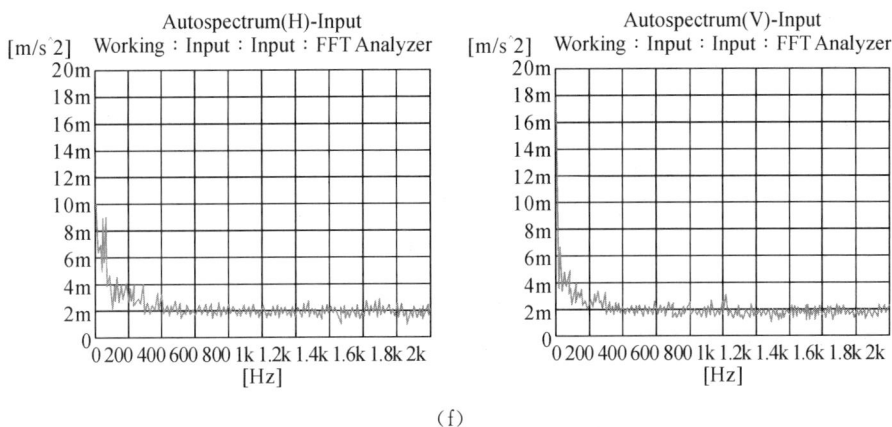

(f)

图 9-6　0.8MPa 下各试块振动的频域图谱

(a) 试块 1 横向和纵向振动；(b) 试块 2 横向和纵向振动；(c) 试块 3 横向和纵向振动；

(d) 试块 4 横向和纵向振动；(e) 试块 5 横向和纵向振动；(f) 试块 6 横向和纵向振动

通过以上振动图像可知，在载荷为 0.84MPa，速度为 0.18m/s 的状态下，6 个试块的横向振动的振动频率主要集中在 0～200Hz 之间，尤其在 0～100Hz 之间试块振动越强烈，但是最大振动加速度不超过 10mm/s²。而纵向振动的振动频率主要集中在 0～400Hz 之间，尤其在 100～300Hz 之间试块振动更强烈，但是最大振动加速度不超过 6mm/s²。总体上说，在低速的时候，振动能量较集中，横向振动振幅值整体上比纵向振动振幅值大，这是因为低速情况下系统出现了黏-滑现象，使轴承横向振动较大，更容易产生振鸣音，所以船舶应尽量避免在较低的转速下行驶。

通过图 9-6 还可以看出，从 1 号试块到 6 号试块，在低速重载情况下，它们的横向振动加速度和纵向振动加速度在低频段整体上依次减小，说明 6 号试块的振动特性较好，也从侧面说明了随着纳米氧化锌份数的增加，试块在低速重载下的抗振性能也得到提高，可以在局部比压达到 0.84MPa 的情况下正常工作。

参考文献

[1]　XU Yanxia, HOU Qingshun, ZHANG Jianqiu. Performance and application of nano-zinc Oxide on rubber[J]. Shanghai Chemical Industry, 2003(4): 31-33.

[2]　TSUZUKI T, MCCORMICT P G. ZnO nanoparticles synthesized by mechanochemical processing[J]. Scripta Mater, 2001(44): 1731-1734.

[3]　石晓波，李春根，汪德先. 制备纳米氧化锌的新方法[J]. 合成化学，2002，10(2): 183-185.

[4]   JING Liqiang, XU Zili, SUN Xiaojun. The surface properties and photo catalytic activeties of ZnO ultrafine particles[J]. Applied Surface Science, 2001(180):308-314.

[5]   张绍岩,丁士文,刘淑娟. 均相沉淀法合成纳米 ZnO 及其光催化性能研究[J]. 化学学报,2002,60(7):1225-1229.

[6]   李斌,杜芳林. 沉淀法制备纳米 ZnO 粉体[J]. 青岛科技大学学报,2004,25(1):21-25.

[7]   曹建明. 溶胶 - 凝胶法制备 ZnO 微粉工艺研究[J]. 化学工程师,2005(115):4-6.

[8]   崔若梅,张文礼,徐中理. 纳米氧化锌的制备与表征[J]. 化学世界,1999(12):630-633.

[9]   许磊,廖蕾,李金钗. ZnO 多枝纳米棒水热法生长及其光学性质[J]. 武汉大学学报,2006,52(3):305-318.

[10]   WU Run, WU Jun, XIE Changsheng, et al. Morphological characteristic of ZnO / ZnO nanopowers and the optical properies[J]. Materials Science and Engineering,2002(A3 28):196-200.

[11]   朱勇,沈辉,刘佩田. 激光加热制备 ZnO 纳米粉[J]. 无机材料学报,1993,8(1):111-113.

[12]   MILOSEVIC O, GAGIT V, VODNIK J, et al. Synthesis and deposition of ZnO based particles by aerosol pyrolysis[J]. Thin Solid Films,1997(296):44-48.

[13]   张敬畅,高炜,曹维良. 超临界干燥法制备纳米 ZnO 的研究[J]. 材料科学与工艺,2002,10(3):251-255.

[14]   曹俊,周继承,吴建懿. 微波煅烧制备纳米氧化锌[J]. 无机盐工业,2004,36(5):31-33.

[15]   商桑斌,杨幼平,刘开宇. 均相成核 - 水热法制备纳米氧化锌[J]. 精细化工中间体,2002,32(4):49-50.

[16]   于泳. 纳米氧化锌在轮胎胶料中的应用研究[J]. 轮胎工业,2002,12(22):729-732.

[17]   武玺. 纳米氧化锌在橡胶中的作用机理及应用[J]. 轮胎工业,2004,24(2):67-69.

[18]   孙霞容,栗付平,王力. 纳米氧化锌对天然橡胶疲劳性能的影响[J]. 特种橡胶制品,2009,30(5):16-18.

[19]   王振华,卢咏来,张立群. 纳米氧化锌 /EPDM 复合材料的性能研究. 第十五届中国轮胎技术研讨会论文集[C]. 北京:轮胎工业,2009.

[20]   姬志田,王建新. 纳米氧化锌在橡胶止水带中的应用性能研究[J]. 中国橡胶,2007,23(9):28-29.

[21]   扈广法. 纳米 ZnO 在减震器胶料中的应用研究[J]. 应用化工,2006,35(8):648-649.

[22]   马爱群,李雪峰. 纳米氧化锌 SBS 改性沥青及其混合料性能试验研究[J]. 中外公路,2009,29(5):218-220.

[23]   白景美,卢秀萍,邵金璐. 纳米 ZnO/ABS 复合材料的制备及性能研究[J]. 中国塑料,2005,19(12):39-43.

第10章　纳米石墨对水润滑复合橡胶材料的改性

10.1　石墨与橡胶的聚合方法

1.直接共混制聚合

该方法是将石墨直接加入胶料中,在双辊炼胶机中直接共混,机械搅拌均匀后,根据配方要求依次加入各种助剂以达到一定的性能要求。确定硫化压力和时间后,在平板硫化机上硫化成形。该方法操作简单,易于实现工业化生产,现在的制胶工厂中一般都采用这种方法,此种方法生产出来的橡胶基本可以满足市场需求。

2.乳液共混聚合

首先须制取膨胀石墨水悬浮液,取上层溶液与乳胶均匀混合,此混合过程应在超声波环境下进行,以保证混合均匀。然后加入 1 wt% $CaCl_2$ 水溶液,洗涤,放入干燥箱中干燥 24h 以上(中温)。在双辊炼胶机中直接共混,机械搅拌均匀后,根据配方要求依次加入各种助剂以达到一定的性能要求。确定硫化压力和时间后,在平板硫化机上硫化成形。该方法操作较为复杂,但炼制的胶料混合性好,不易出现团聚现象。

3.溶液共混聚合

首先须制取膨胀石墨丙酮悬浮液和橡胶的丙酮溶液,并将两种溶液混合,然后加入水溶液进行絮凝,经过洗涤后,在电热鼓风干燥箱中中温干燥 24h 以上。在双辊炼胶机中直接共混,机械搅拌均匀后,根据配方要求依次加入各种助剂以达到一定的性能要求。确定硫化压力和时间后,在平板硫化机上进行硫化。

10.2　石墨对橡胶制品性能的影响

以日本三井公司生产的 N230S 牌号的丁腈橡胶为例说明石墨对橡胶制品性能的影响。

1.对橡胶硫化性能的影响

当石墨(微米石墨、超细石墨、膨胀石墨或球形石墨)作为填料加入丁腈橡胶中后,石墨用量不同,其焦烧时间、最低扭矩和最高扭矩也不一样。但在石墨用量相同的情况下,石墨颗粒大小对其橡胶混合物的硫化特性影响很小。

2.对橡胶力学性能的影响

随着石墨(微米石墨、超细石墨、膨胀石墨或球形石墨)填充量的加大,橡胶混合物的硬度、拉伸应力和拉伸强度均逐步增加。粒径较大的膨胀石墨与橡胶基体的结合较弱,应力传递较差,界面滑移现象比较明显。颗粒较小的超细石墨在橡胶基体中分散好、颗粒也小,与橡胶基体的结合也很好。应力在聚合物中得到了很好的传递,因此可表现出较好的力学补强作用。所以,在填充量相同的情况下,石墨的颗粒越细,添加到橡胶中后分散相的粒径越小,混合越均匀,橡胶聚合物的拉伸应力和拉伸强度越好,则说明该种石墨的力学补强功能越好。

3.对橡胶摩擦系数及磨损率的影响

无论是大颗粒的球形石墨还是小颗粒的超细石墨,随着石墨用量增加,橡胶聚合物的摩擦系数和质量磨损量均呈现逐渐降低的趋势。通常情况下,在橡胶中加入填料可以增加胶体的刚度,同时降低摩擦副之间的黏着程度。而石墨本身就是一种自润滑性能优良的固体润滑剂,当作为填料加入橡胶中时,可以更好地改善其润滑性能。为了提高石墨橡胶聚合物的摩擦及磨损性能,在降低其摩擦系数的同时,必须保证聚合物具有较高的机械物理性能。当石墨作为橡胶的改性填料时,其粒径越细,越易于兼顾摩擦系数的降低和力学性能的提高。

10.3　摩擦性能试验

10.3.1　试验对象与材料

1.试验对象(表 10-1)

表 10-1　试验对象

试验对象	试验手段	研究对象
水润滑橡塑尾轴承材料	SSB-100 型船舶尾轴承试验台架、扫描电子显微镜、表面形貌仪、超景深显微镜	在室温、清水条件下,不同质量份的纳米石墨对水润滑橡塑尾轴承材料摩擦性能的影响

2.试验材料

基体:基础配方丁腈橡胶(100 份)＋分子量 300 万以上的超高分子量聚乙烯(10 份)。石墨添加量见表 10-2(质量份)。

表 10-2　复合材料种类及质量份

种类 \ 质量份	粉状纳米石墨	粉状微米石墨
1	0	0
2	0	2
3	0	4
4	0	6
5	0	8
6	0	10
7	2	0
8	4	0
9	6	0
10	8	0
11	10	0

本文的试验试块为船舶水润滑橡塑尾轴承板条的一部分,如图 10-1 所示。纳米石墨／微米石墨橡塑材料被加工成方形块试样,为方便拆装,底部加黄铜衬套。橡塑试块的尺寸为长 25.4mm,宽 25.4mm,厚 11.5mm,表面粗糙度为 $1.08\pm0.05\mu m$。与其配对的是锡铜合金轴承套,如图 10-2 所示,其外径为 170mm,长 175mm。

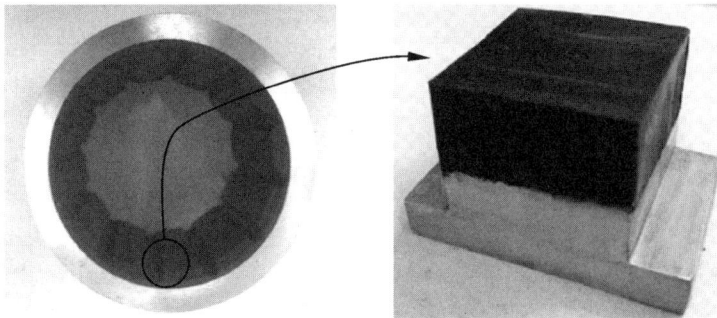

图 10-1　纳米石墨／石墨橡塑试样

图 10-2　锡铜合金轴承套

经武汉市橡胶工业制品研究所检测(检测结果如表 10-3 所示),该复合橡塑试块的物理机械性能指标满足 MIL-DTL-17901C(SH) 和 CB/T 769—2008 的要求表 10-4。

表 10-3　11 种试块的部分重要力学性能

试块	硬度(邵氏 A,度)	扯断伸长率(%)	扯断负荷(N)	拉伸强度(MPa)	扯断力中值(MPa)	扯断永久变形(%)
1	75	380	287	23.6	23.6	26
2	76	424	307	25.2	25.2	26
3	76	420	288	23.6	23.6	24
4	77	412	300	24.4	24.4	22
5	78	384	268	26.6	26.6	26
6	78	364	269	20.6	20.6	26
7	75	420	308	24.2	24.2	20
8	76	360	291	21.4	21.4	28
9	76	396	288	23.9	23.9	20
10	76	376	292	21.9	21.9	24
11	77	348	267	20	20	30

表 10-4　橡胶部分力学性能监测标准

性能	MIL-DTL-17901C	CB/T 769—2008	检测标准
硬度(邵氏 A,度)	65 ~ 90	70 ~ 85	GB/T 531.1
拉伸强度(MPa)	> 10.3	≥ 16	GB/T 528
扯断伸长率(%)	> 150	≥ 300	GB/T 528
扯断永久变形(%)		< 40	GB/T 528

本试验中轴套所采用的锡青铜为 QSn7-0.2,锡青铜中含有 5% ～ 15% 的
Sn 以及少量的 Zn,其机械强度高、硬度大、承载性能好、抗腐蚀、铸造性能和加工
性能良好,部分重要力学性能如表 10-5 所示。

表 10-5　　锡铜合金轴承套部分重要的力学性能

布氏硬度 (MPa)	弹性模量 E (MPa)	密度 ρ (g/cm³)	拉伸强度 (MPa)	断裂伸长率 (%)
70	111000	8.69	355	64

10.3.2　不同石墨及用量对橡塑轴承材料摩擦系数的影响

本试验主要研究添加不同质量份的纳米石墨与普通石墨对橡塑轴承试块的
摩擦系数的影响规律,因此在保证载荷与转速一致的条件下,本节进行了两种石
墨分别在 0phr、2phr、4phr、6 phr、8 phr 及 10phr 添加量下的对比试验,phr 表示
对每 100 份(以质量计)橡胶添加的份数。试验条件为载荷 0.28MPa,转速
60r/min。试验得出的平均摩擦系数如图 10-3 所示。

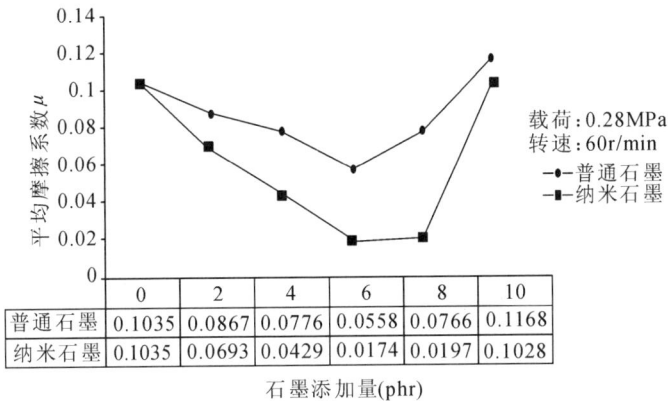

石墨添加量(phr)	0	2	4	6	8	10
普通石墨	0.1035	0.0867	0.0776	0.0558	0.0766	0.1168
纳米石墨	0.1035	0.0693	0.0429	0.0174	0.0197	0.1028

图 10-3　　摩擦系数随石墨种类及用量的变化规律

从图 10-3 中可以看到,对于两种石墨填料来说,橡塑试块的摩擦系数均随
着石墨用量的增加先减小再增大,且均在添加量为 6phr 时达到最低值。当石墨
添加量低于 6phr 时,两种石墨填料的摩擦系数均随着石墨用量的增加而降低,
这是因为覆盖在橡塑表面的石墨本身是层状结构,片层的剪切相对容易,自润滑
性能较好,石墨片层间的滑动可使橡塑的摩擦系数降低。石墨的加入可以增加胶
料的刚度并降低橡胶摩擦副之间的黏着程度,这就是橡塑试块摩擦系数随石墨
填充量的增加而降低的原因。而当添加量大于 6phr 时,其摩擦系数则呈明显的
上升趋势,添加量为 10phr 时其摩擦系数基本与未添加石墨时的相等,甚至略高
于未添加石墨时的摩擦系数。因此当石墨添加量在 10phr 以内时,在相同的载荷
和转速下,随着石墨添加量的增加,两种材料的摩擦系数先降低后升高,并在添

加量为 6phr 处出现拐点。这是由于石墨的添加本身对橡塑材料的摩擦磨损性能有积极的影响,但是受加工条件的影响,随着添加量增大,混合物中出现石墨分散不良的情况,本身体积较小的石墨粒子团聚在一起形成大的颗粒,与橡塑基体的结合不良,界面应力增加,在摩擦过程中受到剪切作用力时易剥落,剥落下来的颗粒使两个摩擦副之间的磨粒磨损增大,从而导致润滑不良,摩擦系数变大。

　　总体看来,在相同的石墨用量下,纳米石墨填充的橡塑材料摩擦系数更低,普通微米石墨填充的橡塑材料摩擦系数则相对较高,这两种石墨均在 6phr 添加量时,其复合橡塑材料的平均摩擦系数达到最低值。而纳米石墨在添加量为 6phr 或 8phr 时其复合橡塑材料可以达到非常低的摩擦系数,能明显地提高橡塑试块的摩擦性能。

10.3.3　不同石墨及用量对橡塑轴承材料比压特性的影响

　　本试验主要研究在某一特定转速下,添加不同质量份的纳米石墨与普通石墨对橡塑轴承试块的摩擦系数的载荷特性的影响规律,因此在保证转速一致的条件下,本节进行了六种添加量(0phr、2phr、4phr、6phr、8phr 及 10phr)的两种石墨分别在 0.14MPa、0.28MPa、0.42MPa、0.56MPa、0.70MPa 下的载荷性能对比试验,试验条件为转速 60r/min。试验得出的平均摩擦系数如图 10-4 所示。

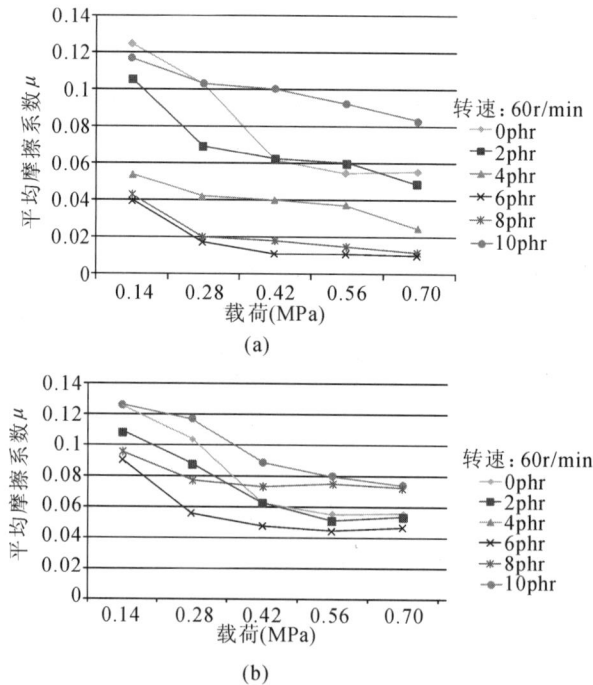

(a)

(b)

图 10-4　摩擦系数随载荷的变化规律

(a) 纳米石墨；(b) 普通石墨

图 10-4 表明,石墨橡塑轴承试块与锡铜轴套摩擦副之间的摩擦系数随着载荷的增大总体上呈现下降趋势,当载荷大于 0.56MPa 时,下降趋势较小,并基本趋于稳定。这是因为,在转速较低时,摩擦副处于接触状态或者边界润滑状态,载荷增大,丁腈橡胶发生弹性变形,磨损面更加接近,实际的接触面积增大,承载载荷下降,磨损面局部区域之间能够形成较薄的润滑水膜,在一定的程度上能够改善润滑。但当载荷继续加大时,丁腈橡胶的变形相对不明显,摩擦系数变化不明显。

从图 10-4(b) 中可以看出,普通石墨橡塑试块的摩擦系数随载荷变化较为明显,特别是在低载荷时,摩擦系数下降速率较大,但其整体仍然处于摩擦系数较高的范围。图 10-4(a) 中,虽然纳米石墨橡塑试块的摩擦系数随着载荷的增大总体上呈现下降趋势,但是其下降速率却相对较小,且整体处于较低的摩擦系数范围内,尤其在添加量为 6phr 或 8phr 时,试块的摩擦系数一直保持在相当低的水平,且远远低于任何添加量的普通石墨橡塑试块。这表明纳米石墨添加量为 6phr 或 8phr 的橡塑试块具有优越的载荷特性。

10.3.4　不同石墨及用量对橡塑轴承材料速度特性的影响

本试验主要研究在某一特定载荷下,添加不同质量份的纳米石墨与普通石墨对橡塑轴承试块的摩擦系数的速度特性影响规律,因此在保证载荷一致的条件下,本节进行了六种添加量(0phr、2phr、4phr、6phr、8phr 及 10phr)的两种石墨分别在 20r/min、30r/min、40r/min、60r/min、100r/min、250r/min 下的速度性能对比试验,试验条件为:载荷 0.28MPa。试验得出的平均摩擦系数如图 10-5 所示。

石墨橡塑轴承试块与锡铜轴承套摩擦副之间的摩擦系数随转速的变化趋势如图 10-5 所示。可以看出,在相同载荷下,平均摩擦系数随滑动速度的增加而逐渐减小,在转速为 250r/min 时达到最小值。从图 10-5(a) 可以看出,当转速在 20 ~ 40r/min 时,纳米石墨填充的试块的平均摩擦系数下降的速度相对比较平缓,且斜率基本一致;当滑动速度大于 40r/min 时,速度下降的速率变大,当滑动速度达到 250r/min 时,不同试块的摩擦系数趋于相等。而图 10-5(b) 中也有相似的规律,且在转速为 250r/min 时摩擦系数趋于相等的现象尤为明显。两图均表明滑动速度对摩擦副之间的摩擦系数有显著影响。在低速时,磨损表面之间处于接触摩擦或边界润滑状态,两摩擦界面没有足够的水介质进行润滑,于是摩擦系数较大。当速度逐渐增大时,更多的水介质被带入摩擦界面,润滑条件得到极大的改善,致使摩擦系数迅速下降。另一方面,由于橡胶是典型的弹性体,速度较高时,摩擦副之间能形成较为明显的弹流动压润滑,有利于润滑水膜的形成,减少摩擦副之间的接触,从而减小摩擦系数。

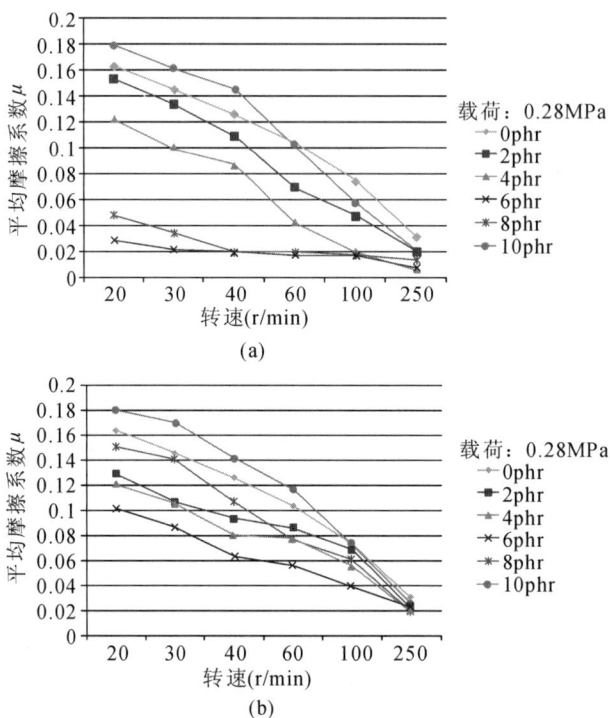

图 10-5　摩擦系数随速度的变化规律

(a) 纳米石墨;(b) 普通石墨

　　在速度特性中,纳米石墨填充的试块整体表现出优于普通石墨填充试块的摩擦性能,特别是在纳米石墨填充量为 6phr 和 8phr 时,即使在超低速工况下,试块的摩擦系数也能保持在非常低的水平。而普通微米石墨填充的试块在填充量为 6phr 时,其整体的摩擦系数最小。对比图 10-5(a) 和(b) 可以看出,6phr 和 8phr 纳米石墨填充试块的摩擦系数在整个速度范围内均小于任何填充量的普通石墨试块。但在纳米石墨填充量为 10phr 时,在整个速度范围内试块的摩擦系数却大大增加,这表明并不是纳米石墨的填充量越多越有利于减小材料的摩擦系数。

10.4　磨损性能试验

10.4.1　试验目的

在室温清水润滑条件下,通过 SSB-100 型船舶水润滑尾轴承试验台架进行 11 种试块的磨损性能试验,计算每个试块在同一转速和载荷下的质量磨损量,对比分析石墨种类和添加量对质量磨损量的影响,最终确定降低橡塑材料磨损率的纳米石墨添加量。

10.4.2　试验方案

磨损测试试验与摩擦测试试验的设备与过程相同,但由于橡塑材料的磨损量较小,为确保磨损量称重时有足够的精度,需要对试块进行较大载荷和较长时间的测试。本试验设计磨损时间为 24h,载荷为 0.7MPa,速度为 60r/min。

1.磨损率的定义

本文采用平均质量磨损率来描述石墨／纳米石墨橡塑试块在试验过程中的磨损情况。平均质量磨损率即单位时间内橡塑试块在磨损过程中质量的变化。设平均质量磨损率为 m_m,单位为 mg/h,则有:

$$m_m = M/t \tag{10-1}$$

式中　　M——橡塑试块的质量变化量,单位为 mg;

　　　　t——磨损时间,单位为 h。

2.试验设计

磨损量测量是一种高精度的测量过程,磨损试验过程中橡塑试块一直保持被润滑水冲洗的状态,试样吸入的水分会对试验结果产生很大的影响。即使试验完毕后称重前会经过干燥处理,仍不能确保其中的水分完全被去除。为解决这一难题,本文采取参照称重法,即在试验过程中将一与测试块 A 相同的试块 B 同时浸在水流中,但不参与磨损试验。试验结束后与试块 A 一起经过酒精清洗及烘箱烘干,并分别称重。

试验前后的橡塑试块的质量差为其磨损量,其中相同试验条件下的两次重复性试验的平均磨损量为该试验条件下的磨损质量。为了保证磨损量测量的准确性,本试验采取参照称重法,并在精确度为 0.00001g 的电子天平上称重,计算其磨损质量。具体步骤如下:

（1）取同种试块两个，标号 A/B；

（2）先用抛光机抛光试块 A/B 表面，使之达到所要求的表面粗糙度；

（3）用酒精清洗试块 A/B 表面的磨屑，放在通风干燥处静置两个小时，使试块 A/B 表面酒精蒸发完毕；

（4）用电子分析天平测试块 A 与试块 B 的质量，分别计为 m_{A1} 和 m_{B1}；

（5）将试块 A 固定在夹具上进行磨损试验，试块 B 则放置在冲刷过 A 的水流中，作为磨损量计算的参照；

（6）设置好载荷、电机转速后，磨损试验开始；

（7）试验后取出试块 A/B，用酒精清洗其表面；

（8）放入恒温箱中 40° 烘烤 5h，打开通气 0.5h，重复进行 3 次，然后放在通风干燥处静置两个小时，待其水分基本蒸发完毕；

（9）再用电子分析天平分别测试块 A 与试块 B 的质量，分别计为 m_{A2} 和 m_{B2}；

则：｜A 试块前后质量差｜－｜B 试块前后质量差｜＝ 该试块磨损量，即：

$$M = | m_{A1} - m_{A2} | - | m_{B1} - m_{B2} |$$

10.4.3　磨损试验结果与分析

为研究纳米石墨对水润滑橡塑轴承试块与锡铜轴套之间磨损的影响规律，本节采用质量磨损率来分析不同橡塑试块在同一转速和载荷下的磨损程度。

不同石墨及用量对橡塑材料磨损量的影响规律如图 10-6 所示。

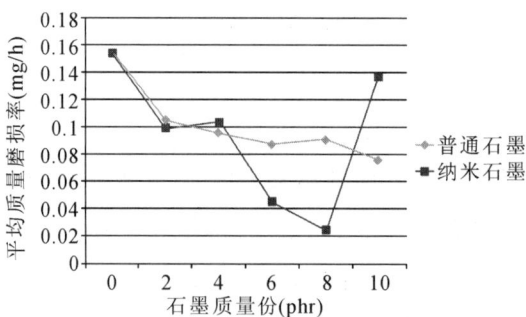

图 10-6　不同石墨及用量对橡塑材料磨损量的影响

从图 10-6 中可以看到，石墨在某些添加量下降低了橡塑轴承材料的磨损率。在添加量小于 4phr 时，相同的石墨用量下，纳米石墨填充的橡塑材料磨损量与普通微米石墨的基本相似。对于微米石墨填料来说，橡塑材料的磨损率随着石墨用量的增加呈现逐渐降低的趋势，但速率比较平缓，在填充量为 10phr 时，微米石墨填充的复合材料具有最低的磨损率。而对于纳米石墨而言，橡塑材料的磨损率随着石墨用量的增加呈现出先减小后增大的趋势。在填充量为 8phr 时,纳米石墨填充的复合材料具有最低的磨损率,而在填充量为 10phr 时,纳米石墨聚合物的磨损量反而大大增加。这是因为随着纳米石墨用量的增加,纳米石墨在混合物中分散不良,出现了团聚,并未完全呈纳米粒子状态分散在橡塑材料中。团聚颗粒的粒径较大,远远超出了纳米级别,与橡塑基体的结合变差,在摩擦作用下易脱落。由于两相的界面比较清晰,即使摩擦力很小,颗粒较大的填料也很容易从摩擦表面脱落,橡塑基体也容易遭到破坏,橡塑的磨损也就比较快。因此,在应用石墨作为填料时,为保证橡塑材料具有较好磨损性能,应在尽量使用较小粒径石墨的同时,采取必要的手段,尽可能减少或避免石墨的团聚现象,使石墨颗粒能以小粒子状态均匀分散在橡塑材料中。

11 种橡塑试块的摩擦试验与磨损试验的结果表明,随着石墨用量的增加,添加微米石墨和添加纳米石墨的橡塑试块的摩擦系数与平均质量磨损量均呈现下降趋势,这说明石墨的加入对橡塑试块的润滑减磨有很好的辅助作用;同时,在相同的石墨添加量下,纳米石墨橡塑试块的摩擦系数及平均质量磨损量总体上优于微米石墨橡塑试块,平均颗粒直径为 35nm 的纳米石墨添加到橡塑材料中后,其摩擦系数的速度特性与载荷特性比添加普通微米石墨的橡塑材料要小很多,且其平均质量磨损率在添加量为 4 ～ 8phr 时远远低于微米石墨橡塑材料,这说明与普通石墨相比,纳米石墨更有利于改善橡塑材料的摩擦磨损性能。综合摩擦试验与磨损试验的结果可知,6phr 纳米石墨为减小橡塑试块摩擦系数的最优添加量,8phr 纳米石墨为降低橡塑试块平均质量磨损率的最优添加量,因此,当受机械物理性能限制时,石墨的添加量必须在 10phr 以内。为了改善橡塑试块的摩擦磨损性能,应选择 6 ～ 8phr 纳米石墨添加到橡塑试块中进行共混。

10.4.4　表面形貌及石墨分散情况分析

为了研究纳米石墨／石墨橡塑试块与锡铜轴套之间的摩擦磨损现象产生的原因,本节将通过超景深 3D 显微系统和 LI 激光干涉位移表面轮廓仪 3-D 测量系统对橡塑试块的表面磨痕及表面微观形貌进行观测分析,并通过 JSM-7100F 热场发射电子扫描显微镜对橡塑试块内部石墨或纳米石墨的分散及团聚状态进行观察,并依此来解释橡塑试块在不同工况下的摩擦磨损特性及摩擦学机理。

10.4.5　表面磨痕分析

磨损之后的橡塑试块可以通过超景深三维显微系统来观察其表面相貌以获

得摩擦磨损信息。由于摩擦与磨损本身就是同时发生在两个相对运动的摩擦副之间,为了突出不同质量添加量的普通石墨与纳米石墨在水润滑条件下的摩擦磨损特征,本节选择经历长时间的磨损试验的试块进行表面磨痕观察,主要对比分析了在载荷和滑动速度分别为 0.7MPa 和 0.55m/s 的试验条件下,磨损量最大和最小的普通石墨与纳米石墨复合材料试块在试验后的微观表面形貌,分别为:普通石墨 0phr(最大) 和 10phr(最小),纳米石墨 10phr(局部最大) 和 8phr(最小)。磨损试验过程详见 10.4.2 节,试验时间为 24h,观察手段为基恩士超景深三维显微镜,放大倍数为 300 倍。观察结果如图 10-7 所示。

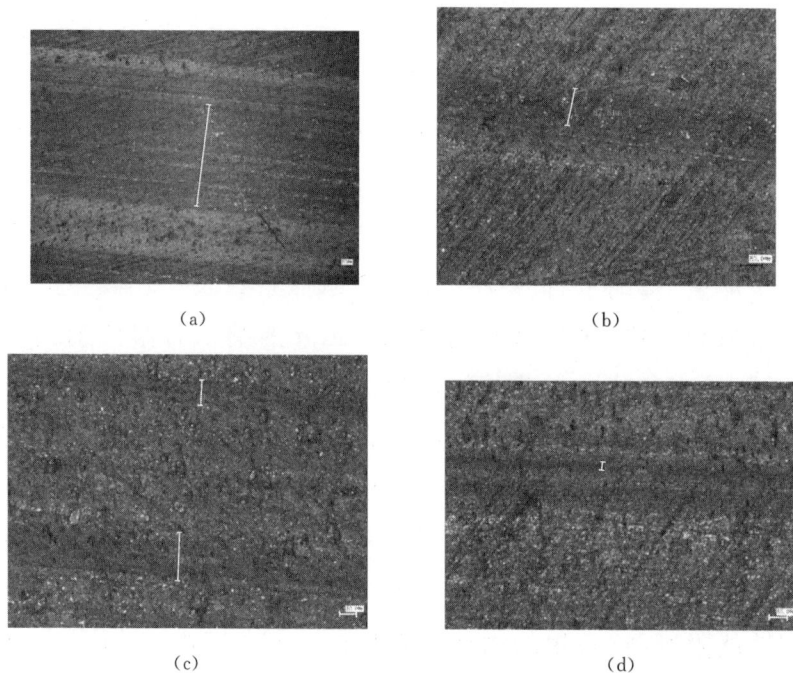

(a)   (b)

(c)   (d)

图 10-7　不同石墨及添加量的橡塑试块表面磨损形貌图

(a)0phr 普通石墨;(b)10phr 普通石墨;(c)10phr 纳米石墨;(d)8phr 纳米石墨

从图 10-7 中可以看出,不同橡塑试样的表面有不同宽度的磨痕,且橡塑试块的摩擦面的磨痕上附着有锡铜金属颗粒,这说明摩擦副之间在试验过程中出现了材料转移,呈现出磨料磨损的特征。但磨损表面比较平整,表面并未出现较深的沟槽,只是布满了较小的颗粒和微凸体。很显然,由于滑动过程中,橡塑表面产生了应力,橡塑材料发生塑性变形从而使磨损表面出现带状的磨痕。

从图 10-7 还可以看出,不同粒度及添加量的石墨使橡塑试块与锡铜轴套之间产生了不同的磨损过程,导致出现不同的摩擦磨损现象。当普通石墨添加量为 0phr,即未添加任何石墨时,橡塑试块磨损表面出现了较宽的磨痕(达到 $1000\mu m$ 以上),而在摩擦性能试验中此添加量的试块的摩擦系数较高,其平均质量磨损量也最大,这说明当试块没有添加任何石墨时,因其自润滑性能不足,相对运动时摩擦副相互挤压、粘连产生较宽的磨痕,导致摩擦系数变大、磨损量变大。当普通石墨添加量为 10phr 时,磨痕宽度减小到 $100\mu m$ 以下,这说明在橡塑试块与锡铜轴套摩擦磨损过程中,石墨的添加对减小磨损起到了很好的作用;但此时试块的摩擦系数却并不比未添加石墨时低。而在添加纳米石墨的试块中,磨损量最大的试块的磨痕宽度也只有 $100\mu m$ 左右,磨损量最小的试块(8phr 纳米石墨)的磨痕宽度已经达到 $30\mu m$ 以下,且此试块的摩擦系数也非常小。

总体来看,添加了普通石墨的橡塑试块的磨痕要比添加纳米石墨的橡塑试块的磨痕宽,且平均质量磨损量最低的 8phr 纳米石墨橡塑试块具有最窄的表面磨痕,而平均质量磨损量最高的 0phr 石墨橡塑试块的表面磨痕最宽,这说明在水润滑介质中,普通石墨橡塑试块的摩擦磨损比纳米石墨橡塑试块的更为剧烈,这与 10.4.3 节中的试验结论一致,进一步证明了纳米石墨有更好的减磨作用。

10.4.6　表面形貌分析

试验后试块表面磨痕的高度可以直观地反映表面摩擦磨损情况,如图 10-8 所示,11 种石墨／纳米石墨添加量的水润滑橡塑轴承试块在相同的载荷(0.7MPa)和转速(0.55m/s)下呈现出不同的微观表面形貌。

本节将通过 LI 激光干涉位移表面轮廓仪 3-D 测量系统,观察摩擦磨损试验后橡塑试块的微观表面形貌特征,观察表面磨痕宽度及高度的变化范围,通过表面磨损形貌特征来论证试块试验中的摩擦磨损现象。

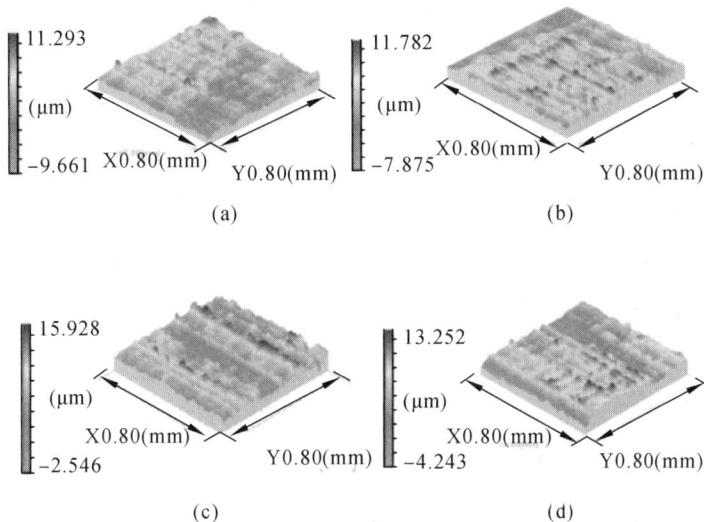

(a)　　　　　　　　　　　　　　(b)

(c)　　　　　　　　　　　　　　(d)

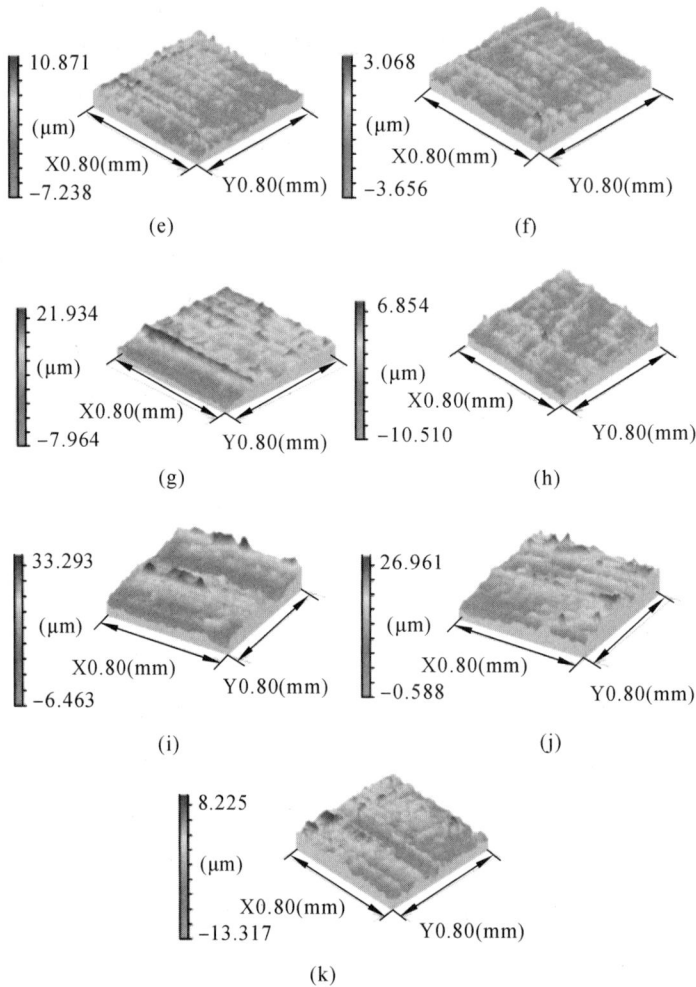

图 10-8　橡塑试块微观表面形貌

(a)2phr普通石墨;(b)2phr纳米石墨;(c)4phr普通石墨;(d)4phr纳米石墨;

(e)6phr普通石墨;(f)6phr纳米石墨;(g)8phr普通石墨;(h)8phr纳米石墨;

(i)10phr普通石墨;(j)10phr纳米石墨;(k)0phr石墨

　　如图 10-8 所示,11 种试块的磨痕表面都形成了山脊状的凸起,且呈现一定的周期性,这些凸起就是磨损后形成的斑纹。大量的研究发现,这些山脊状凸起是由低频的微振引起的,凸起的高度与宽度则反映了磨损的严重程度。

　　结合图中数据可以看出,在0.8mm×0.8mm范围内,10phr普通石墨添加量试块的表面磨痕高度差最大,磨痕宽度也最大,说明该试块在摩擦过程中出现了较为严重的振动现象,使得润滑状态变差,因此摩擦系数也大,这从表面形貌方面给出了10phr普通石墨添加量试块摩擦系数最大的原因。同样地,10phr纳米石墨及0phr石墨添加量的试块表面磨痕也表现出较大的高度差。而6phr普通石墨、6phr 纳米石墨及 8phr 纳米石墨添加量的试块表面磨痕的高度差则相对较小，说明摩擦过程中的摩擦振动现象并未出现或比较微弱，润滑状况较为良好。该表面磨痕试验的观察结果与本章中摩擦系数试验结果一致。

10.4.7　石墨分散状况分析

由于橡塑材料是典型的耐磨材料，低倍率的显微镜只能观察到其表面的宏观磨损形貌；而其微观的磨损特征（微观裂纹和塑性变形）往往是表征其磨损机理的更重要的判据，且微观粒子结合的好坏及分散情况对橡塑聚合物摩擦磨损性能影响显著，故采用电子扫描显微镜对橡塑材料的磨损面及拉伸断面进行进一步观察。电子扫描显微镜主要用于微观结构的观察，利用二次电子信号成像来观察和分析试样摩擦表面形貌及粒子结合情况。

本节将通过 JSM-7100F 热场发射电子扫描显微镜观察微米石墨／纳米石墨粒子在橡塑试块中的分散情况，观察其有无团聚现象及团聚现象的严重程度，观察断面为橡塑材料的拉伸断面，并做喷金处理。

试验中所用的橡塑材料的基体为日本三井公司生产的丁腈橡胶，牌号为N230S，塑料成分为 300 万分子量的超高分子量聚乙烯，填充剂为不同质量份的纳米石墨／石墨，其中纳米石墨的平均粒径为 35nm。将以上材料在开炼机上混炼制备成橡塑材料。为减少塑炼和混炼时产生的团聚现象，纳米石墨与微米石墨均在加入橡塑材料前接受表面改性处理。从上述试验数据可以看出，当石墨添加量为 6phr 时，两种橡塑复合材料试块的摩擦系数均最小，且在 6phr 之前一直呈下降趋势，但在 6phr 之后就呈现不同程度的上升趋势，特别是纳米石墨在 10phr 填充量时突然出现斜率较大的上升，因此有必要对 10phr 填充量的试块进行金相显微观察。图 10-9 和图 10-10 分别给出了 6phr 和 10phr 下两种石墨填充橡塑复合材料的拉伸断面的扫描电镜图。

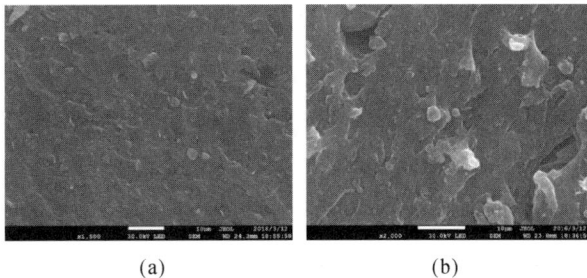

(a)　　　　(b)

图 10-9　普通微米石墨

(a)6phr；(b)10phr

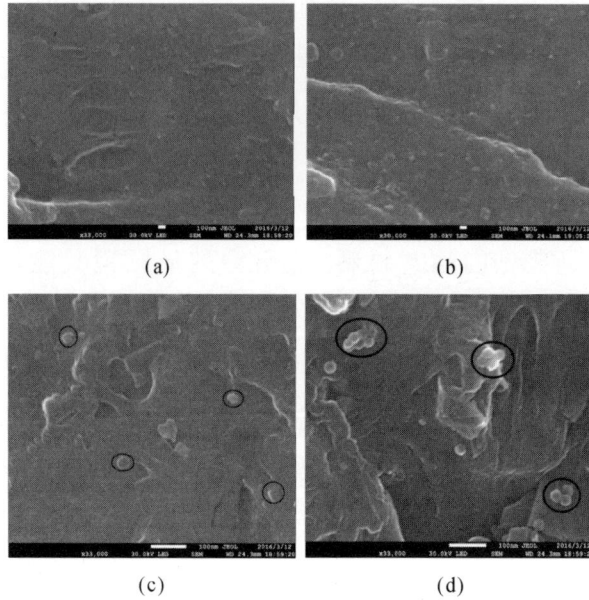

图 10-10　纳米石墨

(a)6phr 低倍；(b)10phr 低倍；(c)6phr 高倍；(d)10phr 高倍

从图 10-9 中可以看到,在大约 $50\mu m$ 的视野范围内,普通微米石墨的颗粒较大,在混炼机上两个辊筒的强烈挤压作用下,部分微米石墨颗粒分散到 $1\sim 2\mu m$ 的尺度,但其余大部分的粒径仍然在 $10\mu m$ 以上。在 6phr 添加量时,普通微米石墨在聚合物中的分散较 10phr 添加量时的要均匀很多,并未出现大块的集结。这与试验结果中添加 6phr 普通石墨的橡塑试块的摩擦系数小于添加 10phr 普通石墨的橡塑试块的摩擦系数的结论相一致。从图 10-10 的低倍图中可以看出,即使在大约 $1\mu m$ 的视野范围内纳米石墨在橡塑基体中的分散颗粒也是比较小的,添加 6phr 纳米石墨的试块中纳米石墨颗粒呈更分散的状态,而添加 10phr 纳米石墨的试块中出现了聚集和较大的颗粒。从高倍图中可以更清楚地看到,6phr 纳米石墨橡塑试块中石墨粒子分散良好,而 10phr 纳米石墨橡塑试块中的石墨粒子多数聚集成一团,形成几倍于单个粒子的体积。这是因为将纳米石墨加入橡塑中时,虽然纳米石墨经过了表面改性处理,但是在开炼机的挤压下纳米级的石墨片层间依然有很强的相互作用力,使纳米石墨颗粒很快团聚在一起。

橡塑材料的摩擦系数及平均质量磨损量的大小由摩擦副之间的接触面积、橡塑材料的变形特性和表面剪切强度等因素决定。在试块的制备过程中,橡塑材料的硬度可通过加入炭黑的量进行控制,本试验中 11 种橡塑材料的硬度相差不大,摩擦副之间的接触面积及橡塑材料的变形特性基本没有明显差别,因此其摩擦系数及平均质量磨损量主要受橡塑材料表面剪切强度的影响。当纳米石墨填充量小于 6phr 时,随着石墨添加量的增多,橡塑材料表面呈游离状态的纳米石墨越多,在摩擦副之间就有越多的纳米石墨起到润滑作用,橡塑材料与锡铜合金轴承界面之间的剪切强度越小,摩擦系数及磨损量也越小。但随着纳米石墨添加量进一步增加,纳米石墨在混炼过程中不能分布均匀,出现团聚现象,有很大一部分石墨并未与胶体结合,与其他石墨粒子聚成一团[图 10-10(d)],纳米石墨团与胶体的界面集中应力迅速增大,使整个聚合物易被撕裂、剥离,导致摩擦系数及磨损量增加。

总体来说,纳米石墨在橡塑基体中的分散粒径相对较小,在相同的填充量下其比表面积更大,与橡塑基体的结合更好。从电镜图中不难发现,虽然使用直接共混的方法导致纳米石墨在橡塑材料中出现了团聚现象,但经过表面处理后,部分纳米石墨的分散较好,达到了纳米级,分散较好的纳米石墨可以提高橡塑试块的摩擦磨损性能及各项力学性能。

参考文献

[1] ZHOU Yi,LI Gongxun,WANG Jiaxu. Analysis of frictional noise for water lubricated rubber bearings system[C]. 2010 International Conference on Advances in Materials and Manufacturing Processes.

[2] LITWIN W. Influence of surface roughness topography on properties of water-lubricated polymer bearings:Experimental research [J]. Tribology Transactions,2011,54:351-361.

[3] 严新平,袁成清,白秀琴,等. 绿色船舶的摩擦学研究现状与进展[J]. 摩擦学学报,2012,32(4):410-420.

[4] 张嗣伟. 绿色摩擦学的科学与技术内涵及展望[J]. 摩擦学学报,2011,31(4):418-424.

[5] 杨建. 二硫化钼/橡胶复合材料的制备、结构与性能研究[D]. 北京化工大学,2005.

[6] 杨汉祥,梁玉蓉. 改性石墨/丁腈橡胶复合材料的性能[J]. 合成橡胶工业,2014,37(6):472～476.

[7] STANKOVICH S,DIKIN D A,DOMMETT G H B,et al. Graphite based composite materials [J]. Science,2006,422 (20):282-286.

[8] 杨建. 石墨填充橡胶材料的性能研究及纳米复合材料的制备[D]. 北京化工大学,2008.

[9] 陈国华,方文焕,叶葳,等. 电化学插层法制备纳米石墨薄片[J]. 功能材料(增刊),1998(10):1236～1237.

[10] 文潮,王光祖,刘晓新. 等. 纳米石墨的制备方法及特性研究进展[C]. 海峡两岸超硬材料技术发展论坛论文集,2010.

[11]　KUANG Q,XIE S Y,JIANG Z Y,et al. Low temperature solvothermal synthesis of crumpled carbon nanosheets[J]. Carbon,2004,42(8/9):1737-1741.

[12]　周新聪,闫志敏,唐育民.等.低噪声舰船尾管水润滑橡胶轴承材料的研究[J].中国造船,2013,54(2):77-84.

[13]　黄仁和,王力.纳米石墨薄片及聚合物／石墨纳米复合材料制备与功能特征研究[J].功能材料,2005,36(1):6-10.

[14]　官文超,刘益锋,黄明星.纳米石墨／聚丙烯酸乙酯复合乳液的合成及其润滑性能研究[J].润滑与密封,2005,3:9-10.

[15]　侯越峰,干路平,黄海栋,等.含片状纳米石墨粒子润滑油的制备及其摩擦学行为[J].华东理工大学学报(自然科学版),2005,31(6):743-746.

[16]　MYKOLA S,TERESA J B. Adsorption of hydrogen sulfide on graphite derived materials modified by incorporation of nitrogen[J]. Materials Chemistry and Physics,2010,48(3):630-635.

[17]　文潮,金志浩,李迅,等.炸药爆轰制备纳米石墨粉储放氢性能实验研究[J].物理学报,2004,53(7):2384-2388.

[18]　KATSUNORI W,MANFRED S. Single-channel electronic transport properties of nano-graphite ribbons[J]. Synthetic Metals,2001,121(1-3):1231-1232.

[19]　YU A,RAMESH P,ITKIS M E,et al. Graphite nano platelets epoxy composite thermal interface materials[J]. Journal of Physical Chemistry C,2007,111(21):7565-7569.

[20]　RAZA M A,WESTWOOD A,BROWN A,et al. Characterization of graphite nano platelets/silicone composite for thermal interface applications[J]. Carbon,2011,49(13):4269-4279.

[21]　黄海栋.片状纳米石墨和无机类富勒烯二硫化钼作为润滑油添加剂的摩擦学性能[D].杭州:浙江大学,2006.

[22]　LIU D W,DU X S,MENG Y Z. Preparation of NBR/expanded graphite nanoeomposites by simple mixing[J]. Polymers and Polymer Composites,2005,13(8):815-821.

[23]　王珊珊,李恒,魏彤,等.纳米石墨片在有机溶剂中的分散工艺研究[J].涂料工业,2008,38(4):36-38.

[24]　陈锐,李平,陆玉峻.固体润滑材料——石墨的应用[J].炭素,2000,(4):23-25,32.

[25]　KRAKER A D,OSTAYEN R A J,RIXEN D J. Calculation of stribeck curves for (water) lubricated journal bearings [J]. Tribology International,2007(40):459-469.

[26]　袁井军.等离子体法制备纳米炭黑及其应用[D].苏州:苏州大学,2014.

[27]　刘人华.合成橡胶工业手册[M].北京:化学工业出版社,1991.

[28]　杜新胜,徐惠俭,王善伟,等.我国耐久性增塑剂的研发与进展[J].塑料助剂,

　　　2009(5):9-12.

[29]　万里.石墨烯／橡胶纳米复合材料的研究[D].青岛:青岛科技大学,2014.

[30]　王京通,张新军.橡胶助剂在合成橡胶中的应用概况[J].橡胶科技,2015(3):11-14.

[31]　董文哲.纳米石墨微片及其聚乙烯纳米复合材料的制备与性能研究[D].哈尔滨:哈尔滨理工大学,2014.

第11章 硬质水润滑轴承材料的改性研究

由磨损试验中看到加过橡胶的复合超高分子量聚乙烯试块的磨损性能和受力面积比未加橡胶的试块要好,说明橡胶对于复合超高分子量聚乙烯的摩擦、磨损性能有一定的影响。于是对橡胶比例为 0、5%、10%、15%、20% 的复合超高分子量聚乙烯进行了对比试验研究。

11.1 力学性能

对 5 种比例的材料进行了硬度和拉伸强度的试验,结果如表 11-1 所示。

表 11-1 5 种材料机械物理性能对比

橡胶比例(%)	0	5	10	15	20
硬度(HD)	67.5	66	64.5	62	60.5
拉伸强度(MPa)	30	26	24	21	20

由表 11-1 可知随着橡胶比例的增加,硬度越来越小,强度越来越低,最低强度 20MPa 也满足水润滑轴承设计比压要求(设计比压要求不小于 18MPa)。橡胶硬度低,橡胶的加入能够中和超高分子量聚乙烯的高硬度,使其能够拥有较好的弹性,在承压时有更大的接触面积,减小接触面最大受力,受力更均衡。

11.2 摩擦磨损性能

按照之前的摩擦、磨损试验条件对 5 种比例的复合超高分子量聚乙烯试块进行试验,结果如图 11-1 所示。

由试验结果可知,五种比例的复合材料试块的摩擦系数,在同一工况下都是随着橡胶比例的增大而减小,并且同一试块的摩擦系数随着速度的增大而减小并逐渐趋于稳定。在 0.2MPa 和 0.4MPa 下,不同橡胶比例的复合超高分子量聚乙烯试块的摩擦系数变化趋势相差较大,说明在低载荷工况下橡胶比例对复合超高分子量聚乙烯试块的摩擦性能影响较大。此时载荷不大,橡胶对复合超高分

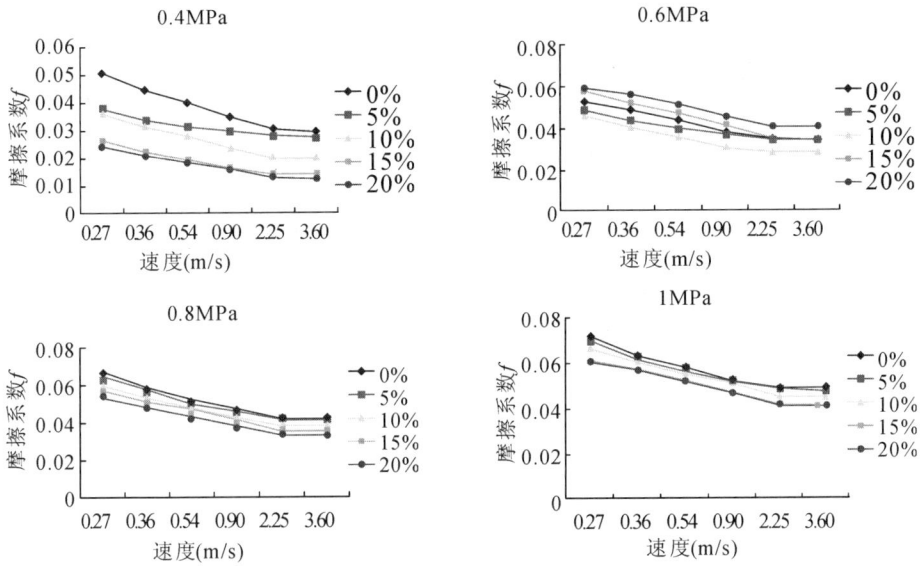

图 11-1　5 种材料不同工况的摩擦系数对比

子量聚乙烯的影响比较明显,硬度低弹性好,则试块与轴颈的接触面积越大,承载面越大,建立水膜的接触面积也就越大,能够很好地改善润滑状态。当载荷从 0.6MPa 增大到 1.0MPa,不同橡胶比例的复合超高分子量聚乙烯试块的摩擦系数差别越来越小,说明在载荷越来越大时,橡胶比例的影响程度在逐步减小;载荷越来越大时,轴系与试块之间的距离压缩得越大,而试块本身的弹性有限,载荷越大可压缩的空间越小,所以在载荷越来越大时,水膜建立与破裂的速度也趋于一个稳定的循环状态,摩擦状态也趋向于稳定,所以此时橡胶比例的大小对于改变摩擦状态的效果也就越来越不明显。

在 1MPa,3.6m/s 的工况下,对 5 种比例的试块进行磨损试验的结果如表 11-2 所示。

表 11-2　5 种材料磨痕参数

橡胶比例	0	5%	10%	15%	20%
最大宽度(mm)	14.93	11.73	10.48	10.45	10.24
长度(mm)	37.09	38.36	56.59	47.42	60.84
最大深度(mm)	0.3	0.11	0.07	0.04	0.02

试块的磨损图片如图 11-2 所示。

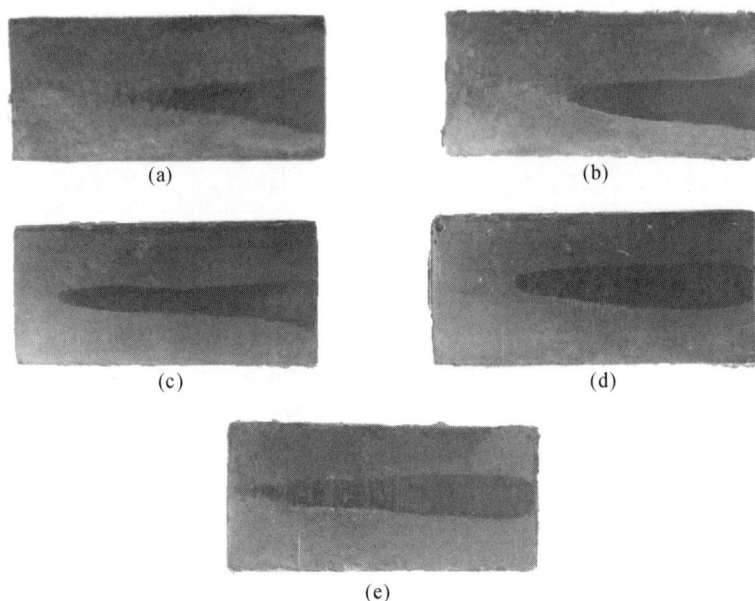

图 11-2　5 种材料试块磨痕

(a) 橡胶比例为 0；(b) 橡胶比例为 5%；(c) 橡胶比例为 10%

(d) 橡胶比例为 15%；(e) 橡胶比例为 20%

随着橡胶比例的增大，磨痕的长度增大，并且磨痕宽度在轴向也分布均匀，其中 10% 橡胶比例的试块的磨痕形状接近于三角形，即靠近主受力点的位置的磨痕很宽，轴向长度比较短，说明没加入橡胶时，受力面比较小，受力主要集中在试块边界处。这样轴承边界的磨损会增大，随着时间的推移，最后尾轴的陀螺效应会更加明显，振动增大，磨损加剧，严重影响了轴承的寿命和轴系的传动和平稳工作。随着橡胶比例的增大，磨痕的长度越来较长，宽度越来越均匀，并且磨痕深度越来越浅，说明橡胶的加入使受力面变大，受力面大则试块受力均匀，在轴向的压力分布梯度较小，磨痕的宽度也就均匀变化，磨痕深度相对较小。

总体来说，加入橡胶对于轴承的摩擦磨损是有利的，减小了复合超高分子量聚乙烯的硬度，提高了弹性，使轴承和轴系之间有一个更良好的工作状态，提高轴系的传动效率、降低磨损，从而提高船舶的经济性。另外，5 种试块在同工况下的振动特性没有明显的差异。

11.3　氟橡胶和二硫化钼对超高分子量聚乙烯的改性

11.3.1　摩擦性能试验

试验内容主要包括四个方面:在一定载荷条件下,探讨单独改变纳米二硫化钼组分比例对材料摩擦性能的影响;在一定载荷条件下,探讨单独改变氟橡胶组分比例对材料摩擦性能的影响;在一定载荷条件下,观察同时改变纳米二硫化钼和氟橡胶对材料摩擦性能是否具有协同作用;保持某一典型配比不变,探讨不同载荷下,材料性能的变化规律。

11.3.2　纳米二硫化钼单独改性试验

将试块按照图 4-8 所示安装在试验台上,加载质量为 27.8kg 的砝码,使试块比压稳定在 0.84MPa。通过调整调节螺母保证加载杆水平,使加载到试块上的力正好处于竖直方向;调节好水龙头开关以保证试验过程中水能完全润湿试块与试验轴的接触面,并保证试验过程中流量大小一致;通过温度计和手持测温枪测试水温,尽量保持流出水温为 15℃。新试块在试验前需要在充分润滑和线速度为 0.54m/s 的条件下磨合 2h。磨合结束后,将速度升至 2.25m/s 开始进行性能试验。每种线速度下运行 15min 并且记录下稳定状态时的摩擦系数值,再依次将线速度下调为 0.90m/s,0.54m/s,0.36m/s,0.27m/s,0.18m/s,0.09m/s。完成所有线速度下的数据记录后一次试验结束,更换同种试块重复进行三次试验,最后试验结果取平均值。试块配方分别为纳米二硫化钼含量 0,2%,4%,6%,8% 五种。

其中,线速度依据式(11-1)计算:

$$V = \frac{\pi d n}{60} \tag{11-1}$$

式中　　d——试验轴直径,$d = 170$mm;

　　　　n——电机转速。

线速度和电机转速对应关系见表 11-3,试验条件见表 11-4。

表 11-3　线速度和电机转速对应关系表

线速度(m/s)	2.25	0.90	0.54	0.36	0.27	0.18	0.09
电机转速(r/min)	250	100	60	40	30	20	10

表 11-4　　试验条件一览表

项目	数值
纳米二硫化钼比例(%)	0,2,4,6,8
速度梯度(m/s)	2.25,0.90,0.54,0.36,0.27,0.18,0.09
试验比压(MPa)	0.84
试验水温(℃)	15
润滑水量	恒定

根据表 11-5 的数据结果绘制出以摩擦系数为纵坐标、以线速度为横坐标的不同配比纳米二硫化钼试块摩擦系数随速度变化的曲线图,以摩擦系数为纵坐标、以试块编号为横坐标的不同线速度下摩擦系数随试块配比变化的曲线图,分别如图 11-3、图 11-4 所示。

表 11-5　　摩擦系数数据表

纳米二硫化钼	线速度(m/s)						
	0.09	0.18	0.27	0.36	0.54	0.90	2.25
0	0.04826	0.04709	0.0442	0.03845	0.03348	0.03111	0.02344
2%	0.04668	0.04589	0.04577	0.04577	0.04307	0.04059	0.03156
4%	0.04634	0.04567	0.04397	0.04307	0.03957	0.03709	0.02818
6%	0.04803	0.04555	0.04465	0.04126	0.03833	0.03461	0.02627
8%	0.04352	0.04273	0.04014	0.03901	0.03642	0.03281	0.02525

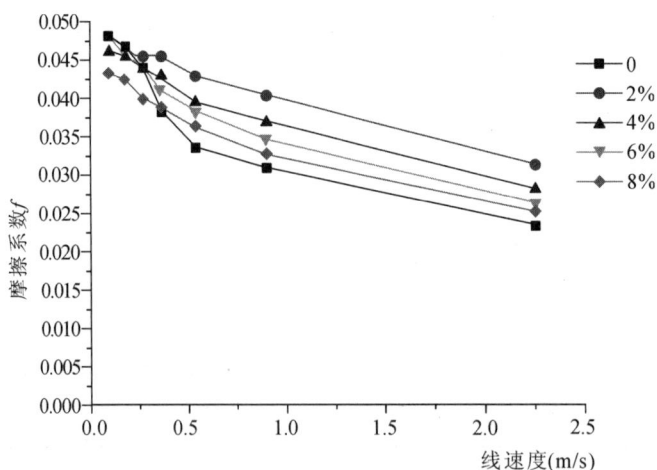

图 11-3　　不同配比纳米二硫化钼试块摩擦系数随线速度变化的曲线图

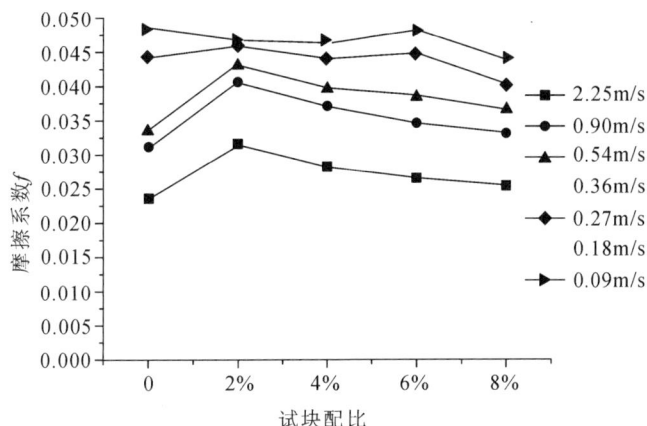

图 11-4　不同线速度下纳米二硫化钼试块摩擦系数随试块配比变化的曲线图

如图 11-3 所示,5 种试块都随着线速度的增加呈现摩擦系数逐渐减小的趋势,并且摩擦系数都在 0.36m/s 以前减小幅度不明显,而在大于 0.36m/s 以后出现明显的降幅。根据雷诺方程,在边界范围内垂直方向承载力与转速成正比,在主轴处于低速状态时,转速限制导致产生的水膜压力低,不足以支撑轴承负荷或者极低速度时根本没有形成水膜,导致系统处于干摩擦或半干摩擦状态;线速度大于 0.36m/s 以后,水膜压力逐渐能承载起主轴,但是由于速度还是不够大,此时水膜处于快速产生、快速破裂的状态;随着转速继续增加到大于 0.54m/s,水膜形成比较平稳,摩擦系数也逐渐稳定。

如图 11-4 所示,在线速度不小于 0.36m/s 时,随着二硫化钼份数的递增,4 条曲线呈现明显相同的变化规律,出现 0 到 2% 的一个突然变大后又缓慢变小的现象。这与图 4-6 分析中以 0.36m/s 为界限判断材料水膜形成的条件比较一致,可以得出在水润滑条件下二硫化钼对超高分子量聚乙烯材料改性的影响为:在开始加入二硫化钼时,分布在软体超高分子量聚乙烯上的少量硬质颗粒均匀形成的嵌入体不但弱化了超高分子量聚乙烯本身的自润滑性能,而且二硫化钼本身的自润滑性能也未能得到体现;随着二硫化钼份数增多,其本身片状晶体的自润滑性能开始得到发挥,但是最终效果还是弱化了超高分子量聚乙烯的自润滑性能。造成这种结果的原因应该是单纯加入二硫化钼提高了超高分子量聚乙烯的表面硬度,导致材料摩擦系数增大。

设纳米二硫化钼为因素 A,添加比例由低到高分为 5 个水平,线速度为因素 B,线速度由低到高分为 7 个水平,由于烧结过程没有发生化学反应,故假设两因素没有交互作用,分析两个因素影响的显著性水平。

假设 H01:因素 A(纳米二硫化钼)对超高分子量聚乙烯改性材料摩擦系数

结果无显著影响；

假设 H02：因素 B(线速度)对超分子量聚乙烯改性材料摩擦系数结果无显著影响。

根据下面式(11-2)至式(11-8)计算出因素 A、因素 B、误差以及总和的偏差平方和及自由度。

$$SST = \sum_{j=1}^{r} \sum_{i=1}^{s} (X_{ij} - \overline{X})^2 = 0.0016447, f_{\text{T}} = n - 1 = 34 \qquad (11\text{-}2)$$

$$SSA = s \sum_{i=1}^{r} (\overline{X_{i.}} - \overline{X..})^2 = 0.00013726, f_{\text{A}} = r - 1 = 4 \qquad (11\text{-}3)$$

$$SSB = r \sum_{j=1}^{s} (\overline{X_{.j}} - \overline{X..})^2 = 0.0014207, f_{\text{B}} = s - 1 = 6 \qquad (11\text{-}4)$$

$$SSE = SST - SSA - SSB = 8.6739 \times 10^{-5}, f_{\text{E}} = (r-1)(s-1) = 24$$
$$(11\text{-}5)$$

计算因素 A 和因素 B 以及误差的方差：

$$MSA = \frac{SSA}{f_{\text{A}}} = 3.4315 \times 10^{-5} \qquad (11\text{-}6)$$

$$MSB = \frac{SSB}{f_{\text{B}}} = 2.3678 \times 10^{-4} \qquad (11\text{-}7)$$

$$MSE = \frac{SSA}{f_{\text{E}}} = 3.6141 \times 10^{-6} \qquad (11\text{-}8)$$

方差分析表见表 11-6。

表 11-6　方差分析表

方差来源	偏差平方和	自由度	方差	F 值	F 临界值	显著性
因素 A	0.00013726	4	3.431×10^{-5}	9.4947	2.7763；4.2184	高度显著
因素 B	0.0014207	6	2.367×10^{-4}	65.514	2.5082；3.6667	高度显著
误差	8.6739×10^{-5}	24	3.614×10^{-6}			
总和	0.0016447	34				

通过方差分析表可以看出因素 A(纳米二硫化钼)和因素 B(线速度)对摩擦系数的改变具有高度显著影响。

11.3.3　氟橡胶单独改性试验

试验装载方式与二硫化钼试验的一致，同样在 0.84MPa 下分别对不同氟橡胶比例的复合超高分子量聚乙烯进行性能试验。试验条件见表 11-7。

表 11-7　试验条件表

项目	数值
氟橡胶比例(%)	0,4,8,12,16,20
速度梯度(m/s)	2.25,0.90,0.54,0.36,0.27,0.18,0.09
试验比压(MPa)	0.84
试验水温(℃)	15
润滑水量	恒定

根据表 11-8 的数据结果绘制出以摩擦系数为纵坐标、以试块编号为横坐标的不同线速度下摩擦系数随试块配比的变化规律图,如图 11-5 所示。

表 11-8　摩擦系数数据表

氟橡胶	线速度(m/s)						
	0.09	0.18	0.27	0.36	0.54	0.90	2.25
0	0.04826	0.04709	0.0442	0.03845	0.03348	0.03111	0.02344
4%	0.03957	0.03765	0.03551	0.03247	0.03156	0.02806	0.02378
8%	0.04285	0.04172	0.04059	0.03856	0.03371	0.02807	0.02266
12%	0.03968	0.0398	0.03946	0.03664	0.03506	0.03123	0.02536
16%	0.04081	0.04125	0.04047	0.03867	0.03551	0.03359	0.02119
20%	0.03405	0.03258	0.03303	0.03202	0.02931	0.02682	0.01972

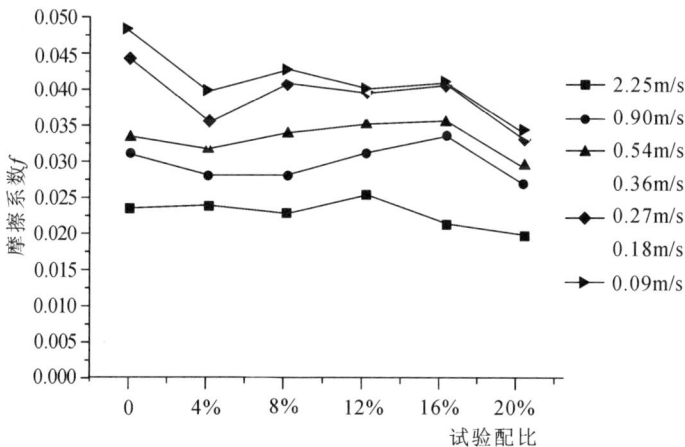

图 11-5　不同速度下氟橡胶配比改变对复合材料摩擦系数的影响曲线

在线速度为 0.09m/s,0.18m/s,0.27m/s,0.36m/s,0.54m/s 时,随着氟橡胶比例的增加,材料摩擦系数呈现整体下降、局部波动的趋势,最终在氟橡胶比例为 20％ 时,7 个速度下摩擦系数都呈现最低状态。随着氟橡胶的添加,材料的硬度下降,这必然导致材料与轴之间的接触面积增大,间接导致试块与铜轴压力减小,从而减小了摩擦系数。由于氟橡胶本身的特性,一方面软化复合材料会导致摩擦系数降低,另一方面亲水性差会导致在低速运转时出现润滑表面不充分的情况,反而会增大摩擦系数。从试验数据看,总体上氟橡胶软化超高分子量聚乙烯对降低实际比压起到主导作用。

设氟橡胶为因素 A,添加比例由低到高分为 6 个水平,线速度为因素 B,线速度由低到高分为 7 个水平,假设两因素没有交互作用,分析两个因素影响的显著性水平。

假设 H01:因素 A(氟橡胶)对超高分子量聚乙烯改性材料摩擦系数结果无显著影响;

假设 H02:因素 B(线速度)对超分子量聚乙烯改性材料摩擦系数结果无显著影响。

同样根据式(11-2)至式(11-8)中的方差计算公式,可得出如下结果(表 11-9)。

表 11-9　方差分析表

方差来源	偏差平方和	自由度	方差	F 值	F 临界值	显著性
因素 A	0.00029987	5	5.997×10^{-5}	13.679	2.5336;3.699	高度显著
因素 B	0.001537	6	2.561×10^{-4}	58.429	2.4205;3.4735	高度显著
误差	0.00013153	30	4.384×10^{-6}			
总和	0.0019684	41				

通过方差分析表可以看出因素 A(氟橡胶)和因素 B(线速度)对摩擦系数的改变具有高度显著影响。

11.3.4　纳米二硫化钼和氟橡胶对材料改性协同作用试验

保持试验装载方式不变,同样在 0.84MPa 下分别对同时改变纳米二硫化钼和氟橡胶比例组成的纳米复合超高分子量聚乙烯进行性能试验。共五种试块:试块 1 为纯超高分子量聚乙烯,试块 2 为 2％MoS₂＋4％ 氟橡胶,试块 3 为 4％MoS₂＋8％ 氟橡胶,试块 4 为 6％MoS₂＋12％ 氟橡胶,试块 5 为 8％MoS₂＋16％ 氟橡胶。试验条件:比压为 0.84MPa,水温控制在 15℃ 左右,速度梯度为 2.25m/s,0.90m/s,0.54m/s,0.36m/s,0.27m/s,0.18m/s。试验过程中为保证水流量恒定,降低由其他变量导致的试验结果的不准确性,重复试验时采用不停水更换试块的方式。将 3 次重复试验的数据取平均值后绘制到表 11-10 中。

表 11-10　　试验摩擦系数表

线速度 (m/s)	试块编号				
	1#	2#	3#	4#	5#
0.18	0.04709	0.03604	0.03303	0.03484	0.02796
0.27	0.0442	0.03608	0.03078	0.03258	0.02790
0.36	0.03845	0.03337	0.03044	0.03258	0.02783
0.54	0.03348	0.02999	0.02807	0.0301	0.02514
0.90	0.03111	0.02717	0.02559	0.02773	0.02514
2.25	0.02344	0.01995	0.01848	0.02063	0.01814

　　根据表 11-10 的数据结果绘制出以摩擦系数为纵坐标、以线速度为横坐标的不同编号试块摩擦系数随速度变化的曲线图,以及以摩擦系数为纵坐标、以试块编号为横坐标的不同线速度下摩擦系数随试块配比变化的曲线图,分别如图 11-6、图 11-7 所示。

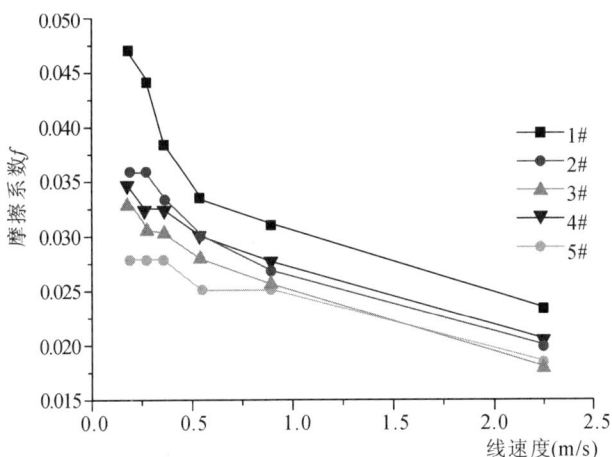

图 11-6　　不同配比试块的摩擦系数随速度变化的曲线图

　　如图 11-6 所示,所有试块随速度减小呈现摩擦系数下降的趋势,比较相同线速度下试块之间摩擦系数大小,发现 1# 试块在所有线速度下摩擦系数都是最高的;5# 试块在所有线速度下摩擦系数是最低的;3# 试块在所有线速度下摩擦系数仅次于 5# 试块;在线速度小于 0.54m/s 时,2# 试块的摩擦系数高于 4# 试块,线速度大于 0.54m/s 时 2# 试块的摩擦系数反而稍微低于 4# 试块。

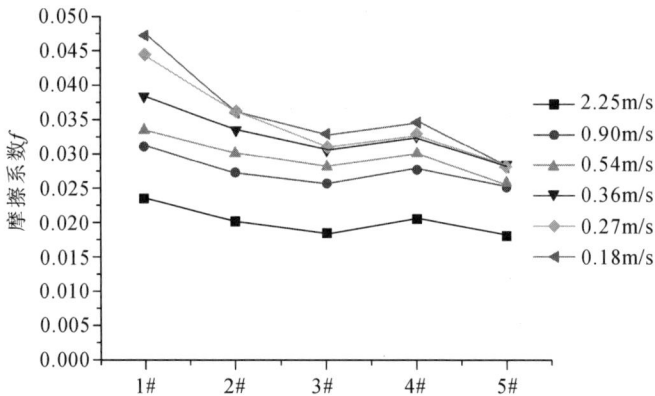

图 11-7　不同速度下试块的摩擦系数随试块配比变化的曲线图

如图 11-7 所示,在速度一定的情况下,试块随着二硫化钼和氟橡胶比例升高,其摩擦系数逐渐下降,在 4♯ 试块处略有上升。总体来说,5♯ 试块无论在低速情况下还是高速情况下的摩擦性能都优于其他试块。

11.3.5　含 8%MoS$_2$＋16% 氟橡胶试块的比压性能试验

安装好台架,确保试验运转时加载杆水平;调节好水龙头开关以保证试验过程中水能完全润湿试块与试验轴接触表面,并保证试验过程中流量大小一致;通过温度计和手持测温枪测试水温,尽量保持流出水温为 15℃。对 5♯ 试块进行比压特性试验,比压取值分别为 0.28MPa、0.84MPa、1.4MPa、1.96MPa。新试块在试验前需要在充分润滑和线速度为 0.54m/s 的条件下磨合 2h。磨合结束后,将速度升至 2.25m/s 开始进行性能试验。每种线速度下运行 15min,并且记录下稳定状态时的摩擦系数值,再依次将线速度下调为 0.90m/s、0.54m/s、0.36m/s、0.27m/s、0.18m/s。完成所有线速度下的数据记录后一次试验结束,更换同种试块重复进行三次试验,最后试验结果取平均值。最终结果如表 11-11,图 11-8 所示。

表 11-11　摩擦系数数据表

比压（MPa）	线速度（m/s）					
	0.18	0.27	0.36	0.54	0.90	2.25
0.28	0.02364	0.02334	0.02311	0.02037	0.01978	0.01558
0.84	0.02796	0.02796	0.02796	0.02514	0.02514	0.01814
1.4	0.03146	0.03124	0.03105	0.02868	0.02577	0.01962
1.96	0.03045	0.02808	0.02706	0.0259	0.02281	0.01672

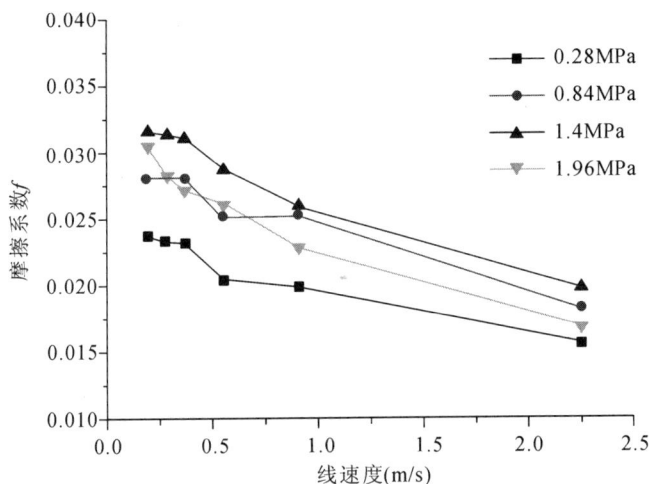

图 11-8　在不同载荷下试块的摩擦系数随线速度变化的曲线图

如图 11-8 所示,在任意载荷下试块的摩擦系数都随着转速增加而不断下降,且在同种转速下随着载荷增加,其摩擦系数递增。但是当试块名义压强从 1.4MPa 加到 1.96MPa 时,摩擦系数并没有继续增加反而低于 1.4MPa 下的摩擦系数,部分转速下甚至低于 0.84MPa 下的摩擦系数。分析认为出现这个试验结果的原因是,试块承受比压过大,导致试块平面与轴表面接触面积增大,这实际相当于减小了摩擦副之间的压力。

设比压为因素 A,比压由低到高分为 4 个水平,线速度为因素 B,线速度由低到高分为 6 个水平,假设两因素没有交互作用,分析两个因素影响的显著性水平。

假设 H01:因素 A(比压)对超高分子量聚乙烯改性材料摩擦系数结果无显著影响;

假设 H02:因素 B(线速度)对超分子量聚乙烯改性材料摩擦系数结果无显著影响。

同样根据式(11-1)至式(11-7)中的方差计算公式可以得出如下结果(表 11-12)。

表 11-12　方差分析表

方差来源	偏差平方和	自由度	方差	F 值	F 临界值	显著性
因素 A	0.00015104	3	5.0347×10^{-5}	46.245	3.2874;5.417	高度显著
因素 B	0.00032917	5	6.5835×10^{-5}	60.471	2.9013;4.5556	高度显著
误差	1.6331×10^{-5}	15	1.0887×10^{-6}			
总和	0.00049655	23				

通过方差分析表可以看出因素 A(比压)和因素 B(线速度)对摩擦系数的改变具有高度显著影响。

11.4　磨损性能试验

试验主要包括两方面:在同一比压、同一转速下,对 1♯～5♯ 试块进行 10h 的水润滑条件下的耐磨试验,再通过比较磨损量,磨痕宽度、深度等参数比较它们耐磨性的优劣;在 0.28MPa 下,选取 250r/min、100r/min、40r/min 三种转速进行台架试验 10h,然后在超景深显微镜下观察磨损表面。

11.4.1　耐磨性测试

选取配比为纯超高分子量聚乙烯、2％MoS_2＋4％氟橡胶、4％MoS_2＋8％氟橡胶、6％MoS_2＋12％氟橡胶、8％MoS_2＋16％氟橡胶的五种试块依次标记为 1♯、2♯、3♯、4♯、5♯。试验前进行称重试验,平均称重三次,取平均值,并记录下试验数据。再安装好台架,加载质量为 48kg 的砝码,使试块比压稳定在 1.4MPa。通过调节螺母保证加载杆水平,使加载到试块上的力正好处于竖直方向;调节好水龙头开关以保证试验过程中水能完全润湿试块与试验轴的接触表面,并保证试验过程中流量大小一致;通过温度计和手持测温枪测试水温,尽量保持流出水温为 15℃。通过控制台速度调节按钮调整转速至 60r/min 运行 10h,完成一次试验。更换试块重复进行五次试验。

由于超高分子量聚乙烯材料本身吸水性基本为零,因此在处理水润滑试块时采用冷风吹干,使所有表面干燥,再进行磨损试验后的称重,同样称重三次取平均值。试验前后试块质量差如表 11-13 所示。

表 11-13　试验前后试块质量差

试块编号	试验前质量(g)	试验后质量(g)	质量差(mg)
1	14.676	14.6691	6.9
2	14.732	14.7279	4.1
3	15.837	15.8332	3.8
4	15.770	15.766	4.0
5	16.394	16.3917	2.3

从称重试验来看,1♯ 试块为纯超高分子量聚乙烯材料,其他均为改性后的

材料,从质量差数据可以看出改性后的材料耐磨性明显得到增强。其中 5♯ 试块的耐磨性能最佳,2♯、3♯、4♯ 试块的材料耐磨性能差别不是很大。

结合纳米二硫化钼和氟橡胶改性超高分子量聚乙烯水润滑摩擦试验结果可以看出,5♯ 试块不但具有优异的摩擦性能,同时具有比较优异的磨损性能。分析认为这主要是因为随着配比中氟橡胶和纳米二硫化钼含量不断提高,整体复合材料微观连续相和离散相出现了一种较佳的配合方式,改善了整体复合材料的性能;填料比例太小时,连续相组成的网状结构骨架过于强硬,离散相对连续相的结构改善作用没有得到充分发挥。

11.4.2　磨损形貌试验

按照耐磨性试验安装方式安装试块,加载砝码保证试块比压稳定为0.84MPa。调节螺母保证加载杆水平,使加载到试块上的力正好处于竖直方向;调节好水龙头开关以保证试验过程中水能完全润湿试块与试验轴的接触表面,并保证在实验过程中流量大小一致。选取三个配方相同的新试块,分别在250r/min,100r/min,30r/min 转速下试验,试验持续 10h。

图 11-9 中 4 张小图分别为试验前以及 3 种不同转速下试验后试块表面的微

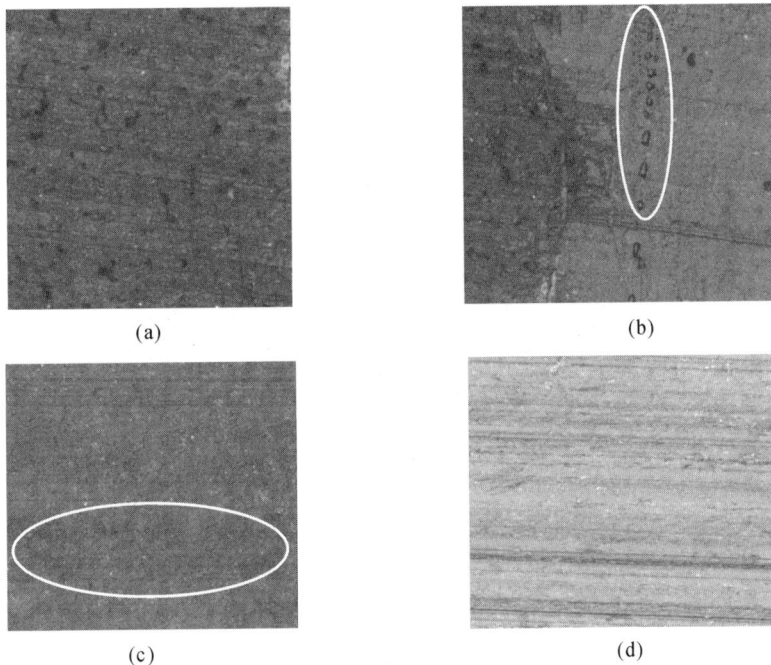

图 11-9　不同转速下材料磨损形貌图
(a) 试验前试块表面;(b)250r/min 工况下试块表面;
(c)100r/min 工况下试块表面;(d)30r/min 工况下试块表面

观结构。图 11-9(a) 表面出现不规则分布的细孔是由于压制试块时表面涂有脱模剂,起模后,脱模剂挥发导致表面留下不规则细孔。图 11-9(b) 中试块与轴运动方向为横向,轴在高速运转时带动水流冲击楔形面入口,导致试块与轴的接触处出现明显排列整齐的冲蚀磨损。图 11-9(c) 表明转速为 100r/min 时,运转过程中发生气泡不断生成与破裂的循环,导致表面出现明显均匀分布的小凹坑,同时也呈现出明显的与运动方向一致的刮痕。图 11-9(d) 表明由于转速较慢,气泡无法形成,磨损形态以磨粒磨损为主。

11.5　振动性能试验

试验采用由压电原理制造的加速度传感器,压电元件均承受剪切变形,从而大大地提高了加速度计的线性度,减小了基座应变和温度波动的影响。横向和纵向传感器通过图 11-10 所示的螺柱固定在方形块上,然后将方形块用树脂黏在试块正上方加载杆上。采集的电压模拟信号经过分析仪分析处理直接显示在装有PULSE 数据显示及分析系统的 PC 机上。PC 机上 PULSE 系统具有自主编程功能,通过设置与采集系统相匹配的软件程序可实现数据实时显示,数据面板可以同时显示两个方向上的时域信号和经过快速傅里叶变换的频域信号,并且可以设置记录功能,方便后期数据处理和出具报告。

图 11-10　振动传感器连接示意图

振动试验主要的研究内容有两个,一是分析复合材料的振动频率范围,二是分析不同配比材料减震性能的优劣。因为实际船舶运行中螺旋桨重载时轴系振动比较明显,所以试验比压我们选定为重载情况,设计试验比压为 1.96MPa。试样仍然选取 1# ~ 5# 试块,线速度梯度设置为 2.25m/s、0.90m/s、0.54m/s、0.36m/s、0.18m/s,测试不同速度梯度下轴承处横向(H)和纵向(V)的振动加速度和对应的振动频率。

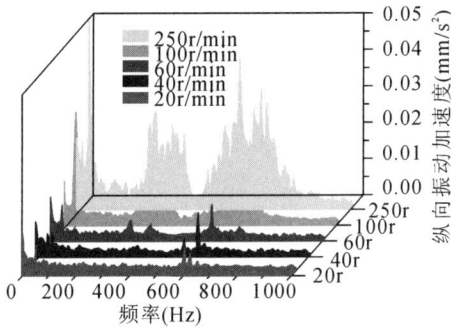

图 11-11　1.96MPa 时纵向振动频谱图

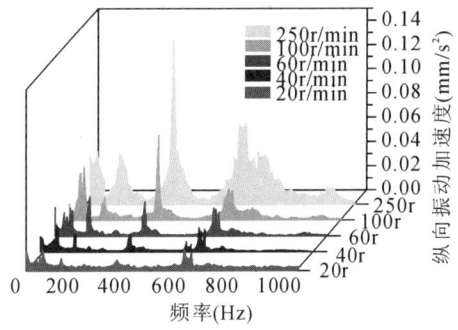

图 11-12　1.96MPa 时横向振动频谱图

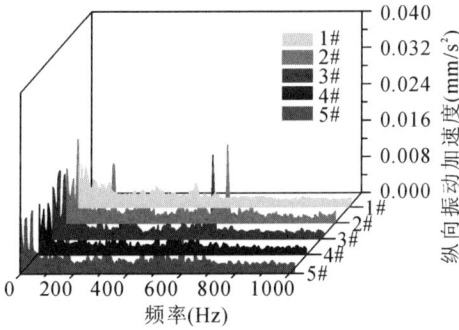

图 11-13　60r/min 时纵向振动频谱图

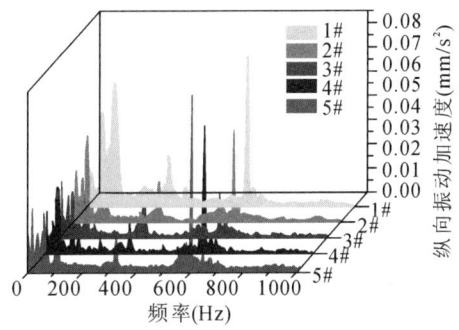

图 11-14　60r/min 时横向振动频谱图

　　如图 11-11、图 11-12 所示,在试块压强为 1.96MPa 时,同一试块在不同转速下,振幅随着转速的增加而增大。纵向振动频谱主要集中在 0 ～ 50Hz、300 ～ 400Hz、600Hz 左右三个位置,并且在 20r/min、40r/min、60r/min、100r/min 时,振幅都基本为 0.01mm/s² 左右。横向振动频谱主要集中在 0 ～ 200Hz、300 ～ 400Hz、550 ～ 600Hz,振幅在 20r/min、40r/min 时还比较小,转速提高后振幅明显增大,并且频谱范围越来越大;峰值频率不同于纵向振动的 600Hz,而是出现在了 300 ～ 400Hz 位置。从整体来看,纵向振动无论在何种速度下振动幅度都明显小于横向振幅,随着转速的增大,试块的振动越来越复杂、剧烈,而且在高载荷下材料与轴之间的水膜出现建立和破裂,并形成了稳定的循环,导致横向振动明显大于纵向振动。

　　如图 11-13、11-14 所示,在比压 0.84MPa,转速 60r/min 时,5 种试块的横向振动中,1# 试块的振动幅度在各个频率范围都最小,而纵向振动却明显高于其他试块;相比 3# 试块虽然纵向振动在 600Hz 时出现明显峰值,但是综合比较下,其横向振动、纵向振动的情况都优于其他试块。